飞跃

因为专业 所以卓越

2025

国家统一法律职业资格考试

刷透十年主观题

2015—2024

飞跃考试辅导中心 编

中国法治出版社
CHINA LEGAL PUBLISHING HOUSE

出版说明

《2025国家统一法律职业资格考试刷透十年主观题：2015—2024》的前身是中国法治出版社飞跃考试辅导中心于2014年推出的《2014国家司法考试十年真题集训（试卷版）》一书。自初版以来，已成为众多考生必备的刷题神器，伴随历届考生一起走过数载司法考试征程。

为方便广大考生复习备考，飞跃考试辅导中心推出了《2025国家统一法律职业资格考试刷透十年主观题：2015—2024》一书。本书精心遴选了2015年至2017年国家司法考试真题和2018年至2024年法考考生回忆版仿真题，参考法考组卷模式合理编排，并根据最新法律法规、司法解释予以解析，致力于更好地服务于广大考生。

对于本书的使用，有以下五点予以说明：

第一，本书收录的2018年至2024年题目为仿真题，结合考生回忆内容予以梳理整合，编写时力求案情完整、考点全面、解析到位。题目个别细节如与实际考题有所出入，望广大考生朋友谅解。同时，对于争议观点本书予以列示，仅供考生参考。提醒考生注意，法考命题的开放性作答趋势日益明显，围绕争议问题切莫囿于对错之争，重点在于掌握题目所涉知识点及不同观点的理由，通过对仿真题的练习学会举一反三，考试时能够言之有理即可。

第二，法考主观题相较于司法考试卷四有两大变化：第一，法考主观题第五题行政法与行政诉讼法题目和第六题商法综合题目为选做题，考生在考试时可选择其一作答，若均作答，则以第五题为准。但在备考阶段均应复习到位，不可偏废，在考试时方能游刃有余；第二，对民事诉讼法的考查，分散于第四题民商综合题及第六题商法综合题目之中，2018年至2024年民商综合题统一收录于本书民法部分。2017年及之前的民事诉讼法国家司法考试真题，对于2025年法考复习仍有借鉴意义的，本书予以收录。

第三，根据考试大纲要求，自2021年起，法考考查“习近平法治思想”。2021年之前涉及“中国特色社会主义法治理论”和“社会主义法治理念”的题目，对于2025年法考复习仍有借鉴意义的，本书予以收录。另外，部分题目题干中涉及旧法名称及条文序号、历次机构改革前的旧机构名称（如工商局、国土资源局、环保局）等，以上变化不影响考生作答的，本书维持考试当年题目原貌，不再予以逐一标注提示。

第四，为应对机考改革，充分发挥纸质图书优势，本书通过侧栏和底部留白设计，为考生预留批注空间，方便考生勾画重点：设置【题目要点提炼】便于考生梳理案件时间轴，提炼案件要点；设置【答题要点整理】便于考生绘制法律关系图，捋清法律关系，整理答题要点。望广大考生能够边读题、边思考、边批注，培养良好的做题习惯，以不变应万变。

第五，为帮助广大考生熟悉重点法条，提高法条检索能力，本书结合题目情况，在解析部分收录了作答时考生应掌握的重点法律条文。望广大考生对重点法条予以重视，必要时对法条序号予以熟悉记忆。关于法条检索与定位的技巧，可参考我社出版的《2025 国家统一法律职业资格考试记忆通．主观题重点法条速记与检索》一书。

"因为专业，所以卓越"。科学合理的学习是迅速提高考试成绩的有效手段。愿我们的专业出版能给广大考生带来卓越不凡的成绩，成功飞跃 2025 年国家统一法律职业资格考试！

飞跃考试辅导中心

目　录

理论法学

刑法

刑事诉讼法

民法

民事诉讼法与仲裁制度

行政法与行政诉讼法

商法

理论法学

2015 年

题目要点提炼

材料一：法律是治国之重器，法治是国家治理体系和治理能力的重要依托。全面推进依法治国，是解决党和国家事业发展面临的一系列重大问题，解放和增强社会活力、促进社会公平正义、维护社会和谐稳定、确保党和国家长治久安的根本要求。要推动我国经济社会持续健康发展，不断开拓中国特色社会主义事业更加广阔的发展前景，就必须全面推进社会主义法治国家建设，从法治上为解决这些问题提供制度化方案。（摘自习近平《关于〈中共中央关于全面推进依法治国若干重大问题的决定〉的说明》）

材料二：同党和国家事业发展要求相比，同人民群众期待相比，同推进国家治理体系和治理能力现代化目标相比，法治建设还存在许多不适应、不符合的问题，主要表现为：有的法律法规未能全面反映客观规律和人民意愿，针对性、可操作性不强，立法工作中部门化倾向、争权诿责现象较为突出；有法不依、执法不严、违法不究现象比较严重，执法体制权责脱节、多头执法、选择性执法现象仍然存在，执法司法不规范、不严格、不透明、不文明现象较为突出，群众对执法司法不公和腐败问题反映强烈。（摘自《中共中央关于全面推进依法治国若干重大问题的决定》）（2015/四/一）

问题：

根据以上材料，结合全面推进依法治国的总目标，从立法、执法、司法三个环节谈谈建设社会主义法治国家的意义和基本要求。

答题要求：

1. 无观点或论述、照搬材料原文的不得分；
2. 观点正确，表述完整、准确；
3. 总字数不得少于 400 字。

答题要点整理

〖参考答案及详解〗

【参考答案】 推进全面依法治国的总目标和总抓手是坚持建设中国特色社会主义法治体系，建设社会主义法治国家。这就是，在中国共产党的领导下，坚持中国特色社会主义制度，贯彻中国特色社会主义法治理论，形成完备的法律规范体系、高效的法治实施体系、严密的法治监督体系、有力的法治保障体系，形成完备的党内法规体系，坚持依法治国、依法执政、依法行政共同推进，坚持法治国家、法治政府、法治社会一体建设，实现科学立法、严格执法、公正司法、全民守法，促进国家治理体系和治理能力现代化。

从立法环节看，要完善以宪法为核心的法律体系，加强宪法实施。建设中国特色社会主义法治体系，必须坚持立法先行，发挥立法的引领和推动作用，抓住提高立法质量这个关键。形成完备的法律规范体系，要贯彻社会主义核心价值观，使每一项立法都符合宪法精神。要完善立法体制机制，坚持立改废释并举，增强法律法规的及时性、系统性、针对性、有效性。

从执法环节看，要深入推进依法行政，加快建设法治政府。法律的生命力和法律的权威均在于实施。建设法治政府要求在党的领导下，创新执法体制，完善执法程序，推进综合执法，严格执法责任，建立权责统一、权威高效的依法行政体制，加快建设职能科学、权责法定、执法严明、公开公正、廉洁高效、守法诚信的法治政府。

从司法环节看，要保证公正司法，提高司法公信力。要完善司法管理体制和司法权力运行机制，规范司法行为，加强监督，让人民群众在每一个司法案件中感受到公平正义。

【考点】 推进全面依法治国的总目标；形成完备的法律规范体系的意义和基本要求；建设法治政府的意义和基本要求；公正司法的意义和基本要求

【详解】（1）根据题目要求，需要重点回答四个问题：一是推进全面依法治国的总目标；二是立法的意义及建设社会主义法治国家对立法的基本要求；三是执法的意义及建设社会主义法治国家对执法的基本要求；四是司法的意义及建设社会主义法治国家对司法的基本要求。

（2）从内容上说，本题的答题关键是熟悉党的十八届四中全会《中共中央关于全面推进依法治国若干重大问题的决定》。一些核心的提法、新的观点或表述往往是考查的重点，也是容易得分的地方，这也提醒考生日常复习时要关注时事新闻和法治发展最新动向。在回答建设社会主义法治国家对立法、执法、司法的基本要求时，也可以结合材料进行分析。例如，材料二列举的问题正是建设社会主义法治国家需要解决的问题，如何解决这些问题实际上就是在立法、执法、司法方面提出的基本要求。

（3）从技巧上说，要把握两点：一是知识性问题，问什么答什么，简明扼要，无须发挥，如全面依法治国的总目标；二是观点性问题，可以采取广覆盖、少展开的办法，如回答意义和基本要求时，可以多谈几个角度或观点，但每个观点均点到为止，切忌展开太多。

2016 年

题目要点提炼

材料一：平等是社会主义法律的基本属性。任何组织和个人都必须尊重宪法法律权威，都必须在宪法法律范围内活动，都必须依照宪法法律行使权力或权利、履行职责或义务，都不得有超越宪法法律的特权。必须维护国家法制统一、尊严、权威，切实保证宪法法律有效实施，绝不允许任何人以任何借口任何形式以言代法、以权压法、徇私枉法。必须以规范和约束公权力为重点，加大监督力度，做到有权必有责、用权受监督、违法必追究，坚决纠正有法不依、执法不严、违法不究行为。（摘自《中共中央关于全面推进依法治国若干重大问题的决定》）

材料二：全面推进依法治国，必须坚持公正司法。公正司法是维护社会公平正义的最后一道防线。所谓公正司法，就是受到侵害的权利一定会得到保护和救济，违法犯罪活动一定要受到制裁和惩罚。如果人民群众通过司法程序不能保证自己的合法权利，那司法就没有公信力，人民群众也不会相信司法。法律本来应该具有定分止争的功能，司法审判本来应该具有终局性的作用，如果司法不公、人心不服，这些功能就难以实现。（摘自习近平：《在十八届中央政治局第四次集体学习时的讲话》）（2016/四/一）

问题：

根据以上材料，结合依宪治国、依宪执政的总体要求，谈谈法律面前人人平等的原则对于推进严格司法的意义。

答题要求：

1. 无观点或论述、照搬材料原文的不得分；
2. 观点正确，表述完整、准确；
3. 总字数不得少于 400 字。

答题要点整理

〖参考答案及详解〗

【参考答案】坚持依法治国首先要坚持依宪治国，坚持依法执政首先要坚持依宪执政。宪法是国家的根本法，是治国理政的总章程，是党和人民意志的集中体现，全国各族人民、一切国家机关和武装力量、各政党和各社会团体、各企业事业组织，都必须以宪法为根本活动准则。依宪治国、依宪执政必须贯彻法律面前人人平等的原则：一方面，宪法法律对所有公民和组织的合法权利予以平等保护，对受侵害的权利予以平等救济；另一方面，任何个人都不得有超越宪法法律的特权，一切违反宪法法律的行为都必须予以纠正和追究。

平等是社会主义法律的基本属性，是社会主义法治的根本要求，严格司法是法律面前人人平等原则在司法环节的具体表现。公正是法治的生命线，司法公正对社会公平正义具有重要引领作用。司法不公、司法不严对社会公平正义和司法公信力具有致命破坏作用。坚持法律面前人人平等，意味着人民群众的诉讼权利在司法程序中应得到平等对待，人民群众的实体权利在司法裁判中得到平等保护。只有让人民群众在每一个司法案件中感受到公平正义，人民群众才会相信司法，司法才具有公信力。

坚持法律面前人人平等的原则，对于严格司法提出了更高的要求：第一，司法机关及其工作人员在司法过程中必须坚持以事实为根据、以法律为准绳，坚持事实认定符合客观真相、办案结果符合实体公正、办案过程符合程序公正，统一法律适用的标准，避免同案不同判，实现对权利的平等保护和对责任的平等追究。第二，推进以审判为中心的诉讼制度改革，全面贯彻证据裁判规则，确保案件事实证据经得起法律检验，确保诉讼当事人受到平等对待，绝不允许法外开恩和法外施刑。第三，司法人员工作职责、工作流程、工作标准必须明确，办案要严格遵循法律面前人人平等的原则，杜绝对司法活动的违法干预，办案结果要经得住法律和历史的检验。

【考点】坚持法律面前人人平等；保证公正司法，提高司法公信力（推进严格司法）

【详解】（1）从回答思路看，本题主要需回答三个问题：一是依宪治国、依宪执政的总体要求，主要是维护宪法权威，坚持宪法的根本性和最高性，坚持法律面前人人平等（需包括含义解释）；二是法律面前人人平等原则对于推进严格司法的意义，主要是有利于维护司法公正和司法公信力；三是结合党的十八届四中全会《中共中央关于全面推进依法治国若干重大问题的决定》“推进严格司法”的有关内容，论述贯彻法律面前人人平等原则的要求。

（2）从回答内容看，本题兼具简答和论述的特点，有的内容有标准答案，如法律面前人人平等原则的内容；有的内容没有标准答案，如平等原则对于推进严格司法的意义。对于没有标准答案的问题，不必拘泥于参考答案的解法，可以使用其他逻辑框架展开（如平等原则为推进严格司法提供了原则和方向指引，提出了评判标准等），但是需要包含司法公正、司法公信力的内容，因为公正是司法的生命线。另外，党的十八届四中全会《中共中央关于全面推进依法治国若干重大问题的决定》“推进严格司法”的内容，无须刻意背诵记忆，答题时可以借用法理学“当代中国司法的要求和原则”相关内容，因为平等原则要求的不外乎平等保护权利、平等承担义务、平等追究责任，反对特权，维护司法公正，反对司法腐败，杜绝关系案、人情案、金钱案等。

（3）从回答技巧看，注意观点鲜明，逻辑清晰（比如可以分成几个小段落，一个段落回答一个重点），简明扼要。回答角度可以丰富一些，涉及知识点可以宽一些，但只需点到为止，不必过多展开。

2017年

题目要点提炼

材料一：法律本来应该具有定分止争的功能，司法审判本来应该具有终局性的作用，如果司法不公、人心不服，这些功能就难以实现……我们提出要努力让人民群众在每一个司法案件中都感受到公平正义，所有司法机关都要紧紧围绕这个目标来改进工作，重点解决影响司法公正和制约司法能力的深层次问题。（摘自习近平：《第十八届中央政治局第四次集体学习时的讲话》）

材料二：新华社北京2017年5月3日电：中共中央总书记、国家主席、中央军委主席习近平3日上午来到中国政法大学考察。习近平指出，我们有我们的历史文化，有我们的体制机制，有我们的国情，我们的国家治理有其他国家不可比拟的特殊性和复杂性，也有我们自己长期积累的经验和优势。（2017/四/一）

问题：

请根据材料一和材料二，结合自己对中华法文化中"天理、国法、人情"的理解，谈谈在现实社会的司法、执法实践中，一些影响性裁判、处罚决定公布后，有的深获广大公众认同，取得良好社会效果，有的则与社会公众较普遍的认识有相当距离，甚至截然相反判断的原因和看法。

答题要求：

1. 无观点或论述、照搬材料原文的不得分；

2. 观点正确，表述完整、准确；

3. 总字数不少于500字。

答题要点整理

〚参考答案及详解〛

【参考答案】“天理、国法、人情”是中华优秀传统法律文化的重要内容。“天理”指天道，是存乎每个人心中的“天地良心”，是“法律之法律”的公平正义。国法之外要有天理，天理在国法之前。“国法”即国家法律，是体现国家意志、具有国家强制力的法律制度。国法要“明天理，顺人情”。“人情”指的是人之常情，民心民情，正所谓“凡治天下，必因民情”。好的司法裁判一定是合乎道义、合乎法律、合乎民情的情理法相统一的产物。

“天理、国法、人情”对当今法治现实具有重要的启示。实践中，一些影响性裁判、处罚决定与民意存在相当距离，甚至截然相反。究其原因，主要有三个方面：其一，普通理性与技术理性的冲突。一般来说，民意和公共舆论体现大众的普通理性，司法裁判、行政执法则体现法律程序所特有的技术理性。民意和公共舆论关心的是客观真实，而司法、执法关心的是法律真实。其二，司法、执法与民意沟通不够。比如司法裁判说理不充分、行政执法信息公开不充分，从而引发质疑。其三，司法、执法机械化。机械地适用或执行滞后的法律，未能适应变化的社会需求和民众对公平正义的期待，导致民意不满，加之司法腐败、执法不公和冤假错案的存在，更加深了民众的不信任。

弥合其鸿沟和冲突，应当从传统法律文化中汲取营养，通过法律实施实现情理法的统一，在法律之内而不是法律之外实现法律效果和社会效果的统一。一方面，司法、执法必须顺乎天理人情。因为法治的权威源自人民的内心拥护和真诚信仰。人民权益要靠法律保障，法律权威要靠人民维护。另一方面，司法、执法顺应民意不能以牺牲法律的权威性和确定性为代价，必须在法的安定性、正义价值和法的合目的性之间寻求平衡，而不能顾此失彼。从具体措施上说，应当加强司法说理、执法信息公开，努力让人民群众在每一个案件中都能感受到公平正义，以公正司法、执法赢得公信力；坚持“谁执法谁普法”、推动全社会树立法治意识；强化道德对法治的支撑作用；发扬司法、执法民主，引导社会共同参与解决社会深层次问题，等等。

【考点】法的传统；法的价值；推进全面依法治国的基本原则

【详解】本题是关于情理法的话题，连接历史与现实，横跨法理学、中国法律史和中国特色社会主义法治理论，综合性较强，理论含量较高。这个话题考生并不陌生，但是要真正答好并不是轻而易举的事，因为这不是简单的知识点考查，而是对考生法治素养和理论功底综合能力的考验，要求考生灵活运用所学知识和日常法学积淀。

（1）从题目要求看，需要回答三个层面的问题：第一，对中华法文化中“天理、国法、人情”的理解；第二，对实践中司法裁判、执法决定与民意背离或冲突原因的分析；第三，对这种背离或冲突的看法。第三点“看法”可以是对该现象的评价，也可以是如何解决该问题的思路或建议。

（2）从答题技巧看，一要逻辑清晰，层次分明。最好一段话表达一个意思，每段话的第一句作为中心句，后面做具体展开和支撑。二要观点鲜明，简明扼要。所谓观点鲜明，指的是要言之有物，言之有理。所谓简明扼要，就是不必在细节性观点上展开太多，点到即止。三要扬长避短，合理分配。这是一道开放题，没有标准答案，可以选择对自己有利的角度展开讨论。三个层面的问题考生可结合自身实际展开论述，自己日常内容积累较为扎实的可以适当详细，言之无物的就适当简化，合理分配各部分的字数。如中国法律史功底好的，第一部分可以详谈200~250字，后两部分各谈150字左右即可；如对原因分析积累较多，可以在第二部分详谈200~300字，其余两部分各谈100~150字即可。关键是要结合自身所长而定，不必面面俱到。

2018年

题目要点提炼

材料一：中国特色社会主义法治道路，是社会主义法治建设成就和经验的集中体现，是建设社会主义法治国家的唯一正确道路。在走什么样的法治道路问题上，必须向全社会释放正确而明确的信号，指明全面推进依法治国的正确方向，统一全党全国各族人民认识和行动。（摘自习近平：《关于〈中共中央关于全面推进依法治国若干重大问题的决定〉的说明》）

材料二：全面依法治国是国家治理的一场深刻革命，必须坚持厉行法治，推进科学立法、严格执法、公正司法、全民守法。（摘自习近平：《决胜全面建成小康社会　夺取新时代中国特色社会主义伟大胜利》）

材料三：中国各族人民将继续在中国共产党领导下，在马克思列宁主义、毛泽东思想、邓小平理论、“三个代表”重要思想、科学发展观、习近平新时代中国特色社会主义思想指引下，坚持人民民主专政，坚持社会主义道路，坚持改革开放，不断完善社会主义的各项制度，发展社会主义市场经济，发展社会主义民主，健全社会主义法治，贯彻新发展理念，自力更生，艰苦奋斗，逐步实现工业、农业、国防和科学技术的现代化，推动物质文明、政治文明、精神文明、社会文明、生态文明协调发展，把我国建设成为富强民主文明和谐美丽的社会主义现代化强国，实现中华民族伟大复兴。（摘自《中华人民共和国宪法》）（2018年仿真题）

问题：

根据上述材料和社会主义法治实践，结合自身学习和工作实际，谈谈你对必须坚定不移走中国特色社会主义法治道路核心要义的理解和认识。

答题要求：

1. 无观点或论述、照搬材料原文的不得分；

2. 观点正确，表述完整、准确；

3. 总字数不少于600字。

答题要点整理

〖参考答案及详解〗

【参考答案】 我国正处在实现中华民族伟大复兴的关键时期，世界百年未有之大变局加速演进，改革发展稳定任务艰巨繁重，对外开放深入推进，需要更好发挥法治固根本、稳预期、利长远的作用。要坚定不移走中国特色社会主义法治道路，以解决法治领域突出问题为着力点，更好推进中国特色社会主义法治体系建设，提高全面依法治国能力和水平，为全面建设社会主义现代化国家、实现第二个百年奋斗目标提供有力法治保障。

社会主义法治实践要求科学立法、严格执法、公正司法、全民守法。第一，科学立法要求紧紧抓住全面依法治国的关键环节，加强重点领域、新兴领域、涉外领域立法，提高科学立法、民主立法、依法立法水平，进一步完善以宪法为核心的中国特色社会主义法律体系。第二，严格执法要求推进严格规范公正文明执法，理顺行政执法体制，完善行政执法程序，全面落实行政执法责任。第三，公正司法要求支持司法机关依法独立公正行使职权，加强司法制约监督，提高司法办案质量和效率。第四，全民守法要求加大全民普法力度，培育树牢人民群众规则意识，使法治成为社会共识和基本准则。

社会主义法治实践必须坚定不移沿着中国特色社会主义法治道路前进。中国特色社会主义法治道路的核心要义是坚持党的领导、坚持中国特色社会主义制度、贯彻中国特色社会主义法治理论的有机统一。第一，坚持党的领导。党的领导是全面依法治国的根本保证。坚持中国特色社会主义法治道路，最根本的是坚持中国共产党的领导。第二，坚持中国特色社会主义制度。中国特色社会主义制度是中国特色社会主义法治体系的根本制度基础，是全面依法治国的根本制度保障。第三，贯彻中国特色社会主义法治理论。中国特色社会主义法治理论是中国特色社会主义法治体系的理论指导和学理支撑，是全面依法治国的行动指南。

作为一名基层法律工作者，在日常的学习和工作中，我深刻体会到，全面依法治国，基础在基层，工作重点在基层。我要增强法治观念和法治为民意识，提高依法办事能力，更加自觉地坚持依法治国、更加扎实地推进依法治国，努力为落实个人工作法治化埋头苦干，为建设法治中国不断前进。

【考点】 社会主义法治实践；中国特色社会主义法治道路

【详解】 设问中“结合自身学习和工作实际”是法考命题相较于司法考试的一个创新：一方面体现了加强对法律实务考查力度的命题要求，另一方面体现出首届法考改革全新的命题尝试。对于这一新的命题角度，提醒考生注意，一定要结合自身学习和工作实际，与所学理论保持一致，不可脱离理论任意发挥。

2019 年

题目要点提炼

材料一：坚持依法治国、依法执政、依法行政共同推进，法治国家、法治政府、法治社会一体建设。全面依法治国是一个系统工程，要整体谋划，更加注重系统性、整体性、协同性。依法治国、依法执政、依法行政是一个有机整体，关键在于党要坚持依法执政、各级政府要坚持依法行政。法治国家、法治政府、法治社会相辅相成，法治国家是法治建设的目标，法治政府是建设法治国家的重点，法治社会是构筑法治国家的基础。（摘自习近平：《坚定不移走中国特色社会主义法治道路　为全面建设社会主义现代化国家提供有力法治保障》）

材料二：“天下之事，不难于立法，而难于法之必行。”依法治国是我国宪法确定的治理国家的基本方略，而能不能做到依法治国，关键在于党能不能坚持依法执政，各级政府能不能依法行政。我们要增强依法执政意识，坚持以法治的理念、法治的体制、法治的程序开展工作，改进党的领导方式和执政方式，推进依法执政制度化、规范化、程序化。执法是行政机关履行政府职能、管理经济社会事务的主要方式，各级政府必须依法全面履行职能，坚持法定职责必须为、法无授权不可为，健全依法决策机制，完善执法程序，严格执法责任，做到严格规范公正文明执法。（摘自习近平：《加快建设社会主义法治国家》，载《求是》2015 年第 1 期）

材料三：深化党和国家机构改革，目标是构建系统完备、科学规范、运行高效的党和国家机构职能体系，形成总揽全局、协调各方的党的领导体系，职责明确、依法行政的政府治理体系，中国特色、世界一流的武装力量体系，联系广泛、服务群众的群团工作体系，推动人大、政府、政协、监察机关、审判机关、检察机关、人民团体、企事业单位、社会组织等在党的统一领导下协调行动、增强合力，全面提高国家治理能力和治理水平。（摘自《中共中央关于深化党和国家机构改革的决定》）（2019 年仿真题）

问题：

根据材料，结合对深化党和国家机构的改革的认识，谈谈建设法治政府对全面依法治国的重要意义以及新时代法治政府建设的根本遵循。

答题要求：

1. 无观点或论述、照搬材料原文的不得分；

2. 观点正确，表述完整、准确；

3. 总字数不少于 600 字。

答题要点整理

〖参考答案及详解〗

【参考答案】全面依法治国是坚持和发展中国特色社会主义的本质要求和重要保障。深化党和国家机构改革，加快建设法治政府，是全面依法治国的应有之义。

深化党和国家机构改革是推进国家治理体系和治理能力现代化的一场深刻变革。深化党和国家机构改革要遵循坚持全面依法治国的基本原则。依法治国是党领导人民治理国家的基本方式。必须坚持改革和法治相统一、相促进，坚持依法治国、依法执政、依法行政共同推进，坚持法治国家、法治政府、法治社会一体建设，依法依规完善党和国家机构职能，依法履行职责，依法管理机构和编制，既发挥法治规范和保障改革的作用，在法治下推进改革，做到重大改革于法有据，又通过改革加强法治工作，做到在改革中完善和强化法治。

转变政府职能，是深化党和国家机构改革的重要任务。尤其需要加强和优化政府法治职能，推进法治政府建设。法治政府建设是全面依法治国的重点任务和主体工程，是推进国家治理体系和治理能力现代化的重要支撑。依法治国是我国宪法确定的治理国家的基本方略，而能不能做到依法治国，关键在于党能不能坚持依法执政，各级政府能不能依法行政。

新时代法治政府建设的根本遵循在于，高举中国特色社会主义伟大旗帜，坚持以马克思列宁主义、毛泽东思想、邓小平理论、“三个代表”重要思想、科学发展观、习近平新时代中国特色社会主义思想为指导，全面贯彻习近平法治思想，把法治政府建设放在党和国家事业发展全局中统筹谋划，加快构建职责明确、依法行政的政府治理体系，全面建设职能科学、权责法定、执法严明、公开公正、智能高效、廉洁诚信、人民满意的法治政府，为全面建设社会主义现代化国家、实现中华民族伟大复兴的中国梦提供有力法治保障。

【考点】全面依法治国；深化党和国家机构的改革；法治政府建设

【详解】本题解答思路如下：第一部分需提出论点，概括全面依法治国与深化党和国家机构改革、建设法治政府的关系；第二部分详细阐述深化党和国家机构改革对全面依法治国的重要意义；第三部分阐述法治政府建设的重要性和具体措施；第四部分阐述新时代法治政府建设的根本遵循。

2020 年

题目要点提炼

材料一： 当今世界正经历百年未有之大变局，我国正处于实现中华民族伟大复兴关键时期。顺应时代潮流，适应我国社会主要矛盾变化，统揽伟大斗争、伟大工程、伟大事业、伟大梦想，不断满足人民对美好生活新期待，战胜前进道路上的各种风险挑战，必须在坚持和完善中国特色社会主义制度、推进国家治理体系和治理能力现代化上下更大功夫。必须……构建系统完备、科学规范、运行有效的制度体系，加强系统治理、依法治理、综合治理、源头治理，把我国制度优势更好转化为国家治理效能，为实现"两个一百年"奋斗目标、实现中华民族伟大复兴的中国梦提供有力保证。（摘自《中共中央关于坚持和完善中国特色社会主义制度　推进国家治理体系和治理能力现代化若干重大问题的决定》）

材料二： 要加大对危害疫情防控行为执法司法力度，严格执行传染病防治法及其实施办法、野生动物保护法、动物防疫法、突发公共卫生事件应急条例等法律法规，依法实施疫情防控及应急处理措施。（摘自习近平：《在中央全面依法治国委员会第三次会议上的讲话》）

材料三： 这场抗疫斗争是对国家治理体系和治理能力的一次集中检验。在新的征程上，要突出问题导向，从完善疾病预防控制体系、强化公共卫生法治保障和科技支撑、提升应急物资储备和保障能力、提升国家生物安全防御能力、完善城市治理体系和城乡基层治理体系等方面入手，抓紧补短板、堵漏洞、强弱项，加快完善各方面体制机制，增强社会治理总体效能，不断提升应对重大突发公共卫生事件的能力和水平，为保障人民生命安全和身体健康夯实制度保障。（2020 年仿真题）

问题：

根据上述材料，结合在法治轨道上统筹推进疫情防控工作的要求，谈谈如何发挥法治对推进国家治理体系和治理能力现代化的积极作用。

答题要求：

1. 无观点或论述、照搬材料原文的不得分；
2. 观点正确，表述完整、准确；
3. 总字数不少于 600 字。

答题要点整理

〚参考答案及详解〛

【参考答案】 实践告诉我们，疫情防控越是到最吃劲的时候，越要坚持依法防控，在法治轨道上统筹推进各项防控工作，全面提高依法防控、依法治理能力，保障人民生命安全和身体健康，维护社会大局稳定。

在党中央集中统一领导下，始终把人民群众生命安全和身体健康放在第一位，从立法、执法、司法、守法各环节全面提高依法防控、依法治理能力，具体而言包括以下四点：第一，科学立法。要强化公共卫生法治保障，构筑强大的公共生体系，抓紧补短板、堵漏洞、强弱项，加快完善各方面体制机制。第二，严格执法。要严格执行疫情防控和应急处置法律法规，着力提高应对重大突发公共卫生事件的能力和水平。第三，公正司法。要努力让人民群众在每一个司法案件中感受到公平正义。第四，全民守法。要加强疫情防控法治宣传，夯实基层基础。

抗击疫情展现了中国特色社会主义制度的优越性，我国社会主义制度及其执行能力集中体现在我国国家治理体系和治理能力上，法治是国家治理体系和治理能力的制度保障、集中体现和重要依托。为了全面实现国家治理体系和治理能力现代化，需要发挥法治的积极作用，实行全面依法治国，贯彻“十一个坚持”，具体而言：坚持党对全面依法治国的领导；坚持以人民为中心；坚持中国特色社会主义法治道路；坚持依宪治国、依宪执政；坚持在法治轨道上推进国家治理体系和治理能力现代化；坚持建设中国特色社会主义法治体系；坚持依法治国、依法执政、依法行政共同推进，法治国家、法治政府、法治社会一体建设；坚持全面推进科学立法、严格执法、公正司法、全民守法；坚持统筹推进国内法治和涉外法治；坚持建设德才兼备的高素质法治工作队伍；坚持抓住领导干部这个“关键少数”。

【考点】 全面依法治国的重大意义；法治工作的基本格局；法治工作的重要保障；“十一个坚持”

【详解】 本题解答思路如下：第一部分提出论点，阐述法治轨道上统筹推进疫情防控工作的要求；第二部分从“结合”的内容入手，阐述在法治轨道上统筹推进防控疫情工作的要求；第三部分转入“谈谈”的内容，阐述如何发挥法治在国家治理体系和治理能力现代化中的积极作用。

2021 年

题目要点提炼

材料一：推进全面依法治国是国家治理的一场深刻变革，必须以科学理论为指导，加强理论思维，不断从理论和实践的结合上取得新成果，总结好、运用好党关于新时代加强法治建设的思想理论成果，更好指导全面依法治国各项工作。（摘自习近平：《在中央全面依法治国工作会议上发表重要讲话》）

材料二：党的十八大以来，党中央对全面依法治国作出一系列重大决策，提出一系列全面依法治国新理念新思想新战略……明确了全面依法治国的指导思想、发展道路、工作布局、重点任务。这些新理念新思想新战略，是全面依法治国的根本遵循，必须长期坚持、不断丰富发展。（摘自习近平：《加强党对全面依法治国的集中统一领导　更好发挥法治固根本稳预期利长远的保障作用》）

材料三：立足我国国情和实际，加强对社会主义法治建设的理论研究，尽快构建体现我国社会主义性质，具有鲜明中国特色、实践特色、时代特色的法治理论体系和话语体系。坚持和发展我国法律制度建设的显著优势，深入研究和总结我国法律制度体系建设的成功经验，推进中国特色社会主义法治体系创新发展。［摘自《法治中国建设规划（2020—2025 年）》］（2021 年仿真题）

问题：

结合习近平法治思想的核心要义，谈谈你对当前和下一个阶段全面依法治国需重点抓住的“十一个坚持”的认识。

答题要求：

1. 无观点或论述、照搬材料原文的不得分；

2. 观点正确，表述完整、准确；

3. 总字数不少于 600 字。

答题要点整理

〖参考答案及详解〗

【参考答案】全面依法治国是国家治理的一场深刻革命。习近平法治思想用“十一个坚持”系统阐述了新时代全面依法治国的重要思想和战略部署，深刻回答了我国社会主义法治建设一系列重大理论和实践问题。习近平法治思想核心要义的“十一个坚持”，具体而言包括：坚持党对全面依法治国的领导；坚持以人民为中心；坚持中国特色社会主义法治道路；坚持依宪治国、依宪执政；坚持在法治轨道上推进国家治理体系和治理能力现代化；坚持建设中国特色社会主义法治体系；坚持依法治国、依法执政、依法行政共同推进，法治国家、法治政府、法治社会一体建设；坚持全面推进科学立法、严格执法、公正司法、全民守法；坚持统筹推进国内法治和涉外法治；坚持建设德才兼备的高素质法治工作队伍；坚持抓住领导干部这个“关键少数”。

习近平法治思想是马克思主义法治理论同中国法治建设具体实际相结合、同中华优秀传统法律文化相结合的最新成果，对我们党在革命、建设、改革各个历史时期领导法治建设的丰富实践和宝贵经验进行了全面总结，科学回答了社会主义法治建设的重大理论和实践问题，是党领导法治建设丰富实践和宝贵经验的科学总结，是在法治轨道上全面建设社会主义现代化国家的根本遵循，是引领法治中国建设实现高质量发展的思想旗帜，为深化全面依法治国实践指明了正确方向、提供了有效路径，确保法治中国建设行稳致远。

结合习近平法治思想核心要义的“十一个坚持”，全面依法治国，需要做到以下方面：第一，深刻认识坚持党对全面依法治国的领导的理论逻辑和现实逻辑，保持政治定力，把握政治方向。深刻把握加强党对全面依法治国的领导的实践抓手，健全制度保障。第二，把握工作布局，坚持依法治国、依法执政、依法行政共同推进，法治国家、法治政府、法治社会一体建设。第三，坚持依宪治国、依宪执政，全面贯彻实施宪法，推进科学立法、严格执法、公正司法、全民守法。第四，回应新发展阶段的新要求，为推动高质量发展、构建新发展格局护航。回应新时代人民群众的新需求，坚持以人民为中心，为满足人民对美好生活的向往提供法治保障。第五，着力处理好改革与法治的关系，强化创新引领，深化法治领域改革。第六，将提升法治工作队伍和领导干部实践能力作为基础性保障工程，教育、制度、监督多管齐下，为全面依法治国提供可靠人才保障。

总之，只有深入贯彻以“十一个坚持”为核心要义的习近平法治思想，坚持在法治轨道上推进国家治理体系和治理能力现代化，才能实现经济发展、政治清明、文化昌盛、社会公正、生态良好，才能最大限度凝聚社会共识，有效保障国家治理体系的系统性、规范性、协调性。

【考点】习近平法治思想的重大意义、核心要义、实践要求

【详解】本题解答思路如下：第一部分阐述核心论点，对“十一个坚持”的内涵作展开论述；第二部分阐述习近平法治思想的重大意义；第三部分结合习近平法治思想的核心要义“十一个坚持”，阐述贯彻落实习近平法治思想的实践要求；第四部分围绕全面依法治国的重大战略意义总结提炼，升华论点。

2022年

题目要点提炼

材料一：改革开放以后，党坚持依法治国，不断推进社会主义法治建设……党领导深化以司法责任制为重点的司法体制改革，推进政法领域全面深化改革，加强对执法司法活动的监督制约，开展政法队伍教育整顿，依法纠正冤错案件，严厉惩治执法司法腐败，确保执法司法公正廉洁高效权威。（摘自《中共中央关于党的百年奋斗重大成就和历史经验的决议》）

材料二：当前，法治领域存在的一些突出矛盾和问题，原因在于改革还没有完全到位。要围绕让人民群众在每一项法律制度、每一个执法决定、每一宗司法案件中都感受到公平正义这个目标，深化司法体制综合配套改革，加快建设公正高效权威的社会主义司法制度。（摘自习近平：《坚持走中国特色社会主义法治道路 更好推进中国特色社会主义法治体系建设》）（2022年仿真题）

问题：

请根据以上材料，结合你对习近平法治思想的理解，谈谈党的十八大以来改革重构司法权力配置和运行机制的重大成就和意义。

答题要求：

1. 无观点或论述、照搬材料原文的不得分；

2. 观点正确，表述完整、准确；

3. 总字数不少于600字。

答题要点整理

〖参考答案及详解〗

【参考答案】习近平法治思想是关于全面依法治国的新理念、新思想和新战略，是马克思主义法治理论同中国法治建设具体实际相结合、同中华优秀传统法律文化相结合的最新成果，也是党领导法治建设丰富实践和宝贵经验的科学总结。习近平法治思想为应对重大挑战、在法治轨道上全面建设社会主义现代化国家提供了根本遵循，也是引领法治中国建设实现高质量发展和法治领域改革的思想旗帜。

全面依法治国应当在党的领导下，以人民利益为中心，建设中国特色社会主义法治体系。如材料所示，应当建设高效的法治实施体系、严密的法治监督体系和有力的法治保障体系，加快建设公正高效权威的社会主义司法制度。改革重构司法权力配置和运行机制是建设中国特色社会主义法治体系的必然要求，也是坚持公正司法这一重要环节的制度落实。

材料中所体现的司法体制改革、规范用权等措施是彰显公正司法的有力措施。党的十八大以来，在习近平法治思想的指引下，司法权力配置和运行机制的改革重构以公正司法为追求，取得了很多重大成就。具体如下：第一，在司法管理体制和司法权力运行机制上，加强党对司法工作的领导，确保审判机关、检察机关依法独立公正行使审判权、检察权，全面落实司法责任制。第二，在工作机制上，健全公安机关、检察机关、审判机关、司法行政机关各司其职，规范司法权力行使，侦查权、检察权、审判权、执行权相互配合、相互制约的体制机制。第三，在价值追求上，充分保障了诉讼过程当事人和其他诉讼参与人的诉讼权利，改进工作作风，让人民群众感受到公平正义。第四，在监督和保障机制上，优化司法监督体制，构建起党统一领导、全面覆盖、权威高效的法治监督体系，加强法治专门队伍建设，为司法公正提供组织和人才保障。

改革重构司法权力配置和运行机制的重大成就是习近平法治思想之实践伟力的具体体现，在全面依法治国的伟大征程中具有重大的制度和现实意义。这一成就有助于实现社会公平正义，充分保障人民群众的合法权益。规范司法权力行使、约束司法人员的自由裁量权，有助于提高司法公信力，满足人民群众的司法需求。通过不断深化司法体制改革，促进改革和法治之间的良性互动，更好地发挥法治固根本、稳预期、利长远的保障作用，促进经济社会发展，为高质量发展和中国式现代化保驾护航。

【考点】习近平法治思想；改革和法治

【详解】本题针对司法体制改革这一具体而微但又具有关键作用的法治建设环节进行回顾式考查，采取材料分析题的命题形式，内容上具体考查考生对司法权力配置和运行机制的改革成就的理解及其背后的公正司法内涵。

2023 年

题目要点提炼

材料一：中国式现代化，是中国共产党领导的社会主义现代化，既有各国现代化的共同特征，更有基于自己国情的中国特色。

——中国式现代化是人口规模巨大的现代化。我国十四亿多人口整体迈进现代化社会，规模超过现有发达国家人口的总和，艰巨性和复杂性前所未有，发展途径和推进方式也必然具有自己的特点。我们始终从国情出发想问题、作决策、办事情，既不好高骛远，也不因循守旧，保持历史耐心，坚持稳中求进、循序渐进、持续推进。

——中国式现代化是全体人民共同富裕的现代化。共同富裕是中国特色社会主义的本质要求，也是一个长期的历史过程。我们坚持把实现人民对美好生活的向往作为现代化建设的出发点和落脚点，着力维护和促进社会公平正义，着力促进全体人民共同富裕，坚决防止两极分化。

——中国式现代化是物质文明和精神文明相协调的现代化。物质富足、精神富有是社会主义现代化的根本要求。物质贫困不是社会主义，精神贫乏也不是社会主义。我们不断厚植现代化的物质基础，不断夯实人民幸福生活的物质条件，同时大力发展社会主义先进文化，加强理想信念教育，传承中华文明，促进物的全面丰富和人的全面发展。

——中国式现代化是人与自然和谐共生的现代化。人与自然是生命共同体，无止境地向自然索取甚至破坏自然必然会遭到大自然的报复。我们坚持可持续发展，坚持节约优先、保护优先、自然恢复为主的方针，像保护眼睛一样保护自然和生态环境，坚定不移走生产发展、生活富裕、生态良好的文明发展道路，实现中华民族永续发展。

——中国式现代化是走和平发展道路的现代化。我国不走一些国家通过战争、殖民、掠夺等方式实现现代化的老路，那种损人利己、充满血腥罪恶的老路给广大发展中国家人民带来深重苦难。我们坚定站在历史正确的一边、站在人类文明进步的一边，高举和平、发展、合作、共赢旗帜，在坚定维护世界和平与发展中谋求自身发展，又以自身发展更好维护世界和平与发展。（摘自习近平：《高举中国特色社会主义伟大旗帜　为全面建设社会主义现代化国家而团结奋斗——在中国共产党第二十次全国代表大会上的报告》）

材料二：全国各族人民、一切国家机关和武装力量、各政党和各社会团体、各企业事业组织，都必须以宪法为根本的活动准则，都负有维护宪法尊严、保证宪法实施的职责。任何组织和个人都不得有超越宪法法律的特权，一切违反宪法法律的行为都必须予以追究。

坚持依宪治国、依宪执政，就包括坚持宪法确定的中国共产党领导地位不动摇，坚持宪法确定的人民民主专政的国体和人民代表大会制度的政体不动摇。

要加强宪法实施和监督，推进合宪性审查工作，对一切违反宪法法律的法规、规范性文件必须坚决予以纠正和撤销。（摘自习近平：《坚定不移走中国特色社会主义法治道路　为全面建设社会主义现代化国家提供有力法治保障》）（2023 年仿真题）

问题：

1. 根据上述材料，结合宪法关于国家基本制度和公民权利义务方面的规定，简述宪法对实现中国式现代化的制度保障。

2. 根据上述材料，结合自己对习近平法治思想的理解，谈谈对依宪治国和依宪执政的认识。

答题要求：

1. 无观点或论述、照搬材料原文的不得分；

2. 观点正确，表述完整、准确；

3. 总字数不少于600字。

答题要点整理

〚参考答案及详解〛

1.【参考答案】宪法是国家的根本法，是治国理政的总章程。中国式现代化所需要的法治保障，首先是完善的宪法制度。就宪法而言，配置国家权力、保障公民权利，是保障中国式现代化最基本的两个方面：宪法对国家的政治、经济、文化、社会和生态等各方面基本制度作出了全面细致的规定，并架构了相应的国家机构体系；公民的基本权利和义务是宪法的核心内容，宪法是每个公民享有权利、履行义务的根本保证。

中国式现代化，是中国共产党领导的社会主义现代化。中国式现代化的本质要求是：坚持中国共产党领导，坚持中国特色社会主义，实现高质量发展，发展全过程人民民主，丰富人民精神世界，实现全体人民共同富裕，促进人与自然和谐共生，推动构建人类命运共同体，创造人类文明新形态。

宪法对实现中国式现代化的制度保障主要体现为以下方面：一是宪法规定了党的领导，确立了党的领导核心地位，为中国式现代化明确了根本的政治保证；二是宪法规定了人民民主专政的国体和人民代表大会制度的政体，坚持了以人民为中心，保障了人民当家作主，为中国式现代化提供了根本立场；三是宪法规定推动物质文明、政治文明、精神文明、社会文明、生态文明协调发展，规定公民的财产权、文化教育权利，为全体人民共同富裕、物质文明与精神文明相协调提供了制度保障。

宪法的全面实施，既是中国式现代化所应达到的目标，也是实现中国式现代化的重要保障。要坚定维护宪法权威和尊严，推动宪法完善和发展，更好发挥宪法在治国理政中的重要作用，为以中国式现代化全面推进强国建设、民族复兴伟业提供坚实保障。

【考点】坚持依宪治国、依宪执政

【详解】本题将习近平法治思想与宪法学知识相结合，考查难度有所提高。第一问可拆解为三个小问题进行解答：一是宪法关于国家基本制度和公民权利义务的规定；二是中国式现代化的内涵；三是宪法对实现中国式现代化的制度保障。关于此问题的深度论述，可参考韩大元：《中国式现代化的宪法逻辑》（《法学研究》2023年第5期）。

2.【参考答案】习近平法治思想是马克思主义法治理论同中国法治建设具体实际相结合、同中华优秀传统法律文化相结合的最新成果，是对党领导法治建设丰富实践和宝贵经验的科学总结，是在法治轨道上全面建设社会主义现代化国家的根本遵循，是引领法治中国建设实现高质量发展的思想旗帜。习近平法治思想内涵丰富、论述深刻，其核心要义总结为“十一个坚持”。

坚持依宪治国、依宪执政，体现了党的领导、人民当家作主、依法治国的有机统一。坚持依宪治国是推进全面依法治国的基础性工作，坚持依宪执政体现了我们党对执政规律和执政方式的科学把握。建设法治中国，必须高度重视宪法在治国理政中的重要地位和作用，坚持依宪治国、依宪执政，把全面贯彻实施宪法作为首要任务，健全保证宪法全面实施的体制机制，将宪法实施和监督提高到新水平。

全面贯彻实施宪法，更好发挥宪法在治国理政中的重要作用，维护宪法权威，可以从以下方面入手：一是坚持把宪法作为根本活动准则。坚持宪法法律至上，维护国家法制统一、尊严、权威，一切法律法规规章规范性文件都不得同宪法相抵触，一切违反宪法法律的行为都必须予以追究。二是加强宪法实施和监督。推进合宪性审查工作，健全合宪性审查制度，明确合宪性审查的原则、内容、程序。建立健全涉及宪法问题的事先审查和咨询制度，在备案审查工作中，应当注重审查是否存在不符合宪法规定和宪法精神的内容。加强宪法解释工作，落实宪法解释程序机制，回应涉及宪法有关问题的关切。三是在全社会深入开展尊崇宪法、学习宪法、遵守宪法、维护宪法、运用宪法的宪法学习宣传教育活动，普及宪法知识，弘扬宪法精神。抓住领导干部这个“关键少数”。全面落实宪法宣誓制度。

【考点】 习近平法治思想的核心要义；全面贯彻实施宪法

【详解】 第二问考查核心点为依宪治国和依宪执政在全面依法治国中的重要意义。可以从以下方面依次作答：一是习近平法治思想的重大意义和核心要义；二是为什么要坚持依宪治国、依宪执政；三是如何推进宪法实施。具体内容可参见《法治中国建设规划（2020—2025年）》《法治社会建设实施纲要（2020—2025年）》等。

2024 年

题目要点提炼

材料一：法治是最好的营商环境。要把平等保护贯彻到立法、执法、司法、守法等各个环节，依法平等保护各类市场主体产权和合法权益。要用法治来规范政府和市场的边界，尊重市场经济规律，通过市场化手段，在法治框架内调整各类市场主体的利益关系。要把工作重点放在完善制度环境上，健全法规制度、标准体系，加强社会信用体系建设，加强普法工作。对食品、药品等领域的重大安全问题，要拿出治本措施，对违法者用重典，用法治维护好人民群众生命安全和身体健康。要加快推进我国法域外适用的法律体系建设，加强涉外法治专业人才培养，积极发展涉外法律服务，强化企业合规意识，保障和服务高水平对外开放。（摘自：《习近平主持召开中央全面依法治国委员会第二次会议并发表重要讲话》，新华社 2019 年 2 月 25 日电）

材料二：高水平社会主义市场经济体制是中国式现代化的重要保障。必须更好发挥市场机制作用，创造更加公平、更有活力的市场环境，实现资源配置效率最优化和效益最大化，既"放得活"又"管得住"，更好维护市场秩序、弥补市场失灵，畅通国民经济循环，激发全社会内生动力和创新活力。（摘自：《中共中央关于进一步全面深化改革　推进中国式现代化的决定》）

材料三：要谋划进一步全面深化改革重大举措，为推动高质量发展、推进中国式现代化持续注入强劲动力。围绕构建高水平社会主义市场经济体制，加快完善产权保护、市场准入、公平竞争、社会信用等市场经济基础制度。完善落实"两个毫不动摇"的体制机制，支持民营经济和民营企业发展壮大，激发各类经营主体的内生动力和创新活力。深化科技体制、教育体制、人才体制等改革，打通束缚新质生产力发展的堵点卡点。持续建设市场化、法治化、国际化一流营商环境，塑造更高水平开放型经济新优势。（摘自：《习近平在参加江苏代表团审议时强调　因地制宜发展新质生产力》，新华社 2024 年 3 月 5 日）（2024 年仿真题）

问题：

根据材料，结合自己对习近平法治思想的理解，阐述法治化营商环境的实践路径。

答题要求：

1. 无观点或论述、照搬材料原文的不得分；
2. 观点正确，表述完整、准确；
3. 总字数不少于 600 字。

答题要点整理

〚参考答案及详解〛

【参考答案】 法治是优化营商环境的根本保障，也是建设现代化经济体系的必然要求。习近平法治思想深刻阐述了新时代全面依法治国的战略部署，为法治化营商环境的建设提供了根本遵循和行动指南。在实践中，我们应深入贯彻习近平法治思想，坚持依法治国、依法执政、依法行政共同推进，法治国家、法治政府、法治社会一体建设，以法治引领和保障营商环境的优化。

第一，坚持党对全面依法治国的领导，确保优化营商环境的正确方向。党的领导是社会主义法治的最根本保证。在优化营商环境的过程中，必须坚持党对依法治国的集中统一领导，确保各项政策措施符合党的路线方针，服务于社会主义市场经济的发展。

第二，坚持科学立法，为营造法治化经商环境提供法律依据。完善以宪法为核心的中国特色社会主义法律体系，坚持深入推进经济领域科学民主立法，加强重点、新兴领域立法，不断提高立法质量，以良法促进发展保障善治，营造公正、透明、可预期的法治环境。

第三，推进依法行政，打造法治政府。各级行政机关要坚持法定职责必须为，法无授权不可为，尊重市场经济规律，避免过度干预市场。通过市场化手段，在法治框架内调整各类市场主体的利益关系，实现资源的优化配置。在明确政府与市场的边界的同时，要加强法治监管，确保市场在法治轨道上运行。建立健全监管体系，加强对市场主体的监督和管理，防止市场失灵和违法行为的发生。

第四，坚持公正司法，加强司法保障，维护公平正义的市场秩序。司法机关应依法独立公正行使审判权，保护市场主体的合法权益。推进司法体制改革，完善商事审判机制，提高司法审判的效率和公信力。建立多元化纠纷解决机制，推动商事纠纷的高效、便捷解决。

第五，坚持全民守法，增强全民法治意识，营造良好的法治文化氛围。加强法治宣传教育，提高市场主体的法律意识和法治观念。通过普法活动、法律培训等方式，增强市场主体的法律素养和法治意识，为法治化营商环境的建设提供有力支撑。

第六，强化涉外法治服务。加快推进我国法域外适用的法律体系建设，为企业在海外经营提供法律保障。加强涉外法治专业人才培养，提高涉外法律服务水平。积极参与国际规则的制定和修订，推动我国法律与国际规则的对接，提高我国在国际经济治理中的话语权和影响力。

总之，必须牢牢抓住法治这一根本保障，坚持以习近平法治思想为指导，全面推进依法治国，深化改革，扩大开放，通过完善制度环境，规范政府行为，保护市场主体权益，维护市场秩序，营造稳定、公平、透明、可预期的法治化营商环境。

【考点】 全面依法治国；法治化营商环境

【详解】 首先，仔细分析材料中关于法治化营商环境的相关表述，提取出关键信息，如平等保护、规范政府与市场边界、完善制度环境、加强涉外法治等内容，为后续的阐述提供依据。其次，回顾习近平法治思想中与本题相关的要点，如坚持全面依法治国、依宪治国、严格执法、公正司法、全民守法等，将这些要点与法治化营商环境的建设相联系，思考如何在营商环境建设中贯彻这些思想。再次，从立法、执法、司法、守法等角度提出法治化营商环境的实践路径。最后，总结以上论述，并对法治化营商环境的未来发展进行展望。

刑法

2015 年

题目要点提炼

案情：高某（男）与钱某（女）在网上相识，后发展为网恋关系，其间，钱某知晓了高某一些隐情，并以开店缺钱为由，骗取了高某 20 万元现金。

见面后，高某对钱某相貌大失所望，相处不久更感到她性格古怪，便决定断绝关系。但钱某百般纠缠，最后竟以公开隐情相要挟，要求高某给予 500 万元补偿费。高某假意筹钱，实际打算除掉钱某。

随后，高某找到密友夏某和认识钱某的宗某，共谋将钱某诱骗至湖边小屋，先将其掐昏，然后扔入湖中溺死。事后，高某给夏某、宗某各 20 万元作为酬劳。

按照事前分工，宗某发微信将钱某诱骗到湖边小屋。但宗某得知钱某到达后害怕出事后被抓，给高某打电话说："我不想继续参与了。一日网恋十日恩，你也别杀她了。"高某大怒说："你太不义气啦，算了，别管我了！"宗某又随即打钱某电话，打算让其离开小屋，但钱某手机关机未通。

高某、夏某到达小屋后，高某寻机抱住钱某，夏某掐钱某脖子。待钱某不能挣扎后，二人均误以为钱某已昏迷（实际上已经死亡），便准备给钱某身上绑上石块将其扔入湖中溺死。此时，夏某也突然反悔，对高某说："算了吧，教训她一下就行了。"高某说："好吧，没你事了，你走吧！"夏某离开后，高某在钱某身上绑石块时，发现钱某已死亡。为了湮灭证据，高某将钱某尸体扔入湖中。

高某回到小屋时，发现了钱某的 LV 手提包（价值 5 万元），包内有 5000 元现金、身份证和一张储蓄卡，高某将现金据为己有。

三天后，高某将 LV 提包送给前女友尹某，尹某发现提包不是新的，也没有包装，问："是偷来的还是骗来的"，高某说："不要问包从哪里来。我这里还有一张储蓄卡和身份证，身份证上的人很像你，你拿着卡和身份证到银行柜台取钱后，钱全部归你。"尹某虽然不知道全部真相，但能猜到包与卡都可能是高某犯罪所得，但由于爱财还是收下了手提包，并冒充钱某从银行柜台取出了该储蓄卡中的 2 万元。(2015/四/二)

问题：

请根据《刑法》相关规定与刑法原理分析高某、夏某、宗某和尹某的刑事责任（要求注重说明理由，并可以同时答出不同观点和理由）。

答题要点整理

〖参考答案及详解〗

【参考答案】

1. 高某的刑事责任

（1）高某对钱某成立故意杀人罪。是成立故意杀人既遂还是故意杀人未遂与过失致人死亡罪的想象竞合，关键在于如何处理构成要件的提前实现。

答案一：虽然构成要件结果提前发生，但掐脖子本身有致人死亡的紧迫危险，能够认定掐脖子时就已经实施杀人行为，故意存在于着手实行时即可，故高某应对钱某的死亡承担故意杀人既遂的刑事责任。

答案二：高某、夏某掐钱某的脖子时只是想致钱某昏迷，没有认识到掐脖子的行为会导致钱某死亡，亦即缺乏既遂的故意，因而不能对故意杀人既遂负责，只能认定高某的行为是故意杀人未遂与过失致人死亡的想象竞合。

（2）关于拿走钱某的手提包和5000元现金的行为性质，关键在于如何认定死者的占有。

答案一：高某对钱某的手提包和5000元现金成立侵占罪，理由是死者并不占有自己生前的财物，故手提包和5000元现金属于遗忘物。

答案二：高某对钱某的手提包和5000元现金成立盗窃罪，理由是死者继续占有生前的财物，高某的行为属于将他人占有财产转移给自己占有的盗窃行为，成立盗窃罪。

（3）关于将钱某的储蓄卡与身份证交给尹某取款2万元的行为性质。

答案一：构成信用卡诈骗罪的教唆犯。因为高某不是盗窃信用卡，而是侵占信用卡，利用拾得的他人信用卡取款的，属于冒用他人信用卡，高某唆使尹某冒用，故属于信用卡诈骗罪的教唆犯。

答案二：构成盗窃罪。因为高某是盗窃信用卡，盗窃信用卡并使用的，不管是自己直接使用还是让第三者使用，均应认定为盗窃罪。

【考点】共同犯罪；因果关系认识错误；犯罪既遂与犯罪中止的区别；侵占罪与盗窃罪的区别

【详解】在因果关系认识错误的问题上，有具体符合说和法定符合说。按照具体符合说，应当具体问题具体分析，行为人没有杀人故意时掐别人脖子，结果致人死亡，构成过失致人死亡罪而非故意杀人罪，行为人出于杀人故意杀害“死尸”的行为属于对象不能犯未遂，应另行认定为故意杀人罪未遂。按照法定符合说，行为人出于杀人故意实施杀人行为，被害人最终死亡，行为人的行为作为一个整体构成故意杀人罪既遂，因果关系认识错误不影响对行为的定性。

对于死者的财物是否有主，学界存在争议。与之相关，存在侵占罪与盗窃罪之争。如果认为死者的财物仍为有主物，即属于其继承人，则非法占有其财物的行为构成盗窃罪。如果认为死者的财物为遗失遗忘物，则非法占有财物的行为构成侵占罪。

2. 夏某的刑事责任

（1）夏某参与杀人共谋，掐钱某的脖子，构成故意杀人罪既遂（或：夏某成立故意杀人未遂与过失致人死亡的想象竞合，理由与高某相同）。

（2）由于发生了钱某死亡结果，夏某的行为是钱某死亡的原因，夏某不可能成立犯罪中止。

【考点】共同犯罪；因果关系认识错误；犯罪既遂与犯罪中止的区别；侵占罪与盗窃罪的区别

【详解】《刑法》第24条规定：“在犯罪过程中，自动放弃犯罪或者自动有效地防止犯罪结果发生的，是犯罪中止。对于中止犯，没有造成损害的，应当免除处罚；造成损害的，应当减轻处罚。”

3. 宗某的刑事责任

宗某参与共谋，并将钱某诱骗到湖边小屋，成立故意杀人既遂。宗某虽然后来没有实行行为，但其前行为与钱某死亡之间具有因果性，没有脱离共犯关系；宗某虽然后来给钱某打过电话让其离开小屋，但该中止行为未能有效防止结果发生，不能成立犯罪中止。

【考点】共同犯罪的犯罪中止

【详解】共同犯罪要成立犯罪中止，不仅要求放弃犯罪行为，而且要求脱离共犯关系，有效阻止结果的发生。因此，共同犯罪人单纯脱离犯罪团伙的行为不足以使其行为成立犯罪中止，其必须有效阻止其他共同犯罪人的犯罪行为。

4. 尹某的刑事责任

（1）尹某构成掩饰、隐瞒犯罪所得罪。从客观上说，该手提包属于高某犯罪所得，尹某的行为属于掩饰、隐瞒犯罪所得的行为；尹某认识到可能是高某犯罪所得，因而具备明知的条件。

（2）尹某冒充钱某取出2万元的行为性质。

答案一：构成信用卡诈骗罪。因为尹某属于冒用他人信用卡，符合信用卡诈骗罪的构成要件。

答案二：构成盗窃罪。尹某虽然没有盗窃储蓄卡，但认识到储蓄卡可能是高某盗窃所得，并且实施使用行为，属于承继的共犯，故应以盗窃罪论处。

【考点】掩饰、隐瞒犯罪所得罪；信用卡诈骗罪；事后不可罚的行为

【详解】根据法律规定，盗窃信用卡并使用的，构成盗窃罪而非信用卡诈骗罪。侵占信用卡并使用的，构成信用卡诈骗罪。这个考点与将死者财物据为己有的行为如何定性结合在一起，同样形成了两种观点。

掩饰、隐瞒犯罪所得罪作为一个常见考点，主要考查事后不可罚行为理论，即掩饰、隐瞒自己犯罪所得的行为不构成犯罪。但本案中尹某掩饰、隐瞒的对象是高某的犯罪所得，因此构成本罪。

题目要点提炼

2016 年

案情：赵某与钱某原本是好友，赵某受钱某之托，为钱某保管一幅名画（价值800万元）达三年之久。某日，钱某来赵某家取画时，赵某要求钱某支付10万元保管费，钱某不同意。赵某突然起了杀意，为使名画不被钱某取回进而据为己有，用花瓶猛砸钱某的头部，钱某头部受重伤后昏倒，不省人事，赵某以为钱某已经死亡。刚好此时，赵某的朋友孙某来访。赵某向孙某说“我摊上大事了”，要求孙某和自己一起将钱某的尸体埋在野外，孙某同意。

二人一起将钱某抬至汽车的后座，由赵某开车，孙某坐在钱某身边。开车期间，赵某不断地说“真不该一时冲动”，“悔之晚矣”。其间，孙某感觉钱某身体动了一下，仔细察看，发现钱某并没有死。但是，孙某未将此事告诉赵某。到野外后，赵某一人挖坑并将钱某埋入地下（致钱某窒息身亡），孙某一直站在旁边没做什么，只是反复催促赵某动作快一点。

一个月后，孙某对赵某说：“你做了一件对不起朋友的事，我也做一件对不起朋友的事。你将那幅名画给我，否则向公安机关揭发你的杀人罪行。”三日后，赵某将一幅赝品（价值8000元）交给孙某。孙某误以为是真品，以600万元的价格卖给李某。李某发现自己购买了赝品，向公安机关告发孙某，导致案发。（2016/四/二）

问题：

1. 关于赵某杀害钱某以便将名画据为己有这一事实，可能存在哪几种处理意见？各自的理由是什么？

2. 关于赵某以为钱某已经死亡，为毁灭罪证而将钱某活埋导致其窒息死亡这一事实，可能存在哪几种主要处理意见？各自的理由是什么？

3. 孙某对钱某的死亡构成何罪（说明理由）？是成立间接正犯还是成立帮助犯（从犯）？

4. 孙某向赵某索要名画的行为构成何罪（说明理由）？关于法定刑的适用与犯罪形态的认定，可能存在哪几种观点？

5. 孙某将赝品出卖给李某的行为是否构成犯罪？为什么？

答题要点整理

〖参考答案及详解〗

1.【参考答案】关于赵某杀害钱某以便将名画据为己有这一事实，主要存在两种处理意见：

（1）认定为侵占罪与故意杀人罪，实行数罪并罚。理由是，赵某已经占有了名画，不可能对名画实施抢劫行为，杀人行为同时使得赵某将名画据为己有。所以，赵某对名画成立（委托物）侵占罪，对钱某的死亡成立故意杀人罪。

（2）认定成立抢劫罪一罪。理由是，赵某杀害钱某是为了不返还名画，钱某对名画的返还请求权是一种财产性利益，财产性利益可以成为抢劫罪的对象。所以，赵某属于抢劫财产性利益。

【考点】侵占罪；故意杀人罪；抢劫罪

【详解】如果故意杀人是作为抢劫的手段，则认定为抢劫罪一罪；如果故意杀人后临时起意劫取财物，则认定为故意杀人罪和盗窃罪，数罪并罚。本题的难点在于赵某杀害钱某前已经实际占有了名画，这使其与典型的抢劫罪有所区别。如果强调抢劫罪侵犯的是财物所有权，则可包括债权等财产性利益；如果强调抢劫罪侵犯的是财物占有，则更关注财物是否实际转移占有。目前刑法理论中有两种不同的观点。主流学说更倾向于第一种，即抢劫罪可以侵犯财产性权益，本案中赵某构成抢劫罪一罪。但本题并未考查考生的倾向性观点，考生只需将两种学说列明、阐述清楚即可。

2.【参考答案】赵某以为钱某已经死亡，为毁灭罪证而将钱某活埋导致其窒息死亡，属于事前的故意或概括的故意。对此问题的处理，主要存在两种处理意见：

（1）将赵某的前行为认定为故意杀人未遂（或普通抢劫），将后行为认定为过失致人死亡，对二者实行数罪并罚或者按想象竞合处理。理由是，毕竟是因为后行为导致死亡，但行为人对后行为只有过失。

（2）应认定为故意杀人既遂一罪（或故意的抢劫致人死亡即对死亡持故意一罪）。理由是，前行为与死亡结果之间的因果关系并未中断，前行为与后行为具有一体性，故意不需要存在于实行行为的全过程。

【考点】因果关系认识错误

【详解】本问考查的重点是因果关系认识错误。根据法定符合说，尽管存在因果关系认识错误，但赵某主观上有杀人故意，客观上实施了杀人行为，并造成了死亡后果，构成故意杀人罪既遂。根据具体符合说，对赵某各阶段的行为区别分析，则赵某之前杀害钱某的行为未实际造成钱某死亡的结果，构成故意杀人罪或抢劫罪未遂，之后活埋钱某致其窒息死亡的行为构成过失致人死亡罪，应当数罪并罚。目前，刑法的主流学说是法定符合说，即对赵某行为整体看待，这也与司法实践的普遍做法相吻合。答出其他有一定道理的观点的，适当给分。

3.【参考答案】孙某对钱某的死亡构成故意杀人罪。孙某明知钱某没有死亡，却催促赵某动作快一点，显然具有杀人故意，客观上对钱某的死亡也起到了作用。即使认为赵某对钱某成立抢劫致人死亡，但由于孙某不对抢劫负责，也只能认定为故意杀人罪。

（1）倘若在前一问题上认为赵某成立故意杀人未遂（或普通抢劫）与过失致人死亡罪，那么孙某就是利用过失行为实施杀人的间接正犯；（2）倘若在前一问题上认为赵某成立故意杀人既遂（或故意的抢劫致人死亡即对死亡持故意），则孙某成立故意杀人罪的帮助犯（从犯）。

【考点】共同犯罪；间接正犯

【详解】孙某明知钱某没有死亡但未告诉赵某，并催促赵某实施活埋钱某的行为，已构成故意杀人罪。但特别需要注意的是，孙某在共同犯罪中的地位与赵某行为的定性有紧密关联，考生仍然需要结合第2问对第3问作出两种不同的回答。如果认定赵某主观上系过失，则孙某利用他人过失实施犯罪的行为成立间接正犯；如果认定赵某主观上有间接故意，则孙某的行为构成故意杀人罪的帮助犯。

4.【参考答案】孙某索要名画的行为构成敲诈勒索罪。理由：孙某的行为完全符合本罪的构成要件，因为利用合法行为使他人产生恐惧心理的也属于敲诈勒索。

关于法定刑的适用与犯罪形态的认定，一种观点是，对孙某应当按800万元适用数额特别巨大的法定刑，同时适用未遂犯的规定，并将取得价值8000元的赝品的事实作为量刑情节，这种观点将数额巨大与特别巨大作为加重构成要件；另一种观点是，对孙某应当按8000元适用数额较大的法定刑，认定为犯罪既遂，不适用未遂犯的规定，这种观点将数额较大视为单纯的量刑因素或量刑规则。

【考点】敲诈勒索罪

【详解】本问考查的重点，一是敲诈勒索罪的犯罪构成；二是对于数额犯来说，犯罪数额是犯罪成立要件还是犯罪既遂要件。首先，以报案相威胁索要财物的行为仍然可以构成敲诈勒索罪。其次，如果认为犯罪数额系数额犯的成立要件，则根据实际敲诈勒索的数额认定犯罪数额，同时认定犯罪既遂；如果认为犯罪数额系数额犯的既遂要件，则根据准备敲诈勒索的数额认定犯罪数额，同时认定犯罪未遂。

5.【参考答案】孙某出卖赝品的行为不构成诈骗罪，因为孙某以为出卖的是名画，不具有诈骗故意。

【考点】诈骗罪

【详解】本问考查的重点是主客观相一致原则。认定不同共同犯罪人的刑事责任时，关键要把握每一个犯罪人都只对自己知情的部分负责。孙某陷入错误认识出卖赝品，主观上不具有诈骗的犯罪故意，不构成诈骗罪。

2017 年

题目要点提炼

案情：甲生意上亏钱，乙欠下赌债，二人合谋干一件“靠谱”的事情以摆脱困境。甲按分工找到丙，骗丙使其相信钱某欠债不还，丙答应控制钱某的小孩以逼钱某还债，否则不放人。

丙按照甲所给线索将钱某的小孩骗到自己的住处看管起来，电告甲控制了钱某的小孩，甲通知乙行动。乙给钱某打电话：“你的儿子在我们手上，赶快交 50 万元赎人，否则撕票！”钱某看了一眼身旁的儿子，回了句：“骗子！”便挂断电话，不再理睬。乙感觉异常，将情况告诉甲。甲来到丙处发现这个孩子不是钱某的小孩而是赵某的小孩，但没有告诉丙，只是嘱咐丙看好小孩，并从小孩口中套出其父赵某的电话号码。

甲与乙商定转而勒索赵某的钱财。第二天，小孩哭闹不止要离开，丙恐被人发觉，用手捂住小孩口、鼻，然后用胶带捆绑其双手并将嘴缠住，致其机械性窒息死亡。甲得知后与乙商定放弃勒索赵某财物，由乙和丙处理尸体。乙、丙二人将尸体连夜运至城外掩埋。第三天，乙打电话给赵某，威胁赵某赶快向指定账号打款 30 万元，不许报警，否则撕票。赵某当即报案，甲、乙、丙三人很快归案。(2017/四/二)

问题：

请分析甲、乙、丙的刑事责任（包括犯罪性质即罪名、犯罪形态、共同犯罪、数罪并罚等），须简述相应理由。

答题要点整理

〚参考答案及详解〛

【参考答案】

1. 甲、乙构成共同绑架罪。

(1) 甲与乙预谋绑架，并利用丙的不知情行为（尽管丙误将赵某的小孩作为钱某的小孩非法拘禁），借此实施索要钱某财物的行为，是绑架他人为人质，进而勒索第三人的财物，符合绑架罪犯罪构成，构成共同绑架罪。

(2) 甲、乙所犯绑架罪属于未遂，可以从轻或者减轻处罚。理由是：虽然侵犯了赵某小孩的人身权利，但是没有造成钱某的担忧，没有侵犯也不可能侵犯到钱某的人身自由与权利，当然也不可能勒索到钱某的财物，所以是绑架罪未遂。

【考点】绑架罪；非法拘禁罪；犯罪形态；共同犯罪

【详解】对象错误是指行为人因误认导致预定指向的对象与实际指向的对象不一致，而这种不一致仍未超出构成要件的范围。依据法定符合说，行为人所认识的事实与实际发生的事实，只要在犯罪构成范围内是一致的，就成立故意的既遂犯。本案中，甲与乙合谋实施绑架的对象为钱某的孩子，而丙却将赵某的孩子扣押，虽然拘禁的对象存在错误，但是丙的错误行为与甲、乙之间合谋实施绑架行为的构成要件的范围是一致的，也与丙自身实施非法拘禁行为构成要件范围一致，因而该错误行为不影响行为人故意犯罪的认定。甲与乙对丙将赵某的孩子非法拘禁的行为构成绑架罪无异议。然而，由于绑架行为没有造成钱某的担忧，没有侵犯也不可能侵犯到钱某孩子的人身自由与权利，当然也不可能勒索到钱某的财物，所以是绑架罪未遂。

2. 乙构成敲诈勒索罪与诈骗罪想象竞合犯，从一重罪论处。

(1) 在甲与乙商定放弃犯罪时，乙假意答应甲放弃犯罪，实际上借助于原来的犯罪，对赵某谎称绑架了其小孩，继续实施勒索赵某财物的行为，构成敲诈勒索罪与诈骗罪想象竞合犯，应当从一重罪论处。

(2) 理由是：因为人质已死亡，乙的行为不仅构成敲诈勒索罪，同时构成诈骗罪。因为乙向赵某发出的是虚假的能够引起赵某恐慌、担忧的信息，同时具有虚假性质和要挟性质，因而构成敲诈勒索罪与诈骗罪的想象竞合犯，应当从一重罪论处，并与之前所犯绑架罪（未遂），数罪并罚。

【考点】敲诈勒索罪；诈骗罪；共同犯罪；数罪并罚

【详解】甲与乙商定放弃勒索赵某财物，而乙借助于原来的犯罪，对赵某谎称绑架了其小孩，继续实施勒索赵某财物的行为属于实行过限，与甲不再构成共同犯罪。

3. 丙构成非法拘禁罪和故意杀人罪，应当分别定罪量刑，然后数罪并罚。

(1) ①丙哄骗小孩离开父母，并实际控制，是出于非法剥夺他人人身自由目的而实行的行为，所以构成非法拘禁罪。②因为丙没有参与甲、乙绑架预谋，对于甲、乙实施绑架犯罪不知情，所以不能与甲、乙构成共同绑架罪，而是单独构成非法拘禁罪。

丙犯非法拘禁罪，是甲、乙共同实施绑架罪的一部分——绑架他人作为人质，甲、乙对丙的非法拘禁行为负责。甲、乙、丙在非法拘禁罪范围内构成共同犯罪；甲、乙既构成绑架罪又构成非法拘禁罪，是想象竞合犯，从一重罪论处；丙因为没有绑架的故意，仅有非法拘禁的故意，所以只成立非法拘禁罪。

(2) 答案一：丙为控制小孩采取捆绑行为致其死亡，构成故意杀人罪。①这是一种具有高度危险的侵犯人身权利的行为，可能造成死亡的结果，可以评价为杀人行为，丙主观上对此有明知并持放任的态度，是间接故意杀人，因而构成故意杀人罪。②甲、乙对于人质的死亡没有故意、过失，没有罪责。具体来说，丙的杀人故意行为超出了非法拘禁之共同犯罪故意范围，应当由丙单独负责，甲、乙没有罪过、罪责。

答案二：丙构成过失致人死亡罪。丙应当预见到自己的行为可能造成小孩死亡，但是丙不希望也不容忍小孩死亡，主观上是疏忽大意过失，构成过失致人死亡罪。按照事前分工，看护小孩属于丙的责任，小孩的安全由丙负责，甲、乙二人均不在现场，没有可能保证防止、避免小孩死亡，所以，甲、乙不构成过失致人死亡罪。

【考点】非法拘禁罪；故意杀人罪；过失致人死亡罪；共同犯罪；数罪并罚

【详解】丙受到甲的蒙骗，出于非法剥夺他人人身自由的目的实施非法拘禁行为，并没有参与甲、乙的绑架预谋，对于甲、乙实施绑架犯罪不知情，所以不能与甲、乙构成共同绑架罪。甲、乙、丙在非法拘禁的范围内成立共同犯罪。甲、乙二人的行为构成绑架罪与非法拘禁罪，属于想象竞合犯，应从一重论处。

针对丙实施的用手捂住小孩口、鼻，然后用胶带捆绑其双手并将嘴缠住的行为，属于明显超出正常拘禁行为所需范围的暴力，是一种具有高度危险的侵犯人身权利的行为，可能造成死亡的结果，丙主观上明知并持放任的态度，是间接故意杀人行为。丙的行为超出了甲、乙、丙非法拘禁共同犯罪的故意，甲、乙二人对丙的杀人行为不承担罪责，丙构成故意杀人罪。对丙的故意杀人罪与非法拘禁罪进行数罪并罚。因为《刑法》第238条第2款后段的规定属于法律拟制，即只要非法拘禁的过程中致使被拘禁者死亡的，即使没有杀人的故意，也应认定为故意杀人罪。根据责任主义原理，应以非法拘禁罪和故意杀人罪实施并罚。

如果认为丙对孩子的死亡主观上不具有间接故意，而是疏忽大意的过失，其在非法拘禁过程中故意实施明显超出的正常拘禁行为所需范围的暴力，过失造成他人死亡的行为，也应该适用《刑法》第238条第2款后段的规定，认定为故意杀人罪。对于司法部答案解析中认为丙属于过失致人死亡罪的解析笔者存有异议。

题目要点提炼

2018 年

案情：王某是某黑社会性质组织的领导者，刘某、林某和丁某是该组织成员。某日，王某和刘某在酒店用餐，结账时刘某应付 3000 元，收银员吴某故意将 POS 机上的收款数额修改为 30000 元，刘某未留意即刷卡付款。付款后，刘某发现酒店多收了钱，便与王某一同找到吴某，要求吴某退钱。吴某不从，王某与刘某恼羞成怒，意图劫持吴某迫使其还钱。王某与刘某在对吴某进行捆绑时，操作不慎致吴某摔成重伤。两人担心酒店人员报警，遂放弃劫持的想法，匆忙离开现场。

王某和刘某走到酒店门口时，酒店的武某等四名保安将两人围住，阻止其离开。王某让刘某找人帮忙，刘某便给林某和丁某发短信要求二人携枪前来解围。随即林某和丁某赶到酒店门口，护送王某上了私家车。众保安见王某已经上车，便准备散去。王某却余怒未消，驾车离开前吩咐刘某等人“好好教训下那些保安”。刘某便让林某和丁某掏出藏于二人外套口袋里的枪支向武某等人射击，二人同时各开了一枪。证据表明，其中一人瞄准的是武某的腿部，但未射中；另一人则直接击中武某腹部，致其身亡，但无法查明究竟是林某还是丁某射出的子弹击中了武某。（2018 年仿真题）

问题：

1. 收银员吴某的行为应如何定性，可能有哪些不同的见解，各自的理由是什么？

2. 对于王某和刘某针对吴某实施的行为，应如何定性？理由为何？

3. 就导致武某死亡的行为，应当如何认定王某、刘某、林某、丁某等人的刑事责任（其中对王某的刑事责任的认定，存在哪些不同观点）？简述相应理由。

答题要点整理

〚参考答案及详解〛

1.【参考答案】吴某通过修改收款数额使刘某在付款时多付27000元，存在以下两种观点：

（1）第一种观点认为，被骗人需认识到自己将某种财产转移，但不要求对财产的数量、价格等具有完全的认识（基本的处分意识说）。据此，吴某欺骗刘某，使其受骗后多处分27000元，应成立诈骗罪。

（2）第二种观点认为，被骗人不仅要认识到自己将某种财产转移，还要求对财产的数量、价格等具有完整的认识（完整的处分意识说）。据此，刘某认识到自己处分餐费，但未认识到处分餐费的具体数额，故吴某不成立诈骗罪。吴某以非法占有为目的，利用刘某违反其意志的交付行为取得其财产，属于盗窃罪的间接正犯。

【考点】诈骗罪与盗窃罪

【详解】诈骗罪要求受骗者处分财产时必须有处分意识，即认识到自己将某种财产转移给行为人或第三者占有，否则不成立诈骗罪。上述观点一更具有一定合理性，最高人民法院的指导案例中也是坚持此观点。

2.【参考答案】对于王某和刘某针对吴某实施的行为的性质，应作如下认定：

（1）因吴某非法取得刘某财产，王某、刘某索取的债务为合法债务，故王某、刘某为索取合法债务而意图劫持吴某的行为，不成立抢劫罪，也不成立绑架罪。

（2）王某、刘某为索取债务而劫持吴某的行为，属于《刑法》规定的非法拘禁行为，即为索取债务而非法扣押、拘禁他人的，按照非法拘禁罪的相关规定论处。

（3）王某、刘某的拘禁行为过失致使吴某重伤，其行为成立非法拘禁罪，属于非法拘禁致人重伤的结果加重犯。王某、刘某逃跑的行为，不影响非法拘禁罪的成立，也不影响非法拘禁罪既遂、未遂的判断。

【考点】非法拘禁罪

【详解】根据《最高人民法院关于审理抢劫、抢夺刑事案件适用法律若干问题的意见》的规定，行为人为索取债务，使用暴力、暴力威胁等手段的，一般不以抢劫罪定罪处罚。按照当然解释，为索取合法债务而强取财物，更不可能成立抢劫罪。同理，也不成立绑架罪。对于王某和刘某的行为性质，应当按照其具体行为的方式、方法予以认定。

3.【参考答案】就武某的死亡结果，林某、丁某、刘某、王某等人应当承担的刑事责任如下：

（1）林某、丁某成立故意伤害（致人死亡）罪的共犯，与参加黑社会性质组织罪数罪并罚。林某、丁某同时向武某开枪，致使武某死亡，二人具有共犯关系，属于共同正犯。按照“部分实行，全部责任”原则，无论武某的致命伤系谁射击所致，该死亡结果均应归属于林某、丁某。由于无法查明是谁射出的子弹击中了武某，按照存疑时有利于行为人的原则，应认定林某、丁某成立故意伤害（致人死亡）罪，属于主犯。

（2）刘某成立故意杀人罪的教唆犯，与参加黑社会性质组织罪数罪并罚。刘某指使林某、丁某二人携枪，并在现场指使二人向武某开枪致其死亡，按照共犯从属性原理，应将林某、丁某致人死亡的违法事实归属于刘某；刘某主观上明知自己的教唆行为可能致武某死亡，而放任死亡结果的发生，具有教唆他人杀人的故意，成立故意杀人罪既遂的教唆犯，属于主犯。

（3）王某是黑社会性质组织的首要分子，对于王某应承担的刑事责任，有以下两种观点：

第一种观点认为，王某指使刘某等人“教训”保安，并没有教唆他人杀人的故意，最多是教唆伤害的故意，故王某的教唆行为虽然最终导致刘某等人的杀人行为，但王某仅对故意伤害（致人死亡）罪的教唆犯承担刑事责任，与其组织、领导黑社会性质组织罪数罪并罚。

第二种观点认为，王某虽然指使刘某等人“教训”他人，但作为黑社会性质组织的领导者，应对该组织成员刘某、林某和丁某在其指使下所犯罪行承担刑事责任。王某对于可能引起他人死亡的事实至少具有间接故意，故王某应当承担故意杀人罪既遂的教唆犯的刑事责任，属于主犯，与其组织、领导黑社会性质组织罪数罪并罚。

【考点】故意杀人罪；故意伤害（致人死亡）罪；教唆犯；黑社会性质组织首要分子的责任承担

【详解】林某、丁某向武某射击时，瞄准的是武某的腿部和腹部，表明一人具有杀人故意，另一人具有伤害故意。如果能够证明各自的故意内容，则应分别认定为故意杀人罪既遂与故意伤害（致人死亡）罪。但是，本案无法查清是谁射中被害人腹部致使被害人死亡，即无法确定是以杀人故意致使被害人死亡，还是以伤害故意致使被害人死亡，按照存疑时有利于行为人的原则，应认定林某、丁某成立故意伤害（致人死亡）罪。

2019 年

题目要点提炼

案情：1995 年 7 月，居住在甲市的洪某与蓝某共谋抢劫。蓝某事先打探了被害人赵某的行踪，二人决定于同年 7 月 13 日 20 时拦路抢劫赵某的财物。当天 19 时 55 分，洪某到达现场后发现蓝某未至。赵某出现后，洪某决定独自实施抢劫计划。洪某用蓝某事先准备好的凶器猛击赵某后脑，致使赵某昏倒在地不省人事。蓝某此时到达现场，与洪某一并从赵某身上和随身携带的手提包中找到价值共计 2 万余元的财物。随后，蓝某先离开了现场，洪某以为赵某已经死亡，便将赵某扔到附近的水库，导致赵某溺死。经鉴定，赵某死亡前头部曾受重伤。随后洪某逃至乙市，化名在某保险公司做保险代理。公安机关一直未能破案。

2006 年 9 月，洪某被保险公司辞退后回到甲市，由于没有经济来源，洪某打算从事个体经营。洪某使用虚假的产权证明作担保，从 A 银行贷款 30 万元用于经营活动，后因经营不善而亏损殆尽。为了归还贷款，洪某便想通过将租赁而来的汽车质押给他人，骗取他人借款。洪某从 B 汽车租赁公司员工处得知，该公司所有汽车都装有 GPS 系统，如果租车人没有按时归还，B 公司将会根据 GPS 定位强行将汽车收回。洪某心想，即使自己欺骗了 B 公司，租期届满时 B 公司也会将汽车收回，因而 B 公司不会有财产损失。于是，洪某于 2017 年 3 月以真实身份与 B 公司签订了汽车租赁协议，从 B 公司租得汽车一辆，租赁时间为一周，并在租车时交付了租金。随后洪某伪造车辆行驶证与购车发票，与 C 小额贷款公司签订质押合同，C 公司借给洪某 50 万元，并将汽车留在公司（但没有办理质押手续）。洪某归还了 A 银行的 30 万元贷款本息。一周后，B 公司发现洪某没有按时归还车辆，便通过 GPS 定位找到车辆并收回。C 公司发现上当后第一时间报警，公安机关以洪某涉嫌诈骗罪发布网上通缉令。

洪某看到通缉消息后，得知公安机关并没有掌握自己 1995 年的犯罪事实，便向甲市林业局副局长白某赠送 5 万元现金，请白某向公安局领导说情。白某向甲市公安局副局长李某说情时，李某假装同意，并从白某处得知洪某的藏身之地。随后，李某带领公安人员将洪某抓获。

洪某到案后如实供述了自己对 C 小额贷款公司的诈骗事实，但否认自己对 B 公司构成合同诈骗罪，也没有交代 1995 年的犯罪事实。同时，洪某主动交代了其所实施的公安机关尚未掌握的另一起犯罪事实，并且检举了黄某与程某实施的犯罪事实。

洪某主动交代的另一起犯罪事实是：2016 年 10 月，洪某潜入某机关办公室，发现办公桌内有一个装有现金的信封，便将信封和现金一起盗走。次日，洪某在取出信封中的现金（共 8000 元）时，意外发现信封里还有一张背面写着密码的银行卡。于是，洪某就对其妻青某说："我捡了一张银行卡，你到商场给自己买点衣服去吧！"青某没有去商场购物，而是通过自动取款机从该银行卡中取出现金 4 万元，但没有将此事告知洪某。

洪某检举的黄某与程某实施的犯罪事实，是其与程某喝酒时醉酒的程某所透露的，具体如下：黄某找到程某，希望程某能吓唬吓唬其前妻周某，并表示只要将周某手臂砍成轻伤即可，预付 10 万元，事成之后再给 20 万元，程某同意。程某尾随周某至无人处，威胁周某道：“有人雇我杀你，如果你给我 40 万元，我就饶你一命，否则别怪我不客气。”周某说：“你不要骗我，我才不相信呢！”程某为了从黄某处得到余下 20 万元，于是拿出水果刀砍向周某手臂。周某以为程某真的要杀她，情急之下用手臂抵挡，程某手中的水果刀正好划伤周某手臂，造成周某轻伤。周某因患白血病，受伤后血流不止而死。程某不知道周某患有白血病，但黄某知道。随后程某向黄某索要剩余的 20 万元，黄某说：“我只要你砍成轻伤，你却把人砍死了，剩下 20 万元就不给了。”程某恼羞成怒将黄某打成重伤。

洪某主动交代的事实与检举的事实，经公安机关查证属实。

经公安机关进一步讯问，洪某如实交代了自己 1995 年实施的犯罪事实（公安机关虽然知道该案的犯罪事实，但一直未发现犯罪嫌疑人）。(2019 年仿真题)

问题：

请按案情描述顺序，分析各犯罪嫌疑人所犯罪行的性质、犯罪形态与法定量刑情节及其他需要说明的问题，并陈述理由。如果就罪行的性质、犯罪形态等存在争议，请说明相关争议观点及其理由，并发表自己的看法。

答题要点整理

〖参考答案及详解〗

【参考答案】

1. 对洪某与蓝某抢劫案的分析

(1) 洪某与蓝某成立抢劫罪既遂的共犯，属于共谋共同正犯。洪某实施抢劫时蓝某虽尚未到场，但蓝某为抢劫行为的实施发挥了关键性的物理（凶器）和心理的因果联系作用，按照“部分实行，全部责任”的原则，洪某、蓝某均成立抢劫罪既遂，犯罪数额均为2万余元。

(2) 洪某误以为赵某死亡而将其扔入水库，导致赵某溺水而亡，属于因果关系错误中的事前故意。对此刑法理论有两种观点：

第一种观点认为，洪某成立抢劫（致人死亡）罪一罪。赵某溺死这一介入因素是洪某的抢劫行为所引发的，是洪某抢劫行为制造的危险的现实化，其未中断抢劫行为与赵某死亡之间的因果联系。因此洪某的抢劫行为与赵某的死亡之间存在刑法上的因果关系。但是该因果关系与洪某认识的因果关系不一致，属于因果关系错误。由于因果关系错误不会影响犯罪故意的认定，故洪某成立抢劫（致人死亡）罪，适用结果加重犯的法定刑，以既遂论处。

第二种观点认为，洪某的行为成立抢劫（致人重伤）罪与过失致人死亡罪，应当数罪并罚。赵某溺死这一介入因素中断了抢劫行为与赵某死亡之间的因果关系，洪某的抢劫行为成立抢劫（致人重伤）罪；洪某将赵某扔入水库，对赵某的死亡应当预见因疏忽而未预见，故洪某成立过失致人死亡罪，与抢劫（致人重伤）罪应当数罪并罚。

(3) 蓝某与洪某成立抢劫罪共犯。根据上述对洪某的抢劫行为与赵某死亡之间是否具有因果关系的分析：①若认为存在因果关系，洪某成立抢劫（致人死亡）罪，则蓝某亦成立抢劫（致人死亡）罪；②若认为不存在因果关系，则蓝某的行为与赵某的死亡之间不存在因果关系，蓝某对赵某的死亡不负刑事责任，蓝某的行为成立抢劫（致人重伤）罪。

(4) 关于抢劫案的追诉时效，应当追诉洪某抢劫罪的刑事责任，但蓝某追诉时效已过，不应追究蓝某抢劫罪的刑事责任。具体而言：①对于洪某，无论认定其行为成立抢劫（致人死亡）罪还是抢劫（致人重伤）罪，其追诉期限均为20年。洪某在追诉期限内又犯新罪的，应当自犯新罪之日起重新计算20年的追诉期限，故洪某的抢劫罪仍在追诉期限之内。若认为洪某对赵某的死亡成立过失致人死亡罪，追诉期限为10年，因已过追诉期限而不应追究刑事责任。②对于蓝某，无论认定其行为成立抢劫（致人死亡）罪还是抢劫（致人重伤）罪，其追诉期限均为20年。追诉期限已过，故不应追究蓝某抢劫罪的刑事责任。

【考点】 抢劫罪；共同犯罪；过失致人死亡罪；追诉时效

【详解】《刑法》第263条规定：“以暴力、胁迫或者其他方法抢劫公私财物的，处三年以上十年以下有期徒刑，并处罚金；有下列情形之一的，处十年以上有期徒刑、无期徒刑或者死刑，并处罚金或者没收财产：(一) 入户抢劫的；(二) 在公共交通工具上抢劫的；(三) 抢劫银行或者其他金融机构的；(四) 多次抢劫或者抢劫数额巨大的；(五) 抢劫致人重伤、死亡的；(六) 冒充军警人员抢劫的；(七) 持枪抢劫的；(八) 抢劫军用物资或者抢险、救灾、救济物资的。”

《刑法》第87条规定：“犯罪经过下列期限不再追诉：(一) 法定最高刑为不满五年有期徒刑的，经过五年；(二) 法定最高刑为五年以上不满十年有期徒刑的，经过十年；(三) 法定最高刑为十年以上有期徒刑的，经过十五年；(四) 法定最高刑为无期徒刑、死刑的，经过二十年。如果二十年以后认为必须追诉的，须报请最高人民检察院核准。”

2. 对洪某骗取贷款案的分析

（1）洪某骗取A银行贷款30万元的行为成立骗取贷款罪，但已过追诉时效，不再追究刑事责任。洪某使用虚假的产权证明作担保，但不具备非法占有的目的，故成立骗取贷款罪，而非贷款诈骗罪。骗取贷款罪基本犯的法定最高刑为3年有期徒刑，其追诉期限为5年，案发时该罪已过追诉时效，不应追究刑事责任。

（2）洪某向B公司租车的行为不成立诈骗罪。洪某与B公司基于意思自治缔结了汽车租赁合同，洪某缺乏非法占有目的，其虽未按时还车，但B公司已正常取回车辆，并无损失，故该行为不成立犯罪。

（3）洪某伪造车辆行驶证与购车发票向C小额贷款公司借款50万元的行为成立伪造国家机关证件罪，伪造公司、企业印章罪与贷款诈骗罪，属于牵连犯，应当从一重罪论处。洪某伪造车辆行驶证成立伪造国家机关证件罪；伪造购车发票成立非法制造发票罪与伪造公司、企业印章罪的想象竞合犯，以重罪伪造公司、企业印章罪论处；以非法占有为目的伪造证件骗取C小额贷款公司贷款的行为成立贷款诈骗罪。综上，三罪属于牵连犯，应从一重罪论处。

【考点】骗取贷款罪；贷款诈骗罪；诈骗罪；伪造国家机关证件罪；伪造公司、企业印章罪；追诉时效

【详解】《刑法》第175条之一规定："以欺骗手段取得银行或者其他金融机构贷款、票据承兑、信用证、保函等，给银行或者其他金融机构造成重大损失的，处三年以下有期徒刑或者拘役，并处或者单处罚金；给银行或者其他金融机构造成特别重大损失或者有其他特别严重情节的，处三年以上七年以下有期徒刑，并处罚金。单位犯前款罪的，对单位判处罚金，并对其直接负责的主管人员和其他直接责任人员，依照前款的规定处罚。"

《刑法》第193条规定："有下列情形之一，以非法占有为目的，诈骗银行或者其他金融机构的贷款，数额较大的，处五年以下有期徒刑或者拘役，并处二万元以上二十万元以下罚金；数额巨大或者有其他严重情节的，处五年以上十年以下有期徒刑，并处五万元以上五十万元以下罚金；数额特别巨大或者有其他特别严重情节的，处十年以上有期徒刑或者无期徒刑，并处五万元以上五十万元以下罚金或者没收财产：（一）编造引进资金、项目等虚假理由的；（二）使用虚假的经济合同的；（三）使用虚假的证明文件的；（四）使用虚假的产权证明作担保或者超出抵押物价值重复担保的；（五）以其他方法诈骗贷款的。"

《刑法》第266条规定："诈骗公私财物，数额较大的，处三年以下有期徒刑、拘役或者管制，并处或者单处罚金；数额巨大或者有其他严重情节的，处三年以上十年以下有期徒刑，并处罚金；数额特别巨大或者有其他特别严重情节的，处十年以上有期徒刑或者无期徒刑，并处罚金或者没收财产。本法另有规定的，依照规定。"

《刑法》第280条规定："伪造、变造、买卖或者盗窃、抢夺、毁灭国家机关的公文、证件、印章的，处三年以下有期徒刑、拘役、管制或者剥夺政治权利，并处罚金；情节严重的，处三年以上十年以下有期徒刑，并处罚金。伪造公司、企业、事业单位、人民团体的印章的，处三年以下有期徒刑、拘役、管制或者剥夺政治权利，并处罚金。伪造、变造、买卖居民身份证、护照、社会保障卡、驾驶证等依法可以用于证明身份的证件的，处三年以下有期徒刑、拘役、管制或者剥夺政治权利，并处罚金；情节严重的，处三年以上七年以下有期徒刑，并处罚金。"

3. 对洪某给予白某5万元现金的分析

（1）洪某成立行贿罪，犯罪数额为5万元。

（2）白某成立斡旋方式的受贿罪，犯罪数额为5万元。是否实际谋取了不正当利益，不影响斡旋方式受贿罪的成立，也不影响既遂的判断。

【考点】行贿罪；受贿罪

【详解】《刑法》第385条规定："国家工作人员利用职务上的便利，索取他人财物的，或者非法收受他人财物，为他人谋取利益的，是受贿罪。国家工作人员在经济往来中，违反国家规定，收受各种名义的回扣、手续费，归个人所有的，以受贿论处。"

《刑法》第389条规定："为谋取不正当利益，给予国家工作人员以财物的，是行贿罪。在经济往来中，违反国家规定，给予国家工作人员以财物，数额较大的，或者违反国家规定，给予国家工作人员以各种名义的回扣、手续费的，以行贿论处。因被勒索给予国家工作人员以财物，没有获得不正当利益的，不是行贿。"

4. 对洪某被抓捕后供述诈骗事实的分析

洪某被抓捕后供述诈骗事实属于坦白，不成立立功。因为贷款诈骗行为属于司法机关已经掌握的犯罪行为，且其被抓获后交代了贷款诈骗行为，不成立准自首，但成立坦白，可以从轻处罚。

【考点】坦白；立功

【详解】《刑法》第68条规定："犯罪分子有揭发他人犯罪行为，查证属实的，或者提供重要线索，从而得以侦破其他案件等立功表现的，可以从轻或者减轻处罚；有重大立功表现的，可以减轻或者免除处罚。"

5. 对洪某进机关办公室窃取财物的分析

（1）洪某窃取现金的行为成立盗窃罪，数额为8000元。

（2）洪某窃取信用卡，并将信用卡交给青某使用的行为成立盗窃罪。无论青某将信用卡作何用，对洪某而言均属于"盗窃信用卡并使用"，成立盗窃罪，数额为4万元，应与盗窃现金8000元累计计算，即盗窃数额为4.8万元。

（3）洪某因诈骗犯罪被抓获后，如实供述司法机关尚未掌握的盗窃罪，该行为成立准自首，可以从轻或者减轻处罚。

【考点】盗窃罪；自首

【详解】《刑法》第196条第3款规定："盗窃信用卡并使用的，依照本法第二百六十四条的规定定罪处罚。"

《刑法》第264条规定："盗窃公私财物，数额较大的，或者多次盗窃、入户盗窃、携带凶器盗窃、扒窃的，处三年以下有期徒刑、拘役或者管制，并处或者单处罚金；数额巨大或者有其他严重情节的，处三年以上十年以下有期徒刑，并处罚金；数额特别巨大或者有其他特别严重情节的，处十年以上有期徒刑或者无期徒刑，并处罚金或者没收财产。"

《刑法》第67条第2款规定："被采取强制措施的犯罪嫌疑人、被告人和正在服刑的罪犯，如实供述司法机关还未掌握的本人其他罪行的，以自首论。"

6. 对青某从自动取款机中取钱的分析

（1）青某从自动取款机中取钱的行为性质，有两种观点：第一种观点认为，青某属于以非法占有为目的"冒用他人信用卡"骗取财物，成立信用卡诈骗罪，犯罪数额为4万元；第二种观点认为，诈骗行为只能针对自然人，故青某非法使用他人信用卡在自动取款机上取钱的行为成立盗窃罪，犯罪数额为4万元。

（2）对于青某在自动取款机上取钱的行为，洪某与青某具有共犯关系：①若认定青某成立信用卡诈骗罪，则洪某成立信用卡诈骗罪的间接正犯；②若认定青某成立盗窃罪，则青某属于承继的共犯。

【考点】信用卡诈骗罪；盗窃罪；共同犯罪

【详解】《刑法》第196条第1款规定："有下列情形之一，进行信用卡诈骗活动，数额较大的，处五年以下有期徒刑或者拘役，并处二万元以上二十万元以下罚金；数额巨大或者有其他严重情节的，处五年以上十年以下有期徒刑，并处五万元以上五十万元以下罚金；数额特别巨大或者有其他特别严重情节的，处十年以上有期徒刑或者无期徒刑，并处五万元以上五十万元以下罚金或者没收财产：（一）使用伪造的信用卡，或者使用以虚假的身份证明骗领的信用卡的；（二）使用作废的信用卡的；（三）冒用他人信用卡的；（四）恶意透支的。”

7. 对黄某、程某伤害周某致其死亡的分析

（1）程某胁迫周某交付钱财的行为成立抢劫罪未遂，不成立敲诈勒索罪与诈骗罪。①程某以杀害周某相威胁向周某索取钱财40万元，因意志以外的原因未能获得，成立抢劫罪未遂，属于“抢劫数额巨大”的情形，适用加重情节的法定刑和未遂的规定。②程某的行为不成立诈骗罪和敲诈勒索罪。程某仅谎称有人雇其杀害周某，其欺骗的内容并非使周某基于错误认识而处分财产，故程某的行为不成立诈骗罪；程某恐吓周某交付财物的行为达到了“压制反抗，强行取财”的程度，故不成立敲诈勒索罪，而应以抢劫罪论处。

（2）程某伤害周某致使其死亡的行为成立故意伤害（轻伤）罪，程某对周某死亡结果不负刑事责任。程某对引起周某死亡的前提（被害人特殊体质）缺乏认识，不能预见也不存在故意和过失的罪过心理，程某死亡属于意外事件，故程某不成立故意伤害（致人死亡）罪，而是成立故意伤害（轻伤）罪。

（3）黄某的行为成立故意杀人罪的间接正犯与故意伤害（轻伤）罪的教唆犯，属于想象竞合犯，应以故意杀人罪既遂的间接正犯论处。黄某明知被害人特殊体质，可以预见故意伤害所导致的死亡后果，仍教唆程某实施故意伤害行为，成立故意杀人罪既遂的间接正犯和故意伤害（轻伤）罪的教唆犯，属于想象竞合犯，应以重罪——故意杀人罪既遂的间接正犯论处。

【考点】犯罪未遂；抢劫罪；敲诈勒索罪；诈骗罪；故意伤害罪；教唆犯

【详解】《刑法》第263条规定：“以暴力、胁迫或者其他方法抢劫公私财物的，处三年以上十年以下有期徒刑，并处罚金；有下列情形之一的，处十年以上有期徒刑、无期徒刑或者死刑，并处罚金或者没收财产：（一）入户抢劫的；（二）在公共交通工具上抢劫的；（三）抢劫银行或者其他金融机构的；（四）多次抢劫或者抢劫数额巨大的；（五）抢劫致人重伤、死亡的；（六）冒充军警人员抢劫的；（七）持枪抢劫的；（八）抢劫军用物资或者抢险、救灾、救济物资的。”

《刑法》第234条规定：“故意伤害他人身体的，处三年以下有期徒刑、拘役或者管制。犯前款罪，致人重伤的，处三年以上十年以下有期徒刑；致人死亡或者以特别残忍手段致人重伤造成严重残疾的，处十年以上有期徒刑、无期徒刑或者死刑。本法另有规定的，依照规定。”

《刑法》第29条规定：“教唆他人犯罪的，应当按照他在共同犯罪中所起的作用处罚。教唆不满十八周岁的人犯罪的，应当从重处罚。如果被教唆的人没有犯被教唆的罪，对于教唆犯，可以从轻或者减轻处罚。”

8. 对程某将黄某打成重伤的分析

程某将黄某打成重伤成立故意伤害（重伤）罪。因程某与黄某之间存在非法的债权债务关系，程某将黄某打成重伤不成立抢劫罪，仅成立故意伤害（重伤）罪。

【考点】故意伤害罪；抢劫罪

【详解】《刑法》第234条规定：“故意伤害他人身体的，处三年以下有期徒刑、拘役或者管制。犯前款罪，致人重伤的，处三年以上十年以下有期徒刑；致人死亡或者以特别残忍手段致人重伤造成严重残疾的，处十年以上有期徒刑、无期徒刑或者死刑。本法另有规定的，依照规定。”

9. 对洪某揭发黄某、程某犯罪行为的分析

（1）洪某揭发黄某、程某伤害周某致其死亡的犯罪事实成立立功。①因程某成立故意伤害罪，且查证属实，故洪某成立立功；②因黄某成立故意杀人罪，可能被判处无期徒刑或者死刑，且查证属实，故洪某属于重大立功。对洪某可以减轻或者免除处罚。

（2）洪某揭发程某将黄某打成重伤，因程某构成故意伤害（重伤）罪，洪某属于一般立功，可以从轻或者减轻处罚。

【考点】立功

【详解】《刑法》第68条规定："犯罪分子有揭发他人犯罪行为，查证属实的，或者提供重要线索，从而得以侦破其他案件等立功表现的，可以从轻或者减轻处罚；有重大立功表现的，可以减轻或者免除处罚。"

10. 对洪某如实交代自己1995年所犯抢劫罪的分析

洪某如实交代自己1995年所犯抢劫罪的事实属于准自首。虽然公安机关知道抢劫事实，但并不知道谁是犯罪嫌疑人，该罪属于司法机关尚未掌握的本人其他犯罪行为。因此，洪某如实供述应以准自首论，可以从轻或者减轻处罚。

【考点】自首

【详解】《刑法》第67条第2款规定："被采取强制措施的犯罪嫌疑人、被告人和正在服刑的罪犯，如实供述司法机关还未掌握的本人其他罪行的，以自首论。"

题目要点提炼

2020 年

案情：2010 年 3 月，刘某与任某擅自砍伐国有林场中的 1200 株林木，将砍伐的林木弃置一旁，平整该片林地后于其上种植沉香，一直未被发现。

2016 年 2 月，森林公安局的侦查人员王某发现刘某与任某砍伐林木、种植沉香的行为，但因其与刘某是中学同学，碍于情面便未作任何处理。

2017 年 3 月，王某购买一套房屋，要求刘某按照 100 万元的装修标准负责装修，但仅给刘某 50 万元装修费。刘某请甲装修公司负责装修，完工后甲公司应收 120 万元装修费，但刘某仅支付 100 万元。甲公司负责人钟某执意要求刘某再付 20 万元，刘某说："房主是道上混的，你再纠缠小心他砸烂你的公司。"钟某只好作罢。随后刘某告诉王某，实际装修费共计 120 万元。王某说："那我再出 10 万元吧。"刘某收下该 10 万元。

2018 年 7 月，喜欢爬野山的龚某和洪某见到沉香林后，心生盗念，龚某、洪某二人盗窃时被刘某和任某发现，洪某立即逃跑。龚某为了窝藏所盗沉香，威胁刘某和任某称，不让拿走沉香就向林业主管部门告发。刘某、任某担心自己非法砍伐林木的行为被发现，就让龚某拿走了价值 2 万元的沉香。

2018 年 8 月，洪某向林业主管部门举报了有人在国有林场种植沉香的事实。林业主管部门工作人员赵某与郑某上山检查时，刘某、任某为了抗拒抓捕，与郑某、赵某发生了严重的肢体冲突。赵某被刘某、任某中一人打成轻伤，不能查明是二人何人所致；刘某被赵某与郑某共同打成重伤；刘某在攻击郑某时，郑某及时躲闪，刘某遂击中同伙任某，造成任某轻伤。（2020 年仿真题）

问题：

请按案情描述顺序，分析各犯罪嫌疑人所犯罪行的性质、犯罪形态与法定量刑情节及其他需要说明的问题，并陈述理由。如果就罪行的性质、犯罪形态等存在争议，请说明相关争议观点及其理由，并发表自己的看法。

答题要点整理

〚参考答案及详解〛

【参考答案】

1. 对刘某与任某砍伐林木、种植沉香行为的分析

刘某和任某的行为构成故意毁坏财物罪和非法占用农用地罪，其中故意毁坏财物罪已过诉讼时效，不再追诉。

（1）刘某、任某以毁坏为目的砍伐林木，成立故意毁坏财物罪。故意毁坏财物数额较大的法定刑为3年以下有期徒刑，追诉时效为5年，案发时诉讼时效已过。

（2）刘某、任某违反土地管理法规，非法占用林地，改变土地用途，数量较大，构成非法占用农用地罪。非法占用农用地罪为继续犯，诉讼时效未经过。

【考点】故意毁坏财物罪；非法占用农用地罪；追诉时效

【详解】《刑法》第275条规定："故意毁坏公私财物，数额较大或者有其他严重情节的，处三年以下有期徒刑、拘役或者罚金；数额巨大或者有其他特别严重情节的，处三年以上七年以下有期徒刑。"

《刑法》第342条规定："违反土地管理法规，非法占用耕地、林地等农用地，改变被占用土地用途，数量较大，造成耕地、林地等农用地大量毁坏的，处五年以下有期徒刑或者拘役，并处或者单处罚金。"

《刑法》第87条规定："犯罪经过下列期限不再追诉：（一）法定最高刑为不满五年有期徒刑的，经过五年；（二）法定最高刑为五年以上不满十年有期徒刑的，经过十年；（三）法定最高刑为十年以上有期徒刑的，经过十五年；（四）法定最高刑为无期徒刑、死刑的，经过二十年。如果二十年以后认为必须追诉的，须报请最高人民检察院核准。"

2. 对王某发现砍伐林木、种植沉香行为未予以处理的分析

王某构成徇私枉法罪。王某作为司法工作人员，明知刘某与任某的行为构成犯罪，故意包庇使二人不受追究，成立徇私枉法罪。

【考点】徇私枉法罪

【详解】《刑法》第399条第1款规定："司法工作人员徇私枉法、徇情枉法，对明知是无罪的人而使他受追诉、对明知是有罪的人而故意包庇不使他受追诉，或者在刑事审判活动中故意违背事实和法律作枉法裁判的，处五年以下有期徒刑或者拘役；情节严重的，处五年以上十年以下有期徒刑；情节特别严重的，处十年以上有期徒刑。"

3. 对王某让刘某负责装修的分析

（1）刘某成立行贿罪，行贿金额60万元。刘某为谋取不正当利益，向国家工作人员赠送价值120万元装修的行为，成立行贿罪。

（2）王某成立受贿罪，受贿金额为60万元。王某作为国家工作人员，利用职务便利，低价索取刘某的财产性利益，成立受贿罪（索取贿赂）。虽然刘某支付装修款100万元，但是装修的实际价值为120万元，王某支付60万元，受贿金额应该为60万元。

（3）王某徇私枉法在前，受贿在后，徇私枉法罪和受贿罪应当数罪并罚。

【考点】行贿罪；受贿罪

【详解】《刑法》第385条规定："国家工作人员利用职务上的便利，索取他人财物的，或者非法收受他人财物，为他人谋取利益的，是受贿罪。国家工作人员在经济往来中，违反国家规定，收受各种名义的回扣、手续费，归个人所有的，以受贿论处。"

《刑法》第389条规定："为谋取不正当利益，给予国家工作人员以财物的，是行贿罪。在经济往来中，违反国家规定，给予国家工作人员以财物，数额较大的，或者违反国家规定，给予国家工作人员以各种名义的回扣、手续费的，以行贿论处。因被勒索给予国家工作人员以财物，没有获得不正当利益的，不是行贿。”

《最高人民法院、最高人民检察院关于办理贪污贿赂刑事案件适用法律若干问题的解释》第12条规定：“贿赂犯罪中的‘财物’，包括货币、物品和财产性利益。财产性利益包括可以折算为货币的物质利益如房屋装修、债务免除等，以及需要支付货币的其他利益如会员服务、旅游等。后者的犯罪数额，以实际支付或者应当支付的数额计算。”

4. 对刘某以恶害相通告钟某，使其免除债务的分析

（1）刘某威胁钟某的行为难以认定为达到压制反抗的程度，不成立抢劫罪。

（2）刘某为索取不法财产性利益，虚构事实以言语威胁钟某，行为兼具胁迫和欺骗性质，成立敲诈勒索罪和诈骗罪的想象竞合，择一重罪处理。

【考点】敲诈勒索罪；诈骗罪

【详解】《刑法》第274条规定：“敲诈勒索公私财物，数额较大或者多次敲诈勒索的，处三年以下有期徒刑、拘役或者管制，并处或者单处罚金；数额巨大或者有其他严重情节的，处三年以上十年以下有期徒刑，并处罚金；数额特别巨大或者有其他特别严重情节的，处十年以上有期徒刑，并处罚金。”

《刑法》第266条规定：“诈骗公私财物，数额较大的，处三年以下有期徒刑、拘役或者管制，并处或者单处罚金；数额巨大或者有其他严重情节的，处三年以上十年以下有期徒刑，并处罚金；数额特别巨大或者有其他特别严重情节的，处十年以上有期徒刑或者无期徒刑，并处罚金或者没收财产。本法另有规定的，依照规定。”

5. 对龚某和洪某盗窃沉香的分析

（1）洪某成立盗窃罪（未遂）。洪某被发现后逃跑，成立盗窃罪（未遂），对龚某后来实施的行为不负责任。

（2）龚某成立敲诈勒索罪。龚某为了抗拒抓捕实施威胁的行为，因没有使用暴力，不构成一般抢劫，也不构成转化型抢劫（事后抢劫），构成敲诈勒索罪（既遂）。

【考点】盗窃罪；敲诈勒索罪；转化型抢劫

【详解】《刑法》第264条规定：“盗窃公私财物，数额较大的，或者多次盗窃、入户盗窃、携带凶器盗窃、扒窃的，处三年以下有期徒刑、拘役或者管制，并处或者单处罚金；数额巨大或者有其他严重情节的，处三年以上十年以下有期徒刑，并处罚金；数额特别巨大或者有其他特别严重情节的，处十年以上有期徒刑或者无期徒刑，并处罚金或者没收财产。”

《刑法》第274条规定：“敲诈勒索公私财物，数额较大或者多次敲诈勒索的，处三年以下有期徒刑、拘役或者管制，并处或者单处罚金；数额巨大或者有其他严重情节的，处三年以上十年以下有期徒刑，并处罚金；数额特别巨大或者有其他特别严重情节的，处十年以上有期徒刑，并处罚金。”

6. 对刘某、任某和赵某、郑某互殴的分析

（1）刘某和任某对正在依法执行公务的国家机关工作人员实施暴力，构成妨害公务罪。赵某的轻伤无法查明是刘某还是任某所致，刘某和任某属于共同正犯，均需对轻伤结果负责。

（2）赵某、郑某的行为属于正当防卫。因刘某、任某实施暴力行为，赵某、郑某的反击行为虽然导致刘某重伤，但是没有明显超过必要限度，不属于防卫过当。

（3）对于任某的轻伤，刘某属于偶然防卫。关于偶然防卫，有两种观点：第一种观点认为，正当防卫的成立要求具备完整的防卫意识，所以偶然防卫不成立正当防卫。刘某实施了违法行为，存在打击错误：根据法定符合说，成立故意伤害罪；根据具体符合说，对任某轻伤属于过失，不成立故意伤害罪。第二种观点认为，正当防卫的成立不要求具备防卫意识，即认识和意志均不要求，所以偶然防卫成立正当防卫。刘某客观上起到了阻止法益侵害的效果，无论其主观意志如何，均不构成犯罪。

【考点】妨害公务罪；正当防卫

【详解】《刑法》第20条规定："为了使国家、公共利益、本人或者他人的人身、财产和其他权利免受正在进行的不法侵害，而采取的制止不法侵害的行为，对不法侵害人造成损害的，属于正当防卫，不负刑事责任。正当防卫明显超过必要限度造成重大损害的，应当负刑事责任，但是应当减轻或者免除处罚。对正在进行行凶、杀人、抢劫、强奸、绑架以及其他严重危及人身安全的暴力犯罪，采取防卫行为，造成不法侵害人伤亡的，不属于防卫过当，不负刑事责任。"

《刑法》第277条第1款规定："以暴力、威胁方法阻碍国家机关工作人员依法执行职务的，处三年以下有期徒刑、拘役、管制或者罚金。"

题目要点提炼

2021 年

案情：赵某以威胁网上曝光隐私为由，向周某索要10万元。周某害怕，就按照赵某指示将10万元现金放入指定垃圾桶内。赵某将此事告知刘某，并让刘某去周某放钱的垃圾桶取出10万元，两人各分得5万元。（事实一）

某日，赵某从窗户翻入顶楼的王某家窃得笔记本电脑一台。下楼离开时误认为李某是王某，为了窝藏赃物而将李某打伤。后查明，李某是去楼上贴小广告的，对赵某的行为并不知情。（事实二）

杨某欠赵某钱不还，刘某提议赵某拘禁杨某逼其还钱。二人遂拘禁杨某。杨某说："关着我，没法还钱；放了我，没有钱还。"两日后，刘某提议砍下杨某一根大拇指，赵某同意。二人遂砍下杨某右手大拇指，造成杨某重伤。（事实三）

赵某的妻子谢某得知拘禁杨某一事后，劝赵某自首，否则就与赵某离婚并带走孩子。赵某恼羞成怒，使用皮带意图勒死谢某。谢某大声呼救，引来两个孩子（一个3岁，一个5岁）。赵某觉得在孩子面前杀害妻子对孩子影响不好，遂停止勒杀行为，造成谢某轻伤。（事实四）（2021年仿真题）

问题：

1. 对于事实一，有观点认为刘某构成敲诈勒索罪，其理由是什么？有观点认为刘某成立侵占罪，其理由是什么？

2. 对于事实二，有观点认为赵某成立事后（转化型）抢劫，其理由是什么？有观点认为赵某成立盗窃罪和故意伤害罪，其理由是什么？

3. 对于事实三，有观点认为刘某和赵某仅成立故意伤害罪，你是否赞同该观点，请说明理由？

4. 对于事实四，赵某成立故意杀人罪的犯罪中止还是犯罪未遂？请说明理由。

答题要点整理

〖参考答案及详解〗

1.【参考答案】敲诈勒索罪的既遂标准为行为人排除被害人对财产的占有，将财产设定为自己或者第三人占有。刘某成立何罪，关键在于认定刘某加入前，赵某的敲诈勒索行为是否实行终了，即赵某是否实际占有周某放置在指定地点的10万元现金。对此分为“控制说”和“失控说”两种观点。

（1）如采“控制说”，则刘某构成敲诈勒索罪。“控制说”要求行为人实际控制财物。被害人周某将财物放在指定垃圾桶后，周某丧失了对财物的控制，赵某未实际占有，故敲诈勒索行为仍未既遂（实行终了），刘某中途加入（去垃圾桶取钱）与赵某的敲诈勒索行为既遂具有物理上的因果性，故刘某成立敲诈勒索罪承继的共犯。

（2）如采“失控说”，则刘某构成侵占罪。“失控说”认为只要被害人失去对财物的控制，即认定行为人取得财物。被害人周某将财物放在指定垃圾桶后，即丧失了对财物的控制，此时应认定赵某的敲诈勒索行为既遂（实行终了）。刘某去垃圾桶取钱的行为属于侵占无人占有的财物，与赵某的敲诈勒索行为无关，应成立侵占罪。

【考点】承继的共犯；敲诈勒索罪及其完成形态

【详解】《刑法》第274条规定：“敲诈勒索公私财物，数额较大或者多次敲诈勒索的，处三年以下有期徒刑、拘役或者管制，并处或者单处罚金；数额巨大或者有其他严重情节的，处三年以上十年以下有期徒刑，并处罚金；数额特别巨大或者有其他特别严重情节的，处十年以上有期徒刑，并处罚金。”

《刑法》第270条规定：“将代为保管的他人财物非法占为己有，数额较大，拒不退还的，处二年以下有期徒刑、拘役或者罚金；数额巨大或者有其他严重情节的，处二年以上五年以下有期徒刑，并处罚金。将他人的遗忘物或者埋藏物非法占为己有，数额较大，拒不交出的，依照前款的规定处罚。本条罪，告诉的才处理。”

2.【参考答案】本问的关键在于行为人主观上为了窝藏赃物，客观上对无关第三人实施暴力或以暴力相威胁的行为是否成立事后抢劫。对此分为“肯定说”和“否定说”两种观点。

（1）如采“肯定说”，赵某成立事后（转化型）抢劫。“肯定说”认为，对无关第三人实施暴力或以暴力相威胁的行为成立事后抢劫。刑法只是规定行为人必须出于窝藏赃物、抗拒抓捕、毁灭罪证三种特定目的之一，没有限定暴力的对象，不要求暴力行为与窝藏赃物的目的之间存在客观上的关联性。本案中，赵某为了窝藏赃物，将无关第三人李某打成轻伤的行为成立事后（转化型）抢劫。

（2）如采“否定说”，赵某成立盗窃罪和故意伤害罪。“否定说”认为，对无关第三人实施暴力或以暴力相威胁的行为不成立事后抢劫。刑法将转化型抢劫中暴力的对象限定为被害人或抓捕者，要求暴力行为与窝藏赃物的目的之间存在客观上的关联性。本案中，赵某为了窝藏赃物，将无关第三人李某打成轻伤的行为，不成立转化型抢劫，仅成立盗窃罪和故意伤害罪，数罪并罚。

【考点】转化型抢劫

【详解】《刑法》第269条规定：“犯盗窃、诈骗、抢夺罪，为窝藏赃物、抗拒抓捕或者毁灭罪证而当场使用暴力或者以暴力相威胁的，依照本法第二百六十三条的规定定罪处罚。”

3.【参考答案】答案一：我赞同刘某和赵某仅成立故意伤害罪一罪的观点。

刘某和赵某为索取债务而非法拘禁他人，二人构成非法拘禁罪，不构成绑架罪。根据《刑法》第238条第2款第2句的规定，非法拘禁使用暴力致人伤残、死亡的，按照故意伤害罪、故意杀人罪定罪处罚。刘某和赵某在控制杨某后，砍下杨某手指，显然具有伤害的故意，应直接适用该规定，成立故意伤害罪一罪，非法拘禁行为不再单独定罪。

答案二：我反对刘某和赵某仅成立故意伤害罪一罪的观点。

对刘某和赵某应当以非法拘禁罪和故意伤害罪数罪并罚。刘某和赵某为索取债务而非法拘禁他人，其行为构成非法拘禁罪。根据《刑法》第238条第2款第2句的规定，非法拘禁使用暴力致人伤残、死亡的，按照故意伤害罪、故意杀人罪定罪处罚。“使用暴力”应理解为在实施非法拘禁的过程中使用了暴力，如果行为人在非法拘禁过程中另起故意伤害犯意的，不适用该规定，而应当以非法拘禁罪和故意伤害罪数罪并罚。刘某和赵某在控制杨某后，仍砍下杨某手指，显然具有伤害的故意，因此应当以非法拘禁罪和故意伤害罪数罪并罚。

【考点】注意规定与法律拟制；非法拘禁罪的罪数关系

【详解】《刑法》第238条规定：“非法拘禁他人或者以其他方法非法剥夺他人人身自由的，处三年以下有期徒刑、拘役、管制或者剥夺政治权利。具有殴打、侮辱情节的，从重处罚。犯前款罪，致人重伤的，处三年以上十年以下有期徒刑；致人死亡的，处十年以上有期徒刑。使用暴力致人伤残、死亡的，依照本法第二百三十四条、第二百三十二条的规定定罪处罚。为索取债务非法扣押、拘禁他人的，依照前两款的规定处罚。国家机关工作人员利用职权犯前三款罪的，依照前三款的规定从重处罚。”

4.【参考答案】赵某成立故意杀人罪的犯罪中止。犯罪中止是在能够继续实施犯罪时，基于自己的意志自动停止犯罪；犯罪未遂是犯罪无法继续进行下去，被迫停止犯罪。赵某在能够继续实施犯罪的情况下，基于自己的意志自动停止犯罪的，构成犯罪中止。

【考点】犯罪中止；犯罪未遂

【详解】根据《刑法》第24条第2款规定，对于中止犯，没有造成损害的，应当免除处罚；造成损害的，应当减轻处罚。赵某造成谢某轻伤，应当减轻处罚。

2022 年

题目要点提炼

案情：甲与乙成立了一家公司，因经营不善长期亏损。某日，二人合谋骗取银行贷款，甲指使乙伪造贷款材料，乙遂伪造了部分材料，同时乙欺骗某保险公司的工作人员，让保险公司为其贷款提供保险，保险公司因未能识破骗局而同意。甲与乙从银行获取600万元贷款后逃匿。贷款到期后，银行向保险公司追偿，保险公司就银行贷款本息进行了赔付。事后查明，甲对乙欺骗保险公司的事情完全不知情。（事实一）

甲与乙逃往外地后，侵入丙所有的长期无人居住的住宅，在该住宅生活多日。（事实二）

某日，甲趁乙熟睡时打开其手机，发现其支付宝余额有3000元，而且绑定了一张银行卡。甲遂将乙银行卡中的2万元转入乙的支付宝余额，随后将2万元从乙的支付宝余额转至自己的支付宝，并删除了乙手机上的相关转账记录及信息。（事实三）

次日，乙发现银行卡里少了2万元，追问甲，甲矢口否认。后乙将甲反锁在一个房间内近50个小时，不让其吃喝。待甲无力反抗后，乙逼迫甲承认未果，遂将甲从二楼推下，致其重伤，乙随后逃走。（事实四）（2022年仿真题）

问题：

1. 就事实一中乙行为的认定，主要有两种观点：第一种观点认为，乙仅对保险公司成立保险诈骗罪；第二种观点认为，乙既对银行成立贷款诈骗罪，也对保险公司成立保险诈骗罪，二者为牵连犯，应当从一重罪处罚。请说明两种观点的理由与不足（如果认为有）。你持什么观点（可以是两种观点之外的观点）？理由是什么？

2. 就事实一中甲行为的定性（包括犯罪形态），可能存在哪些观点？各种观点的理由是什么？

3. 就事实二，甲与乙的行为是否构成非法侵入住宅罪？理由是什么？

4. 就事实三的认定，主要存在两种观点：第一种观点认为，甲的行为构成盗窃罪；第二种观点认为，甲的行为构成信用卡诈骗罪。请说明两种观点的理由与不足（如果认为有）。你持什么观点（可以是两种观点之外的观点）？理由是什么？

5. 就事实四的认定，有观点认为，对乙的行为只能认定为故意伤害（重伤）罪。请说明这种观点的理由与不足。

答题要点整理

〖参考答案及详解〗

1. **【参考答案】** 观点一的理由与不足如下：

理由：（1）根据诈骗犯罪中财产损失认定的整体财产说，银行获得了保险公司担保，一开始就不会有损失，缺乏贷款诈骗罪中“被害人遭受财产损失”这一客观要件。（2）乙伪造材料，骗取保险公司对贷款进行担保，进而故意造成财产损失的保险事故（不还贷），使得保险公司遭受了财产损失，根据《刑法》第198条第1款第4项的规定，构成保险诈骗罪。

不足：（1）乙取得的贷款出自银行，如果否定贷款诈骗罪，就意味着乙是通过欺骗保险公司取得了贷款，但保险公司对于银行贷款并没有处分权限，不可能成立三角诈骗。如果仅认定保险诈骗罪，则违背了诈骗类犯罪的基本构造。（2）银行所遭受的财产损失是刑法所应评价的，而事后对财产损失的追回或者弥补则属于民事行为，不能因为银行享有追偿权就否定其遭受了财产损失。另外，所谓行使追偿权，就已经意味着银行存在财产损失了，否则就无权行使追偿权了。（3）乙前后实施的行为完全相同，主观内容也完全相同，如果要根据事后银行是否向保险公司完全兑付了自己本应获得的利益这一偶然情况来决定乙是成立一罪还是数罪，明显不当。

观点二的理由与不足如下：

理由：（1）立足于诈骗犯罪中财产损失认定的实质的个别财产损失说，银行在乙成功实施骗取贷款的行为时点已经遭受了财产损失，乙的行为完全符合贷款诈骗罪的构成要件，应当成立贷款诈骗罪（既遂）。（2）乙伪造材料，虚构保险标的，骗取保险公司对贷款进行担保，使得保险公司遭受了财产损失，根据《刑法》第198条第1款第1项的规定，构成保险诈骗罪。（3）乙诈骗保险公司让其提供贷款担保的行为，是为了更好地获取银行信任，进而达到骗取银行贷款的目的之手段，因此，属于手段与目的的牵连，应当从一重罪处罚。

不足：（1）认为乙既成立保险诈骗罪，也成立贷款诈骗罪，属于重复评价了财产损失，不利于保障犯罪嫌疑人的人权。（2）针对银行贷款的诈骗，由于设定了担保，因此属于民事纠纷。（3）两罪之间，不属于典型的手段与目的关系。择一重罪处罚，如以重罪贷款诈骗罪论处，则与实际财产损失人为保险公司的事实违背。

我赞同的观点及理由如下：

观点：既构成保险诈骗罪，也构成贷款诈骗罪，两者成立牵连犯，从一重处罚。

理由：（1）在判断损失时，应综合考虑交易目的是否达成等，银行贷款的目的通过正常借贷交易获利，而不是获得随时会被停止兑付的担保金，银行如果知道实情，是不会发放贷款的。因此，银行在交付贷款之时，就已经存在财产损失了。（2）行为人向银行贷款时，必须提供抵押担保，而不只是“通常”要提供担保。另外，“双重诈骗”案件已经相当普遍，这本身就足以说明骗取担保与骗取贷款之间具有通常性。因此，对“双重诈骗”案件应以牵连犯论处。（3）以贷款诈骗罪从一重处罚，并非数罪并罚，没有实质性的重复评价结果。按照重罪贷款诈骗罪论处，并不意味着否定保险公司不是被害人，因为牵连犯是处断的一罪，在起诉书和判决书中都会说明对保险公司成立保险诈骗罪。

【考点】 保险诈骗罪；贷款诈骗罪；罪数；共犯

【详解】 对于诈骗类犯罪中的财产损失的认定问题，学术界有整体财产说和个别财产说。根据诈骗犯罪中财产损失认定的整体财产说，银行一开始就没有损失，缺乏贷款诈骗罪中“被害人遭受财产损失”这一客观要件，不属于本案的被害人。而立足于诈骗犯罪中财产损失认定的实质的个别财产说，银行在乙成功实施骗取贷款的行为时点已经遭受了财产损失，被告人的行为完全符合贷款诈骗罪的构成要件，应当成立贷款诈骗罪（既遂）。在此基础上，要认识到银行所遭受的财产损失与其事后对财产损失的追回或者弥补是不同的概念，前者是被告人骗取贷款行为所造成的刑事法益侵害结果；后者是银行实现对保险公司的追偿权的民事法律后果，二者不能笼统地混为一谈，不能因为银行享有追偿权就否定其遭受了财产损失。另外，所谓行使追偿权，就已经意味着银行存在财产损失了，否则就无权行使追偿权了。

另外还需要掌握诈骗罪的素材同一性理论，所谓素材同一性要求行为人所获得的非法利益与被害人的财产损失必须是由同一个财产处分行为所致。如果认为乙的行为只构成保险诈骗罪而不构成贷款诈骗罪，那么，这就违背了诈骗罪的素材同一性。具体而言，乙取得的贷款出自银行，而非保险公司，如果否定乙构成针对银行的贷款诈骗罪，就意味着乙是通过欺骗保险公司取得了贷款，但保险公司对于银行贷款根本没有处分权限，不可能成立三角诈骗。换言之，在乙非法占有银行存款的情况下，仅认定乙对保险公司构成保险诈骗罪，违背了作为诈骗类犯罪的基本构造。

2.【参考答案】乙诈骗保险公司的行为系共犯实行过限，对甲行为的定性有三种观点：

观点一：甲的行为成立贷款诈骗罪，但属于犯罪预备。乙向银行提供担保之时，就阻却了贷款诈骗罪的成立，甲的行为系因意志以外的原因而停止在贷款诈骗罪的“准备工具”阶段，成立贷款诈骗罪的犯罪预备。

观点二：甲的行为成立贷款诈骗罪，但属于犯罪未遂。乙伪造贷款材料，并向银行提交的行为属于贷款诈骗罪的着手，只是最终因为银行没有遭受损失而未达既遂状态，甲的行为成立贷款诈骗罪的未遂。

观点三：甲的行为成立贷款诈骗罪，属于既遂。银行放贷之时，贷款诈骗罪就宣告既遂，甲的行为成立贷款诈骗罪的既遂。

【考点】共同犯罪的形态；共犯实行过限

【详解】共同正犯的法律后果是“部分实行，全部责任”，即某个正犯虽然只实施了一部分实行行为，但也需要对其他正犯制造的违法事实负责，但对于超出共同犯罪故意的行为，则属于共犯实行过限行为，不知情的共犯人将无须对此负责。在共同犯罪中，只要共犯人中没有人中止或脱离，那么，共同犯罪的形态与各个共犯人的犯罪形态，就基本上是统一的，即一人着手，其他共犯人不可能停留在犯罪预备阶段，一人既遂，其他共犯人均既遂。

3.【参考答案】如果认为该住宅系被废弃或者因达不到居住条件而长期无人居住，二人不构成非法侵入住宅罪，因为该罪保护的是居住的安宁，既然不存在居住的可能性，那么也不会侵犯他人居住的安宁。

如果认为该住宅具有供人居住的条件，只是其所有人丙没有返回居住，还存在随时返回的可能性，二人的行为构成非法侵入住宅罪。因为既然随时可以返回，说明居住还在继续，还是侵犯到了居住的安宁状态。住宅只是事实上供人充实日常生活所使用的场所，不要求居住者一直生活在其中。

【考点】非法侵入住宅罪

【详解】非法侵入住宅罪的法益是居住的安宁，如果侵入某处住宅根本不可能侵犯到人的居住安宁，将不能认定为非法侵入住宅罪。当然，所侵犯到的居住安宁不是指被侵入的同时必须有人合法居住在其中，而是只要没有被废弃且具有居住的基本条件，就可以基本肯定其能够成为非法侵入住宅罪的对象。

4.【参考答案】观点一的理由（本人所持观点，该观点不存在不足）：甲的行为系违反乙的意志，而不是使乙产生处分财产的认识错误进而基于有瑕疵的意志处分了财产。另外，财产性利益也是盗窃罪所侵犯的对象，银行卡中的钱属于乙对银行的债权，甲将钱转到乙的支付宝并最终转到甲的支付宝的行为，属于非法占有乙的债权的盗窃行为。

观点二的理由：根据《最高人民法院、最高人民检察院关于办理妨害信用卡管理刑事案件具体应用法律若干问题的解释》第5条第2款第3项的规定，“窃取、收买、骗取或者以其他非法方式获取他人信用卡信息资料，并通过互联网、通讯终端等使用的”，属于信用卡诈骗中“冒用他人信用卡”的情形。本案中，甲通过乙绑定了银行卡的支付宝，非法获取了乙的银行卡资料，并最终通过支付宝将该卡中的钱转了出来，归根结底，钱来源于银行卡，属于“冒用他人信用卡”类型的信用卡诈骗罪。

观点二的不足：通过“互联网、通讯终端等使用”应指在互联网或者通讯终端上直接使用了信用卡的卡号、密码等情形，不能认为凡是资金最终源于信用卡的就是使用信用卡。甲将乙银行卡中的2万元转入乙的支付宝余额，这一行为输入的是支付宝支付密码，而非银行卡密码，从乙的支付宝余额中将2万元转入自己的支付宝，也未使用该卡的账号和密码，因此，甲不构成信用卡诈骗罪。

【考点】 信用卡诈骗罪与盗窃罪的区分

【详解】“窃取、收买、骗取或者以其他非法方式获取他人信用卡信息资料，并通过互联网、通讯终端等使用的”，属于信用卡诈骗中“冒用他人信用卡”的情形，这里的“使用”是指直接使用了信用卡的卡号、密码等情况，而非只要动了银行卡里的钱，就是使用。本题中，发卡银行不存在任何陷入错误认识之处，因此就不可能成立信用卡诈骗罪。

5.【参考答案】 理由：认为乙对甲的行为，应适用《刑法》第238条第2款第2句“使用暴力致人伤残、死亡的，依照本法第二百三十四条、第二百三十二条的规定定罪处罚”。同时，这里的暴力，既包括不具有伤害、杀害意图的暴力，也包括具有伤害、杀害行为的暴力。

不足：（1）乙非法拘禁甲的行为，已经成立非法拘禁罪既遂，后又在拘禁行为之外产生了故意伤害的意图，进而推甲下楼，符合非法拘禁罪和故意伤害罪的构成要件，理应数罪并罚。（2）如果不处罚非法拘禁行为，会造成对乙行为评价的遗漏，不利于保护甲的人身自由法益，违背罪责刑相适应原则。

【考点】 非法拘禁罪的结果加重犯

【详解】 基于罪责刑相适应原则，应将《刑法》第238条第2款第2句“使用暴力致人伤残、死亡的，依照本法第二百三十四条、第二百三十二条的规定定罪处罚”理解为法律拟制，即该句是将虽然造成了伤害和死亡的结果，但却不具有伤害、杀害意图的暴力行为，拟制为构成故意伤害罪和故意杀人罪，即该句的“暴力”只限于在拘禁行为之外不具有伤害或杀害意图的暴力。如此，乙的行为由于明显具有伤害的故意，因此，不适用该句的规定，不能将乙的行为直接拟制为故意伤害罪，而是应该认定为非法拘禁罪和故意伤害罪，数罪并罚。

2023年

题目要点提炼

案情： 迟某谎称自己被列入黑名单，无法申领银行卡，向陈某求购一张银行卡。陈某猜到迟某购买银行卡可能用于电信网络诈骗，仍向其出售一张自己的银行卡，后迟某果然利用该银行卡进行电信网络诈骗。（事实一）

随后陈某多次收到手机银行短信通知，多人向该银行卡汇入资金共30万元。陈某向银行工作人员谎称自己银行卡丢失，重新补办该银行卡并将30万元现金取出。经调查确认，陈某银行卡里的钱为迟某诈骗所得。公安机关对陈某采取强制措施并移交检察机关。（事实二）

陈某被采取强制措施后，陈某的母亲洪某向财政局局长吕某请托，希望吕某找人将陈某“捞”出来，并答应事成后给予100万元的报酬。吕某向公安局副局长覃某请托，覃某猜想吕某肯定是收受了陈某亲属的贿赂或者准备接受贿赂，随后以陈某不清楚事实为由解除其强制措施。陈某被解除强制措施后，洪某交给吕某存有100万元的银行卡。之后三个月，吕某使用该银行卡消费了40万元，因担心长期使用洪某名下的银行卡会引起怀疑，遂将该银行卡还给洪某。洪某觉得吕某在此事上帮了大忙，于是将剩下的60万元现金取出送给吕某，吕某收下。（事实三）

一年后，覃某被人举报，检察机关对覃某依法采取强制措施。覃某向检察机关交代了受吕某请托将陈某释放的事实。覃某虽然没有证据证明吕某收受了贿赂，但是为了获得立功表现，仍向检察机关举报吕某受贿，检察机关询问覃某是否有证据，并告知如果没有证据证明吕某受贿，覃某将成立诬告陷害罪。覃某表示如果吕某没有收受贿赂，自己愿意承担诬告陷害罪的刑事责任。后检察机关将线索移交给监察机关，监察机关在立案前，电话通知吕某到指定地点问话。吕某到达指定地点后如实供述收受洪某贿赂，但辩称只收受了100万元。（事实四）（2023年仿真题）

问题：

1. 关于事实一中陈某行为的定性，刑法理论中有几种观点（至少写出三种）？你的观点和理由是什么？

2. 关于事实二中陈某行为的定性，刑法理论中有几种观点（至少写出三种）？你的观点和理由是什么？

3. 事实三中洪某、吕某、覃某三人分别构成何罪？为什么？各自的犯罪数额是多少？

4. 分析事实四中吕某和覃某的定罪量刑情节，并说明理由。

答题要点整理

〖参考答案及详解〗

1.【参考答案】对于事实一中陈某行为的性质，可能存在如下观点：

观点一：陈某的行为属于中立的帮助行为，不成立犯罪。这种观点认为，成立帮助犯要求具有确定的故意，仅具有不确定的故意还不充分。陈某仅是猜想迟某利用该银行卡实施电信诈骗犯罪，而非确信迟某必然实施。因此，陈某仅具有不确定的犯罪故意，不成立可罚的帮助犯。

观点二：成立帮助信息网络犯罪活动罪。陈某猜到迟某实施电信诈骗而向其提供银行卡，主观上有帮助他人犯罪的故意，客观上有提供银行卡的行为，符合帮助信息网络犯罪活动罪的构成要件。

观点三：成立诈骗罪的帮助犯。陈某猜到迟某进行诈骗活动，依然提供帮助，成立诈骗罪的帮助犯。

观点四：成立帮助信息网络犯罪活动罪（正犯）与诈骗罪（帮助犯）的想象竞合犯。本案中，陈某客观上只实施了一个帮助行为，该帮助行为同时触犯了帮助信息网络犯罪活动罪和诈骗罪，侵犯了两个法益，成立帮助信息网络犯罪活动罪（正犯）与诈骗罪（帮助犯）的想象竞合，择一重罪论处。

我支持第二种观点，陈某仅成立帮助信息网络犯罪活动罪。第一，对于明知他人实施电信诈骗行为而提供帮助的，如果售卡人仅依靠出售银行卡获利，没有与诈骗犯罪人事先通谋，则不构成诈骗罪的共犯；第二，《刑法》第287条之一将帮助信息网络犯罪活动的行为规定为独立的罪名，这一立法目的是将帮助行为正犯化。因此，对于陈某的行为无须再认定为是具体犯罪（如诈骗罪）的帮助犯。综上所述，对陈某应以帮助信息网络犯罪活动罪论处。

【考点】诈骗罪；帮助信息网络犯罪活动罪

【详解】帮助信息网络犯罪活动罪是《刑法修正案（九）》增设的罪名，《刑法》第287条之二规定："明知他人利用信息网络实施犯罪，为其犯罪提供互联网接入、服务器托管、网络存储、通讯传输等技术支持，或者提供广告推广、支付结算等帮助，情节严重的，处三年以下有期徒刑或者拘役，并处或者单处罚金。单位犯前款罪的，对单位判处罚金，并对其直接负责的主管人员和其他直接责任人员，依照第一款的规定处罚。有前两款行为，同时构成其他犯罪的，依照处罚较重的规定定罪处罚。"

帮助信息网络犯罪活动罪与诈骗罪帮助犯存在以下不同：一是客观行为不同。前者被限制适用于提供技术支持、广告推广、支付结算等特定帮助行为，而对于一般性帮助行为，如提供场所、资金支持，以及其他未达到技术支持的严重性和决定性程度的行为，则更宜认定为电信网络诈骗犯罪的共犯。二是法益侵害不同。诈骗是侵犯财产类犯罪，侵犯的是公私财产所有权，而帮助信息网络犯罪活动罪属于扰乱公共秩序犯罪，特别是在"一帮多"的情形下，侵害法益具有多元化，不仅是网络空间管理秩序，甚至会蔓延至毒品、淫秽物品、洗钱、知识产权等不特定领域的秩序。三是主观故意不同。当行为人与被帮助人主观存在通谋时，如为事前事中通谋则为正犯共犯，事后帮助则构成掩饰、隐瞒犯罪所得罪等罪名；当行为人与被帮助人不存在主观通谋时，则要根据不同情形综合认定行为人"明知"他人利用信息网络实施犯罪而实施帮助。①

2.【参考答案】对于事实二中陈某行为的性质，可能存在以下观点：

观点一：成立侵占罪。我国对银行卡实行实名制管理，无论谁持有银行卡，卡内资金都应认为由银行卡申领人占有。陈某作为银行卡申领人，挂失后将资金取出的，符合"将代为保管的他人财物非法占为己有"的行为要件，成立侵占罪。

观点二：成立盗窃罪。(1) 如果认为卡内的存款属于迟某占有，陈某以非法占有为目的挂失并取款，

---

① 黄佳：《帮助信息网络犯罪活动罪与诈骗罪帮助犯如何区分?》，载中国法院网 https：//www. chinacourt. org/article/detail/2021/11/id/6345233. shtml，最后访问时间：2025年1月15日。

秘密排除迟某占有，建立自己占有，银行属于排除占有妨害的工具，成立盗窃罪。（2）如果认为卡内的存款属于赃款，既不归迟某占有，也不归陈某占有，应当由国家没收。陈某以非法占有为目的，将国家所有的30万元据为己有，成立盗窃罪。

观点三：成立诈骗罪。（1）如果认为卡内的存款属于迟某占有，则银行工作人员对卡内存款具有形式上的处分权限。陈某采用挂失补办的欺骗方式，使得有处分权限的银行工作人员陷入错误认识，向陈某处分了存款，最终导致迟某受到损失，陈某的行为属于三角诈骗的诈骗罪。（2）如果认为卡内存款属于赃款，应当由国家没收，陈某隐瞒真相，欺骗银行工作人员，成立诈骗罪。

观点四：成立信用卡诈骗罪。陈某已经将自己的银行卡卖给迟某，迟某属于该银行卡的现实持有人。陈某谎称银行卡丢失，申请重新补办，属于冒用迟某信用卡的行为，成立信用卡诈骗罪。

观点五：不构成犯罪。如果认为陈某与迟某构成诈骗罪的共同犯罪，陈某将卡内30万元取出，截留赃款并私吞的行为属于上游犯罪的延续，系事后不可罚行为，不构成犯罪。

我认为陈某构成盗窃罪。当储户将钱款存入银行之后，钱款系银行占有，储户作为债权人通过占有存款凭证享有对银行的支付请求权。陈某将银行卡卖给迟某后，迟某享有对于卡内资金的处分能力。陈某既没有对于现金的占有，也没有对于银行财产性利益的占有，其通过挂失补卡的行为，打破实际持卡人对银行债权的占有，重新建立自己对于银行债权的占有，系在被害人不知情的情况下侵入被害人的权利领域，符合盗窃罪他人损害型犯罪的特征。

【考点】诈骗罪；侵占罪；盗窃罪；信用卡诈骗罪

【详解】本题解题的关键在于对占有关系的判断。侵占罪与盗窃罪同属侵犯财产罪，区分盗窃罪与侵占罪的关键，在于判断作为犯罪对象的财物是否脱离占有以及由谁占有。具体而言，二者存在以下不同：一是犯罪对象不同。侵占罪的对象仅限于行为人代为保管的他人财物或者他人的遗忘物、埋藏物。行为人在实施侵占行为之前，已经持有他人财物；而盗窃罪的对象仅限于他人持有之动产。行为人在实施盗窃行为之前，尚未持有他人财物。即侵占罪的对象是“自己持有的他人之物”，盗窃罪的对象是“他人持有的他人之物”。二是犯罪客观方面的表现不同。侵占罪非法占有财物时，被占有的财物已在行为人持有和控制之下，行为人只要采取欺骗、抵赖等手段使持有变为非法占有。侵占罪的手段，既可以是秘密的，也可以是公开的或半公开的；而盗窃罪在非法取得财物之前，财物并不在自己实际控制之下，行为人须通过秘密窃取的手段才能实现非法占有。构成侵占罪，除数额较大外，还要求具有拒不退还或拒不交出这一情节；而盗窃罪非法占有他人财物，只要数额较大或有其他严重情节，如多次盗窃，即使未达到数额较大也可构成犯罪。即使在盗窃他人财物之后，又退还他人的，也不影响犯罪的成立。三是犯罪故意形成的时间不同。侵占罪既然是将自己已经持有的他人之物转为已有，其犯罪故意多产生于持有他人财产之后，特殊情况下，也可能形成于持有他人财物之时；而盗窃罪是将自己没有持有和控制的他人财物转归己有，其犯罪故意只能产生于持有、控制他人财物之前。①

3.【参考答案】（1）洪某成立行贿罪，行贿金额为100万元。第一，洪某为谋求不正当利益，向国家工作人员吕某行贿，成立行贿罪。洪某将100万元的银行卡交给吕某，即完成行贿行为，应认定为行贿罪既遂，行贿金额为100万元。第二，事后吕某将60万元银行卡退回，不影响行贿罪数额的认定。第三，洪某再将吕某退回的银行卡取出现金60万元送给吕某的行为，系对犯罪对象（赃物）的另一种交付方式，应整体评价为行贿金额100万元。

（2）吕某成立受贿罪（斡旋受贿），受贿金额为100万元。第一，吕某利用本人地位所形成的便利条

① 孙武正：《如何区分侵占罪与盗窃罪》，载中国法院网 https：//www.chinacourt.org/article/detail/2011/04/id/449000.shtml，最后访问时间：2025年1月15日。

件，收受洪某财物，与没有上下级或制约关系的覃某进行斡旋，为请托人洪某谋取不正当利益，符合受贿罪（斡旋受贿）的犯罪构成，受贿数额为100万元。第二，吕某将存有60万元的银行卡退还给洪某，不影响受贿100万元的金额计算。国家工作人员收受请托人财物后及时退还或者上交的，只有在该国家工作人员不具有受贿故意时，退还行为才能够否定受贿罪的成立。第三，吕某两次收受财物的行为都是因为同一请托事项，并且退回的财物与后来收受的财物之间具有同一性，不需要将前后两次受贿金额进行相加计算。①

（3）覃某成立徇私枉法罪，不成立受贿罪的共犯。第一，覃某是公安局副局长，属于司法工作人员。主观上明知陈某涉嫌犯罪，客观上仍然违法撤销了案件，构成徇私枉法罪。第二，成立受贿罪的共犯，需满足特定关系人或者特定关系人以外的其他人与国家工作人员存在通谋。在本案中，覃某只是猜测吕某可能收受了贿赂，与吕某之间并无通谋的共同故意。因此，覃某的行为不成立受贿罪的共犯。

【考点】受贿罪；行贿罪；徇私枉法罪

【详解】斡旋受贿注意与对有影响力的人行贿相区分。斡旋受贿是指国家工作人员利用本人职权或者地位形成的便利条件，通过其他国家工作人员职务上的行为，为请托人谋取不正当利益，索取请托人财物或者收受请托人财物的行为。对有影响力的人行贿罪要求的"有影响力的人"是指有影响力影响国家工作人员、但自身不具有国家工作人员身份的人。本案中，吕某（财政局局长）本身是国家工作人员，不属于"有影响力的人"。

行贿后贿赂款退回又被送还，可以从三个方面综合分析：一是看行贿、受贿双方对之后收受或索要（主动或被动交还）财物的主观态度和认识，如果双方主观上能够认识到之后收受或索要（主动或被动交还）的财物是包含在之前退还的财物之中，则收受或索要的财物不宜单独计入受贿金额，该数额也不宜再重复纳入行贿金额；二是看收受或索要行为的发生是否对应新的请托事项。如果之前行贿、受贿行为所对应的请托事项已经完成，之后收受或索要行为的发生是基于新的请托事项，此时就要将事后所收受或索要的数额作为新的行贿与受贿，纳入之前的行贿、受贿数额内；三是看索要的财物与退还的财物是否具有同一性。如果事后收受或索要财物的金额超过了之前退还财物的金额，则不具有同一性。

徇私枉法罪是指司法工作人员徇私枉法、徇情枉法，对明知是无罪的人而使他受追诉，对明知是有罪的人而故意包庇不使他受追诉，或者在刑事审判活动中故意违背事实和法律作枉法裁判的行为。本案中，覃某属于第二种情形，即明知陈某有罪，但故意以陈某不清楚事实为由撤销案件，使其不受追诉。

4.【参考答案】（1）覃某成立坦白和立功。第一，覃某被采取强制措施后，如实供述了自己受吕某请托将陈某释放的事实，该行为构成坦白，可以从轻处罚。第二，由于覃某和吕某不成立受贿罪的共犯，覃某检举吕某犯罪事实，经查证属实，该行为构成立功，可以从轻或者减轻处罚。

（2）吕某成立自首。第一，吕某在接到监察机关的电话通知后，由于其人身自由尚未受到限制，可以选择拒不到案，但其主动到案接受调查，表明其具有认罪悔改、接受惩罚的主观心态，具有归案的自动性和主动性，属于自动投案。第二，吕某如实供述收受洪某贿赂的行为构成如实供述。如实供述要求犯罪分子供述事实问题即可。第三，吕某辩称只收受了100万元，对行为性质的辩解不影响自首的成立。综上，吕某的行为成立自首，可以从轻或减轻处罚。

【考点】自首和立功的认定

【详解】根据《最高人民法院关于处理自首和立功具体应用法律若干问题的解释》第5、6条的规定，成立立功，要求行为人揭发他人的犯罪行为并查证属实。如果行为人揭发的是自己与同案犯的共同犯罪的

① 亦有观点认为，洪某第一次给吕某100万元银行卡的行为已经构成行贿罪、受贿罪的既遂，那么洪某再给吕某60万元现金的行为应当属于新的行贿、受贿行为，因此行贿、受贿的金额应当叠加计算，为160万元。

事实，则不能成立立功。覃某举报吕某的犯罪事实，虽没有确切证据（但查证义务并不在举报人，而是侦查机关），但既然检察机关将线索移交给监察机关，且最终经查证属实，则应认定为立功。

根据《最高人民法院关于处理自首和立功具体应用法律若干问题的解释》第1条的规定，自动投案，是指犯罪事实或者犯罪嫌疑人未被司法机关发觉，或者虽被发觉，但犯罪嫌疑人尚未受到讯问、未被采取强制措施时，主动、直接向公安机关、人民检察院或者人民法院投案。本案中，案情明确指出是立案前电话通知问话，这说明并非拘传，而只是一般的问话，不影响自首中“自动投案”的认定。吕某虽被人举报，但并未受到讯问，应认定其投案具有自动性。同时，《最高人民法院关于被告人对行为性质的辩解是否影响自首成立问题的批复》指出，被告人对行为性质的辩解不影响自首的成立。

题目要点提炼

2024 年

案情：周某谎称自己是公安机关工作人员，致电刘某，告知其涉嫌电信诈骗，要求刘某将存款取出，并会安排国家工作人员上门取走，转移至公安机关指定账户。刘某信以为真，将钱取出，但在取出现金后对周某的身份产生怀疑，遂将现金存回银行，并离开家中。周某预估刘某已取出现金，便安排武某前往刘某家中取钱。武某到达刘某家中后，发现刘某不在家，且未找到现金，便私自将刘某家中价值6000元的香烟取走。返回后，武某隐瞒取得香烟一事，只告知周某未取得现金。（事实一）

随后，周某又使用相同的方法欺骗李某。李某上当，按照周某的指示将30万元现金取出放在家中，后因临时有事外出。周某安排武某前往李某家中取钱，武某到达后发现李某家中无人，便将30万元现金取走。武某将取回的钱交给周某，但未告知周某其取钱时李某家中无人的情况。（事实二）

武某因盗窃价值6000元的香烟被公安机关抓获，但公安机关未发现周某和武某的诈骗事实。武某的母亲王某将存有30万元现金的银行卡（银行卡登记的持卡人是王某），送给侦办该案的公安机关领导郑某，并告诉其密码，请求其“关照”自己的儿子。郑某收下后，一直未使用该卡，也未修改密码。后在郑某的运作下武某未被起诉。某日王某发现该银行卡内还有30万元，便将这30万元转到自己另一张卡里。（事实三）

周某因另一起盗窃罪被抓获。拘留期间，如实供述了自己诈骗的事实，并供述了武某的犯罪事实，经查证属实。（事实四）（2024年仿真题）

问题：

1. 事实一中，关于周某的行为性质，构成诈骗罪（未遂）还是诈骗罪（预备），存在不同的观点，请分别阐述理由。

2. 事实二中，关于周某的行为性质，构成诈骗罪（既遂）还是诈骗罪（未遂），存在不同的观点，请分别阐述理由。

3. 事实三中，关于郑某的行为性质，构成受贿罪（既遂）还是受贿罪（未遂），存在不同的观点，请分别阐述理由。

4. 事实三中，针对王某将款项转回自己的账户的行为，结合刑法理论分析存在哪几种观点（至少列出三种观点）？各种观点的理由是什么？

5. 事实四中，周某是否具有自首和立功情节？

答题要点整理

〚参考答案及详解〛

1.【参考答案】观点一：周某构成诈骗罪（未遂）。主观上周某对刘某的财物具有非法占有的目的；客观上周某已经实施了欺骗行为，该行为属于诈骗罪规定的实行行为，即已着手实施诈骗。根据行为无价值理论（客观说），只要行为人开始实施刑法分则规定的实行行为，即视为着手。本案中，周某已实施了欺骗行为，且安排武某前往取款，已着手实行诈骗犯罪。由于刘某发觉异常，将现金存回银行，导致周某未能取得财物，系因行为人意志以外的原因未得逞。综上所述，周某已着手实行诈骗犯罪，因意志以外的原因未得逞，构成诈骗罪的犯罪未遂。

观点二：周某构成诈骗罪（预备）。主观上周某对刘某的财物具有非法占有的目的；客观上周某仅进行了准备工作，如联系刘某、安排武某前往取款，尚未实际实施使刘某陷入错误认识并处分财产的行为。根据结果无价值理论（实质说），着手的判断应以行为是否对法益造成了现实、紧迫的危险为标准。周某的行为仅属于为实施诈骗犯罪进行的准备活动，尚未着手实行犯罪，构成诈骗罪的犯罪预备。刘某在周某安排武某前往取款之前，已将现金存回银行，并未陷入错误认识，财产也未面临现实的侵害危险。综上所述，周某的行为仅属于为实施诈骗犯罪进行的准备活动，尚未着手实行犯罪，构成诈骗罪的犯罪预备。

【考点】诈骗罪

【详解】行为无价值理论（客观说）强调行为本身的反伦理性和规范违反性。该理论认为，犯罪的本质在于行为本身违反了法律规范，即行为本身具有社会危害性，不论其结果如何。根据这一理论，只要行为人实施了刑法所禁止的行为，即使没有造成实际的危害结果，也构成犯罪。行为无价值理论关注的是行为人的行为是否符合刑法规范的要求，是否违反了法律所期待的行为模式。例如，某人持刀朝他人挥舞，但因意外未伤到对方，根据行为无价值理论，这种持刀挥舞的行为违反了社会对安全秩序的期待和法律对暴力行为的规范，即便无实害结果，也具有违法性。

结果无价值理论（实质说）着重于行为造成的实际危害结果。该理论认为，犯罪的本质在于行为导致了法律所不允许的危害结果，即行为的结果具有社会危害性。根据这一理论，只有当行为实际造成了危害结果时，才构成犯罪。结果无价值理论关注的是行为是否实际导致了刑法所规定的危害结果，是否对法律保护的法益造成了实际损害。例如，在盗窃案中，只有当财物被实际窃取，造成他人财产权益受损的结果，才构成违法。如果一个人有盗窃意图，但因各种原因未实际取得财物，未造成法益侵害结果，按照结果无价值理论，可能不认定为违法。

两种理论在实际应用中各有侧重，行为无价值理论更加强调预防和规范行为，而结果无价值理论则更注重对实际损害的补救和惩罚。

2.【参考答案】观点一：周某的行为构成诈骗罪（未遂）。根据处分意识必要说，构成诈骗罪要求行为人具有处分意识和处分行为。李某只是将钱取出放在家中，尚未交付给武某，因此李某并未处分财物，武某取得财物并非基于李某的处分行为，而是基于其盗窃行为。换言之，周某的欺骗行为并未直接导致其取得财物，二者之间没有因果关系。故周某构成诈骗罪，系犯罪未遂。

观点二：周某的行为构成诈骗罪（既遂）。主观上，周某对李某的财物存在非法占有目的，李某将钱取出放在家中是依照周某指示的结果，应当认定其存在处分意识；客观上，周某实施了欺骗行为，李某因此陷入了错误认识将钱取出放在家中，存在处分行为，武某秘密窃取财物的行为是先前诈骗行为所造成的结果的延续。根据处分意识不要说，李某实际遭受了财产损失，周某的欺骗行为与李某的财产损失之间存在因果关系。故周某构成诈骗罪，系犯罪既遂。

【考点】诈骗罪；盗窃罪

【详解】 关于盗窃罪与诈骗罪的区分，理论上有处分意识必要说与处分意识不要说的争论。

处分意识必要说主张，成立诈骗罪要求被害人在处分财产时，必须对处分财产的种类、数量、价值等有较为具体的认识和意识。只有当被害人基于这种认识而“自愿”处分财产，行为人才构成诈骗罪。例如，行为人通过欺骗手段让被害人误以为自己要出售的是普通旧物，实际上是价值连城的古董，被害人在对物品的真实价值无正确认识的情况下处分了财产，若依据处分意识必要说，由于被害人对财产的关键属性认识错误，其处分意识存在瑕疵，此时倾向于认定为盗窃罪而非诈骗罪。因为诈骗罪强调被害人是基于有瑕疵但仍存在的处分意识而交付财物，若缺乏对关键要素的认识，就不符合诈骗罪的构成。再如，行为人以借打手机为幌子，在假装打电话的过程中，乘被害人不备逃之夭夭，从而非法占有被害人的手机。此时，被害人只是将手机暂时借给行为人打电话，并没有因为受骗而将手机赠送给行为人的处分行为与处分意思，因此行为人的行为构成盗窃罪。

处分意识不要说认为，诈骗罪的成立并不需要被害人具有处分财产的意识。即使被害人在不知情的情况下财产被转移，只要行为人采用了欺骗手段，并且该手段与财产转移之间存在因果关系，就可以构成诈骗罪。该学说认为，处分意识难以证明，且在实践中容易导致争议和混淆。因此，为了避免这些问题，可以简化诈骗罪的构成要件，只要求客观上有处分行为即可。例如，在利用自动售货机故障骗取商品的案例中，行为人利用机器故障获取商品，从处分意识不要说角度看，尽管被害人（售货机背后的商家）没有针对具体商品的处分意识，但行为人通过欺骗性利用故障，使商家财产受损，这种行为仍可认定为诈骗罪。

3.【参考答案】 观点一：郑某构成受贿罪，系犯罪既遂。受贿罪的既遂标准是，索取或非法收受他人财物，不要求实际占有或使用财物。客观上，郑某作为国家工作人员，非法收受王某的财物，帮助武某未被起诉，损害了职务行为的公正性；主观上，郑某明知王某给予30万元是为了让其帮助武某免予起诉，具有利用职务之便为他人谋取不正当利益的故意。故郑某构成受贿罪，系犯罪既遂。

观点二：郑某构成受贿罪，系犯罪未遂。客观上，郑某非法收受王某的财物，帮助武某未被起诉；且郑某主观上有为王某谋取不正当利益的目的但其并未实际处分该笔财物，不能认定其成立犯罪既遂。故郑某构成受贿罪，系犯罪未遂，可以比较既遂犯从轻或减轻处罚。

【考点】 受贿罪

【详解】 在受贿罪的认定中，“收受财物”是一个核心构成要件。刑法理论对于“收受财物”的认定存在不同的观点，以下介绍几类常见观点。

实际控制说认为，“收受财物”的认定应以行为人是否实际控制了财物为标准。只要行为人实际控制了财物，无论是否实际使用或处分，均构成“收受财物”。实际控制包括对财物的直接占有、支配或管理。这种观点强调对财物的实际支配权，而不要求行为人实际使用或处分财物。例如，行为人收受现金、银行卡（知晓密码）或贵重物品，即使未实际使用，只要其能够随时支配这些财物，即构成“收受财物”。

行为完成说从行为的完成程度来判断“收受财物”。如果行贿人已经将财物交付给受贿人，或者受贿人已经采取了积极的行为来接受财物，如接收、占有、使用、处分财物等，即使财物的所有权或占有权尚未完全转移，也可以认定为“收受财物”。例如，受贿人已经开始使用行贿人给予的车辆、房屋等财物，即使尚未办理产权过户手续，也应认定为受贿。

财产性利益说将财产性利益也纳入“财物”的范畴，从而认定为“收受财物”。财产性利益应具备价值性、有主性、管理可能性、职务关联性等特征。例如，债务免除、以明显低于市场价格购买房产、股票等获取的利益，以及接受他人提供的免费旅游、装修等服务，这些虽然不是直接的货币或实物，但具有经济价值且与受贿人的职务行为相关，都可认定为收受财物。

主观意图说认为，“收受财物”的认定应以行为人是否具有收受财物的主观意图为标准。只要行为人主观上具有收受财物的意图，即使财物未实际转移或控制，也可构成“收受财物”。主观意图可以通过行为人的行为表现、言语表达等间接证据推断。这种观点强调行为人的主观恶性，而不完全依赖客观行为。不过，对于主观意图的认定需要结合具体案件情况进行谨慎判断，避免过度扩大解释。例如，行为人明确表示接受贿赂，但因客观原因未能实际取得财物。

4.【参考答案】观点一：王某构成盗窃罪，系犯罪既遂。王某将银行卡和密码交给郑某，表示将卡内资金赠与郑某，赠与合同已实际履行，财产所有权转移。郑某接受贿赂，故取得了该资金的控制权（所有并占有）。王某对郑某占有的财物，主观上具有非法占有目的；客观上秘密转移财物，属于将他人占有变为自己所有的行为。故王某构成盗窃罪，系犯罪既遂。

观点二：王某构成侵占罪，系犯罪既遂。侵占罪，是将本人占有的他人财物据为己有或者无人占有的财物据为己有的行为。王某将银行卡和密码交给郑某，表示将卡内资金赠与郑某，赠与合同已实际履行，财产所有权转移。由于银行卡仍在王某名下，王某对卡内资金系代为保管。王某对郑某占有的财物，主观上具有非法占有目的；客观上将代为保管的财物据为己有，属于侵占行为。故王某构成侵占罪，系犯罪既遂。

观点三：王某不构成犯罪。王某将自己名下的银行卡交给郑某，但银行卡仍登记在王某名下，资金所有权未实际转移。郑某未修改密码，也未使用卡内资金，对资金未形成实际控制，王某取回资金的行为并未对郑某造成实际损失。王某将自己银行卡内的资金转回自己的其他银行账户，是对自己财产的合法处分，不构成犯罪。

【考点】盗窃罪；侵占罪

【详解】除上述三种观点外，王某还可能成立诈骗罪或洗钱罪。（1）诈骗罪。理由在于：王某将30万元债权送给郑某，构成行贿罪，而贿赂款理应由国家没收或者追缴，不能返还给王某。但王某隐瞒了真相将30万元转移至自己的另一张银行卡，此时王某的诈骗对象是理应由国家没收的银行债权。（2）洗钱罪。理由在于：王某将30万元送给郑某之后，这30万元就是郑某的受贿违法所得。王某将30万元转移至自己的另一张银行卡，把行贿款变成了合法财产，成立洗钱罪。此时，王某的洗钱对象是郑某的受贿款。

5.【参考答案】周某的行为构成自首，不构成立功。

（1）周某如实供述自己实施诈骗的犯罪行为，符合特别自首的规定。特别自首，是指已经被采取强制措施的人，即行为人已经在司法机关的控制之下，如实交代司法机关尚未掌握的其他罪行。周某因另一起盗窃罪被抓获，在拘留期间，如实供述了司法机关尚未掌握的诈骗犯罪事实及共同犯罪人，系针对其所实施其他犯罪的特别自首，可以从轻或减轻处罚。

（2）周某如实供述武某的犯罪行为，不构成立功。揭发共案犯实施的与本案共同犯罪无关的其他犯罪行为时，一般情况下应当认定为立功。如果揭发的犯罪行为是共同犯罪范围内的犯罪行为，在大多数情况下，这被视为犯罪分子如实供述自己犯罪行为的一部分，而不构成立功。因为共同犯罪是一个整体，犯罪人有义务交代共同犯罪的全部情况。即交代诈骗罪共犯人武某是认定周某如实交代自己诈骗罪事实、成立自首的必要条件。因此，周某不构成立功。

【考点】自首；立功

【详解】自首是指犯罪人在犯罪后自动投案，如实供述自己的罪行的行为。《刑法》第67条第2款规定：“被采取强制措施的犯罪嫌疑人、被告人和正在服刑的罪犯，如实供述司法机关还未掌握的本人其他罪行的，以自首论。”

立功是指犯罪分子在到案后，揭发他人犯罪行为，或者提供重要线索，从而得以侦破其他案件的行为。《刑法》第68条规定："犯罪分子有揭发他人犯罪行为，查证属实的，或者提供重要线索，从而得以侦破其他案件等立功表现的，可以从轻或者减轻处罚；有重大立功表现的，可以减轻或者免除处罚。"《最高人民法院关于处理自首和立功具体应用法律若干问题的解释》第5条规定："根据刑法第六十八条第一款的规定，犯罪分子到案后有检举、揭发他人犯罪行为，包括共同犯罪案件中的犯罪分子揭发同案犯共同犯罪以外的其他犯罪，经查证属实；提供侦破其他案件的重要线索，经查证属实；阻止他人犯罪活动；协助司法机关抓捕其他犯罪嫌疑人（包括同案犯）；具有其他有利于国家和社会的突出表现的，应当认定为有立功表现。"

刑事诉讼法

2015 年

题目要点提炼

案情：某日凌晨，A 市某小区地下停车场发现一具男尸，经辨认，死者为刘瑞，达永房地产公司法定代表人。停车场录像显示一男子持刀杀死了被害人，但画面极为模糊，小区某保安向侦查人员证实其巡逻时看见形似刘四的人拿刀捅了被害人后逃走（开庭时该保安已辞职无法联系）。

侦查人员在现场提取了一只白手套，一把三棱刮刀（由于疏忽，提取时未附笔录）。侦查人员对现场提取的血迹进行了 ABO 血型鉴定，认定其中的血迹与犯罪嫌疑人刘四的血型一致。

刘四到案后几次讯问均不认罪，后来交代了杀人的事实并承认系被他人雇佣所为，公安机关据此抓获了另外两名犯罪嫌疑人康雍房地产公司开发商张文、张武兄弟。

侦查终结后，检察机关提起公诉，认定此案系因开发某地块利益之争，张文、张武雇佣社会人员刘四杀害了被害人。

法庭上张氏兄弟、刘四同时翻供，称侦查中受到严重刑讯，不得不按办案人员意思供认，但均未向法庭提供非法取证的证据或线索，未申请排除非法证据。

公诉人指控定罪的证据有：①小区录像；②小区保安的证言；③现场提取的手套、刮刀；④ABO 血型鉴定；⑤侦查预审中三被告人的有罪供述及其相互证明。三被告对以上证据均提出异议，主张自己无罪。(2015/四/七)

问题：

1. 请根据《刑事诉讼法》及相关司法解释的规定，对以上证据分别进行简要分析，并作出是否有罪的结论。

2. 请结合本案，谈谈对《中共中央关于全面推进依法治国若干重大问题的决定》中关于“推进以审判为中心的诉讼制度改革，确保侦查、审查起诉的案件事实证据经得起法律的检验”这一部署的认识。

答题要求：

1. 无本人分析、照抄材料原文不得分；

2. 结论、观点正确，逻辑清晰，说理充分，文字通畅；

3. 请按问题顺序作答，总字数不得少于 800 字。

答题要点整理

〚参考答案及详解〛

1.【参考答案】（1）现有证据无法认定被告人刘四有罪。

具体而言，本案中能够认定刘四构成犯罪的证据主要有：

①小区监控录像：只能确认案件事实的发生，无法据此确定犯罪嫌疑人是刘四，所以从性质上而言是间接证据，间接证据必须有其他证据相印证才可以作为定案根据。

②小区保安的证人证言：不能作为定案根据，因为该保安在开庭时无法找到，无法审查判断其证言的真实性。

③现场提取的手套、刮刀：其属于物证，但提取程序即未附笔录不符合规定。对此可以进行补正和合理解释，如果补正不了或合理解释不了，无法证明物证来源的，则其不得作为定案的根据。

④ABO 血型鉴定：此鉴定意见是对同一性的认定，关联性本身较弱，因而证明力本身较低，可建议做较高证明力的鉴定，如 DNA 血型鉴定；且鉴定意见属于间接证据，必须有其他证据加以印证。

⑤刘四的有罪供述：首先，口供合法性存在疑问，因为虽然他们都提出排除非法证据申请，却未能提供相关的线索和材料，但是按照法律规定，对于非法证据的调查启动方式有两种，一种是依申请，另一种是依职权，即当法院已经发现证据的合法性有疑问的时候，法院应当依职权进行调查，而本案并未调查，无法排除合理怀疑。其次，刘四在庭审中翻供，而根据司法解释规定，翻供发生时要想采用庭前的有罪供述，必须有其他证据相印证，本案中没有其他证据相互印证，不得采信庭前的有罪供述作为定案的根据。

综上所述，本案并没有达到事实清楚、证据确实、充分的标准，根据现有证据，无法排除合理怀疑，所以应认定刘四无罪。

（2）现有证据无法认定被告人张氏兄弟有罪。

本案中能够认定张氏兄弟构成犯罪的证据只有刘四的供述及张氏兄弟自己的供述，而关于他们的供述存在以下问题：

①本案三名被告人的口供合法性存在疑问，如上所述，当法院已经发现证据的合法性有疑问的时候，法院应当依职权进行调查，而本案并未调查，无法排除合理怀疑。

②张氏兄弟和刘四庭审当中进行了翻供，而他们的庭前有罪供述无法和其他证据相互印证，所以他们庭前的有罪供述不可以作为认定他们有罪的证据。

③刘四对张氏兄弟的检举，性质上属于犯罪嫌疑人、被告人供述和辩解的内容，不是证人证言，而根据我国法律规定，只有被告人供述，没有其他证据的，不能认定被告人有罪和处以刑罚。

综上所述，本案并没有达到事实清楚、证据确实、充分的标准，根据现有证据，无法排除合理怀疑，所以张氏兄弟均应认定无罪。

（3）结论：根据《刑事诉讼法》及相关司法解释的规定，认定被告人有罪必须达到事实清楚、证据确实、充分，而证据确实、充分，应当符合以下条件：①定罪量刑的事实都有证据证明；②据以定案的证据均经法定程序查证属实；③综合全案证据，对所认定事实已排除合理怀疑。本案的证据均未查证属实，而且相互印证后，结论并不是排他的。所以，法院不能认定张氏兄弟、刘四构成犯罪，应当作出证据不足，指控的犯罪不能成立的无罪判决。

【考点】证明标准；视听资料；证人证言；物证；鉴定意见

【详解】第一，小区录像系视听资料，其画面极为模糊，《最高人民法院关于适用〈中华人民共和国刑事诉讼法〉的解释》第 109 条规定："视听资料具有下列情形之一的，不得作为定案的根据：（一）系篡改、伪造或者无法确定真伪的；（二）制作、取得的时间、地点、方式等有疑问，不能作出合理解释的。"

第二，小区保安系关键证人，其无法出庭，《最高人民法院关于适用〈中华人民共和国刑事诉讼法〉的解释》第91条第3款规定：“经人民法院通知，证人没有正当理由拒绝出庭或者出庭后拒绝作证，法庭对其证言的真实性无法确认的，该证人证言不得作为定案的根据。”

第三，现场提取了一只白手套，一把三棱刮刀，属于物证，由于疏忽，提取时未附笔录。《最高人民法院关于适用〈中华人民共和国刑事诉讼法〉的解释》第86条第1款规定：“在勘验、检查、搜查过程中提取、扣押的物证、书证，未附笔录或者清单，不能证明物证、书证来源的，不得作为定案的根据。”

第四，该案中的ABO血型鉴定，《关于建立健全防范刑事冤假错案工作机制的意见》第9条第1款规定：“现场遗留的可能与犯罪有关的指纹、血迹、精斑、毛发等证据，未通过指纹鉴定、DNA鉴定等方式与被告人、被害人的相应样本作同一认定的，不得作为定案的根据。涉案物品、作案工具等未通过辨认、鉴定等方式确定来源的，不得作为定案的根据。”

第五，关于证明标准，《刑事诉讼法》第55条第2款规定：“证据确实、充分，应当符合以下条件：（一）定罪量刑的事实都有证据证明；（二）据以定案的证据均经法定程序查证属实；（三）综合全案证据，对所认定事实已排除合理怀疑。”《最高人民法院关于适用〈中华人民共和国刑事诉讼法〉的解释》第140条规定：“没有直接证据，但间接证据同时符合下列条件的，可以认定被告人有罪：（一）证据已经查证属实；（二）证据之间相互印证，不存在无法排除的矛盾和无法解释的疑问；（三）全案证据形成完整的证据链；（四）根据证据认定案件事实足以排除合理怀疑，结论具有唯一性；（五）运用证据进行的推理符合逻辑和经验。”

2.【参考答案】（1）推进以审判为中心的诉讼制度改革，有利于破解当前制约刑事司法公正的突出问题，是遵循诉讼规律、司法规律、法治规律的必然要求。以审判为中心就是以庭审作为整个诉讼的中心环节，侦查、起诉等审前程序都是开启审判程序的准备阶段，侦查、起诉活动都是围绕审判中事实认定、法律适用的标准和要求而展开，法院依据证据裁判规则作出裁判。

（2）推进以审判为中心的诉讼制度改革，必须全面贯彻证据裁判规则。证据裁判原则是现代刑事诉讼普遍遵循的基本原则。认定案件事实必须以经过法定程序查证属实的证据作为根据。我国侦查程序、起诉程序、审判程序实行统一的刑事证据证明标准，要求案件事实清楚，证据确实、充分。疑罪从无是无罪推定原则的题中应有之义，也是贯彻证据裁判原则的必然要求。对于定罪证据不足的案件，应当依法宣告无罪。

（3）推进以审判为中心的诉讼制度改革，严格依法收集、固定、保存、审查、运用证据，严格实行非法证据排除规则，对于案件经审理，确认或者不能排除存在法律规定的非法取证情形的，对有关证据应当坚决予以排除。

（4）推进以审判为中心的诉讼制度改革，要求庭审在查明事实、认定证据、保护诉权、公正裁判中发挥决定性作用。庭审是以审判为中心的诉讼制度的关键环节，是诉讼参与人参与诉讼活动、行使诉讼权利的主要场所。保证庭审发挥决定性作用，这就要求办案机关和诉讼参与人都要围绕庭审开展诉讼活动，确保案件证据展示、质证、认证在法庭，证人、鉴定人作证在法庭，案件事实调查、认定在法庭，诉辩和代理意见发表、辩论在法庭，直接言词原则体现在法庭，当事人及其辩护、代理律师的诉讼权利行使在法庭，公正裁判决定在法庭，裁判说理讲解在法庭，等等。坚持以庭审为中心，关键在于推进庭审的实质化、克服庭审的形式化，重点在于防止将侦查、起诉中带有明显追诉倾向的意见简单地、不加甄别地转化为人民法院对被告人的有罪判决。

题目要点提炼

2016 年

案情：顾某（中国籍）常年居住M国，以丰厚报酬诱使徐某（另案处理）两次回国携带毒品甲基苯丙胺进行贩卖。2014年3月15日15时，徐某在B市某郊区交易时被公安人员当场抓获。侦查中徐某供出了顾某。我方公安机关组成工作组按照与该国司法协助协定赴该国侦查取证，由M国警方抓获了顾某，对其进行了讯问取证和住处搜查，并将顾某及相关证据移交中方。

检察院以走私、贩卖毒品罪对顾某提起公诉。鉴于被告人顾某不认罪并声称受到刑讯逼供，要求排除非法证据，一审法院召开了庭前会议，通过听取控辩双方的意见及调查证据材料，审判人员认定非法取证不成立。开庭审理后，一审法院认定被告人两次分别贩卖一包甲基苯丙胺和另一包重7.6克甲基苯丙胺判处其有期徒刑6年6个月。顾某不服提出上诉，二审法院以事实不清发回重审。原审法院重审期间，检察院对一包甲基苯丙胺重量明确为2.3克并作出了补充起诉，据此原审法院以被告人两次分别贩卖2.3克、7.6克毒品改判顾某有期徒刑7年6个月。被告人不服判决再次上诉到二审法院。（2016/四/三）

问题：

1. M国警方移交的证据能否作为认定被告人有罪的证据？对控辩双方提供的境外证据，法院应当如何处理？

2. 本案一审法院庭前会议对非法证据的处理是否正确？为什么？

3. 发回原审法院重审后，检察院对一包甲基苯丙胺重量为2.3克的补充起诉是否正确？为什么？

4. 发回重审后，原审法院的改判加刑行为是否违背上诉不加刑原则？为什么？

5. 此案再次上诉后，二审法院在审理程序上应如何处理？

答题要点整理

〖参考答案及详解〗

1.【参考答案】（1）M国警方移交的证据可以作为认定被告人有罪的证据。

我国《刑事诉讼法》规定，我国司法机关可以进行刑事司法协助，警方赴M国请求该国警方抓捕、取证属于司法协助的范围，我国人民法院对境外证据认可其证据效力。本案司法协助程序符合规范，符合办理刑事案件程序规定。

对来自境外的证据材料，人民检察院应当随案移送有关材料来源、提供人、提取人、提取时间等情况的说明。经人民法院审查，相关证据材料能够证明案件事实且符合《刑事诉讼法》规定的，可以作为证据使用，但提供人或者我国与有关国家签订的双边条约对材料的使用范围有明确限制的除外；材料来源不明或者真实性无法确认的，不得作为定案的根据。

（2）对控辩双方提供的境外证据材料的审查：该证据材料应当经所在国公证机关证明，所在国中央外交主管机关或者其授权机关认证，并经我国驻该国使领馆认证，或者履行中华人民共和国与该所在国订立的有关条约中规定的证明手续，但我国与该国之间有互免认证协定的除外。

【考点】刑事司法协助；境外取得证据的运用

【详解】《刑事诉讼法》第18条规定："根据中华人民共和国缔结或者参加的国际条约，或者按照互惠原则，我国司法机关和外国司法机关可以相互请求刑事司法协助。"

《最高人民法院关于适用〈中华人民共和国刑事诉讼法〉的解释》第77条规定："对来自境外的证据材料，人民检察院应当随案移送有关材料来源、提供人、提取人、提取时间等情况的说明。经人民法院审查，相关证据材料能够证明案件事实且符合刑事诉讼法规定的，可以作为证据使用，但提供人或者我国与有关国家签订的双边条约对材料的使用范围有明确限制的除外；材料来源不明或者真实性无法确认的，不得作为定案的根据。当事人及其辩护人、诉讼代理人提供来自境外的证据材料的，该证据材料应当经所在国公证机关证明，所在国中央外交主管机关或者其授权机关认证，并经中华人民共和国驻该国使领馆认证，或者履行中华人民共和国与该所在国订立的有关条约中规定的证明手续，但我国与该国之间有互免认证协定的除外。"

2.【参考答案】不正确。按照《刑事诉讼法》的规定，庭前会议就非法证据等问题只是了解情况，听取意见，不能作出决定。

【考点】庭前会议；非法证据排除程序

【详解】《最高人民法院关于适用〈中华人民共和国刑事诉讼法〉的解释》第130条规定："开庭审理前，人民法院可以召开庭前会议，就非法证据排除等问题了解情况，听取意见。在庭前会议中，人民检察院可以通过出示有关证据材料等方式，对证据收集的合法性加以说明。必要时，可以通知调查人员、侦查人员或者其他人员参加庭前会议，说明情况。"本题中，法院通过听取控辩双方的意见及调查证据材料，审判人员即认定非法取证不成立的，这一处理不正确，因为不能在庭前会议中调查证据且对证据合法性进行调查并作出决定。

3.【参考答案】不正确。本案第二审法院基于原审法院认定的一包甲基苯丙胺数量不明，以事实不清发回重审，重审中检察机关明确为2.3克，属于补充说明，而非补充起诉。

【考点】检察院补充起诉

【详解】《人民检察院刑事诉讼规则》第423条规定："人民法院宣告判决前，人民检察院发现被告人的真实身份或者犯罪事实与起诉书中叙述的身份或者指控犯罪事实不符的，或者事实、证据没有变化，但罪名、适用法律与起诉书不一致的，可以变更起诉。发现遗漏同案犯罪嫌疑人或者罪行的，应当要求公安机关补充移送起诉或者补充侦查；对于犯罪事实清楚，证据确实、充分的，可以直接追加、补充起诉。”本题中，检察院对一包甲基苯丙胺重量为2.3克，不是发现新的事实，不能补充起诉。补充起诉是指在法院宣告判决前，检察机关发现有遗漏的同案犯罪嫌疑人或者罪行可以一并起诉和审理。

4.【参考答案】违反上诉不加刑。第二审人民法院发回原审人民法院重新审理的案件，除有新的犯罪事实，人民检察院补充起诉的外，原审人民法院不得加重被告人的刑罚。本案补充说明一包重量2.3克是原有的指控内容，不是新增加的犯罪事实。

【考点】上诉不加刑

【详解】《刑事诉讼法》第237条规定：“第二审人民法院审理被告人或者他的法定代理人、辩护人、近亲属上诉的案件，不得加重被告人的刑罚。第二审人民法院发回原审人民法院重新审判的案件，除有新的犯罪事实，人民检察院补充起诉的以外，原审人民法院也不得加重被告人的刑罚。人民检察院提出抗诉或者自诉人提出上诉的，不受前款规定的限制。”

5.【参考答案】（1）组成合议庭不开庭审理，但应当讯问被告人，听取辩护人、诉讼代理人意见。

（2）鉴于本案系发回重审后的上诉案件，第二审法院不得以事实不清再发回原审法院重新审理。

（3）如果认为原判认定事实和适用法律正确、量刑适当，应当裁定驳回上诉，维持原判；如果认为原判适用法律有错误或量刑不当，应当改判，但受上诉不加刑限制。

（4）第二审人民法院应当在2个月以内审结。

【考点】二审的处理方式

【详解】（1）组成合议庭不开庭审理，但应当讯问被告人，听取辩护人、诉讼代理人意见。

《刑事诉讼法》第234条第1、2款规定：“第二审人民法院对于下列案件，应当组成合议庭，开庭审理：（一）被告人、自诉人及其法定代理人对第一审认定的事实、证据提出异议，可能影响定罪量刑的上诉案件；（二）被告人被判处死刑的上诉案件；（三）人民检察院抗诉的案件；（四）其他应当开庭审理的案件。第二审人民法院决定不开庭审理的，应当讯问被告人，听取其他当事人、辩护人、诉讼代理人的意见。”本案不属于应当开庭审理的情形，所以，二审法院组成合议庭不开庭审理，但应当讯问被告人，听取辩护人、诉讼代理人意见。

（2）鉴于本案系发回重审后的上诉审，第二审法院不得以事实不清再发回原审法院重新审理。

《刑事诉讼法》第236条规定：“第二审人民法院对不服第一审判决的上诉、抗诉案件，经过审理后，应当按照下列情形分别处理：……（三）原判决事实不清楚或者证据不足的，可以在查清事实后改判；也可以裁定撤销原判，发回原审人民法院重新审判。原审人民法院对于依照前款第三项规定发回重新审判的案件作出判决后，被告人提出上诉或者人民检察院提出抗诉的，第二审人民法院应当依法作出判决或者裁定，不得再发回原审人民法院重新审判。”

（3）如果认为原判认定事实和适用法律正确、量刑适当，应当裁定驳回上诉，维持原判；如果认为原判适用法律有错误或量刑不当，应当改判，但受上诉不加刑限制。

《刑事诉讼法》第236条规定：“第二审人民法院对不服第一审判决的上诉、抗诉案件，经过审理后，应当按照下列情形分别处理：（一）原判决认定事实和适用法律正确、量刑适当的，应当裁定驳回上诉或者抗诉，维持原判；（二）原判决认定事实没有错误，但适用法律有错误，或者量刑不当的，应当改判……”《刑事诉讼法》第237条规定：“第二审人民法院审理被告人或者他的法定代理人、辩护人、近亲属上诉的案件，不得加重被告人的刑罚……”

（4）第二审人民法院应当在2个月以内审结。

《刑事诉讼法》第243条第1款规定："第二审人民法院受理上诉、抗诉案件，应当在二个月以内审结。对于可能判处死刑的案件或者附带民事诉讼的案件，以及有本法第一百五十八条规定情形之一的，经省、自治区、直辖市高级人民法院批准或者决定，可以延长二个月；因特殊情况还需要延长的，报请最高人民法院批准。"

题目要点提炼

2017 年

案情：被告人李某于2014年7月的一天晚上，和几个朋友聚会，饭后又一起卡拉OK，其间餐厅经理派服务员胡某陪侍。次日凌晨两点结束后，李某送胡某回家的路上，在一废弃的工棚内强行与胡某发生了性关系。案发后李某坚称是通奸而不是强奸。此案由S市Y区检察院起诉。Y区法院经不公开审理，以事实不清、证据不足为由作出无罪判决。检察机关提起抗诉，S市中级法院改判被告人构成强奸罪并处有期徒刑三年。二审法院定期宣判，并向抗诉的检察机关送达了判决书，没有向被告人李某送达判决书，但在中国裁判文书网上发布了判决书。（2017/四/三）

问题：

1. 本案二审判决是否生效？为什么？我国刑事裁判一审生效与二审生效有无区别？为什么？

2. 此案生效后当事人向检察院申诉，程序要求是什么？

3. 省检察院按审判监督程序向省高级法院提起抗诉，对于原判决、裁定事实不清或者证据不足的再审案件，省高级法院应当如何处理？

4. 如果省高级法院认为S市中级法院生效判决确有错误，应当如何纠正？

5. 此案在由省检察院向省高级法院抗诉中，请求改判被告人无罪，被告人及其辩护人也辩称无罪，省高级法院根据控辩双方一致意见，是否应当作出无罪判决？为什么？

答题要点整理

〖参考答案及详解〗

1.【参考答案】（1）未生效。二审判决应当在宣告以后才生效，本案二审判决始终未向被告人李某宣告，也未向李某送达判决书，在中国裁判文书网上发布判决书也不能等同于向李某宣告判决，李某始终不知道判决的内容，因此本案二审程序未完成宣告，判决未生效。

（2）一审裁判的生效时间为裁判送达后次日开始计算上诉、抗诉期限，经过上诉、抗诉期限未上诉、抗诉的一审裁判才生效。由于我国实行二审终审制，普通案件二审裁判为终审裁判，但需要送达后始生效，即二审当庭宣判或定期宣判送达裁判文书后发生法律效力。

【考点】刑事裁判生效

【详解】《最高人民法院关于刑事案件终审判决和裁定何时发生法律效力问题的批复》规定，终审的判决和裁定自宣告之日起发生法律效力。

2.【参考答案】（1）当事人及其法定代理人、近亲属首先应当向S市检察院提出申诉，案情重大、复杂、疑难的，省检察院也可以直接受理。

（2）当事人一方对S市检察院决定不予抗诉而继续向省检察院申诉的，省检察院应当受理，经省市两级检察院办理后，没有新的事实和证据不再立案复查。

（3）S市检察院认为判决、裁定确有错误需要抗诉的，应当提请省检抗诉。

（4）省检察院认为判决、裁定确有错误的，可以直接向省高院抗诉。

【考点】申诉的提出、受理及审查处理

【详解】《人民检察院刑事诉讼规则》第593条规定："当事人及其法定代理人、近亲属认为人民法院已经发生法律效力的判决、裁定确有错误，向人民检察院申诉的，由作出生效判决、裁定的人民法院的同级人民检察院依法办理。当事人及其法定代理人、近亲属直接向上级人民检察院申诉的，上级人民检察院可以交由作出生效判决、裁定的人民法院的同级人民检察院受理；案情重大、疑难、复杂的，上级人民检察院可以直接受理。当事人及其法定代理人、近亲属对人民法院已经发生法律效力的判决、裁定提出申诉，经人民检察院复查决定不予抗诉后继续提出申诉的，上一级人民检察院应当受理。"

《人民检察院刑事诉讼规则》第594条规定："对不服人民法院已经发生法律效力的判决、裁定的申诉，经两级人民检察院办理且省级人民检察院已经复查的，如果没有新的证据，人民检察院不再复查，但原审被告人可能被宣告无罪或者判决、裁定有其他重大错误可能的除外。"

3.【参考答案】（1）经审理能够查清事实的，应当在查清事实后依法裁判。

（2）经审理仍无法查清事实，证据不足的，不能认定原审被告人有罪的，应当撤销原判决、裁定，判决宣告原审被告人无罪。

（3）经审理发现有新证据且超过《刑事诉讼法》规定的指令再审期限的，可以裁定撤销原判，发回原审法院重新审判。

【考点】重新审判后的处理

【详解】《最高人民法院关于适用〈中华人民共和国刑事诉讼法〉的解释》第472条第2款规定："原判决、裁定事实不清或者证据不足，经审理事实已经查清的，应当根据查清的事实依法裁判；事实仍无法查清，证据不足，不能认定被告人有罪的，应当撤销原判决、裁定，判决宣告被告人无罪。"《最高人民法院关于审理人民检察院按照审判监督程序提出的刑事抗诉案件若干问题的规定》第4条规定："对于原判决、裁定事实不清或者证据不足的案件，接受抗诉的人民法院进行重新审理后，应当按照下列情形分别处理：（一）经审理能够查清事实的，应当在查清事实后依法裁判；（二）经审理仍无法查清事实，证据

不足，不能认定原审被告人有罪的，应当判决宣告原审被告人无罪；（三）经审理发现有新证据且超过刑事诉讼法规定的指令再审期限的，可以裁定撤销原判，发回原审人民法院重新审判。”

4.【参考答案】省高级法院既可以提审，也可以指令下级法院再审。

（1）提审由省高院组成合议庭，所作出的判决、裁定为终审判决、裁定；提审的案件应当是原判决、裁定认定事实正确但适用法律错误，或者案件疑难、复杂、重大，或者有不宜由原审法院审理的情形。

（2）省高院指令再审一般应当指令S市中院以外的中级法院再审，依照第二审程序进行；如果更有利于查明案件事实、纠正裁判错误，也可以指令S市中院再审，S市中院应当另行组成合议庭，依照二审程序进行。

【考点】指令再审；决定提审

【详解】《刑事诉讼法》第254条第2款规定：“最高人民法院对各级人民法院已经发生法律效力的判决和裁定，上级人民法院对下级人民法院已经发生法律效力的判决和裁定，如果发现确有错误，有权提审或者指令下级人民法院再审。”

《刑事诉讼法》第255条规定：“上级人民法院指令下级人民法院再审的，应当指令原审人民法院以外的下级人民法院审理；由原审人民法院审理更为适宜的，也可以指令原审人民法院审理。”

《最高人民法院关于适用〈中华人民共和国刑事诉讼法〉的解释》第461条规定：“上级人民法院发现下级人民法院已经发生法律效力的判决、裁定确有错误的，可以指令下级人民法院再审；原判决、裁定认定事实正确但适用法律错误，或者案件疑难、复杂、重大，或者有不宜由原审人民法院审理情形的，也可以提审。上级人民法院指令下级人民法院再审的，一般应当指令原审人民法院以外的下级人民法院审理；由原审人民法院审理更有利于查明案件事实、纠正裁判错误的，可以指令原审人民法院审理。”

5.【参考答案】法院可以根据具体情况，既可以作有罪判决，也可以作无罪判决。

（1）本案系审判监督程序的案件，法庭审理的对象是生效的法院判决、裁定是否有错误，判决有罪无罪的依据是案件事实、证据及适用的法律是否确有错误。

（2）检察机关的抗诉是引起再审程序的缘由，其请求改判无罪已不具备控诉的含义，即不承担控诉职能，不存在控辩双方意见一致的情形。

【考点】重新审判的程序

【详解】《最高人民法院关于适用〈中华人民共和国刑事诉讼法〉的解释》第472条第1款规定：“再审案件经过重新审理后，应当按照下列情形分别处理：（一）原判决、裁定认定事实和适用法律正确、量刑适当的，应当裁定驳回申诉或者抗诉，维持原判决、裁定；（二）原判决、裁定定罪准确、量刑适当，但在认定事实、适用法律等方面有瑕疵的，应当裁定纠正并维持原判决、裁定；（三）原判决、裁定认定事实没有错误，但适用法律错误或者量刑不当的，应当撤销原判决、裁定，依法改判；（四）依照第二审程序审理的案件，原判决、裁定事实不清、证据不足的，可以在查清事实后改判，也可以裁定撤销原判，发回原审人民法院重新审判。”

2018年

题目要点提炼

案情：某日，甲和乙到饭店吃饭时偶遇甲的仇人丙，甲与丙发生口角，乙劝阻不成，甲用饭店的板凳击打丙的头部致其昏迷。乙将丙送往医院，但乙到达医院附近的停车场后，并未立即将丙送往医院就医，而是将车停在停车场，第二天凌晨才将丙送至医院，此时丙已经死亡。

检察院对乙以故意杀人罪提起公诉，并提供如下证据：

乙的口供：甲将丙打昏迷后，22：20，乙和丁将丙抬上车。22：50，乙驾车到医院附近的停车场时，发现丙大量出血，呼吸微弱，害怕承担责任所以不敢把丙送到医院，于是把车停在停车场后，自己回去找甲商量。第二日凌晨5点和甲一起赶回停车场把丙送到医院，医院认定丙已死亡。

甲的口供：甲将丙打昏迷，乙送丙到医院，半夜乙找甲商量，告诉他并没有送丙就医。二人次日凌晨将丙送医，此处口供与乙吻合。

丁的证言：22：20，丁和乙一起将丙抬上车，此时丙仍有心跳和呼吸。丁认为如果当时及时就医，丙一定不会死亡。

饭店监控录像：22：20，乙和丁将丙抬上车。

停车场监控录像：22：50，乙的车出现在停车场，乙独自下车离开，只将车留在停车场。直到次日凌晨5点和甲一起又出现在停车场，将丙抬往医院。

法医死亡鉴定：丙头部被重击，痕迹与饭店板凳吻合，无其他伤痕。丙自身有凝血障碍，因大量出血而死亡，但无法鉴定具体死亡时间。

医院送诊记录：凌晨5点，乙、甲将丙送往医院，医院认定丙已完全死亡。

乙因涉嫌故意杀人罪被提起公诉。在庭审中，乙翻供，并提出其口供是刑讯逼供所得，实际上他当晚将丙送往医院停车场时，丙已经没有呼吸完全死亡，但迫于侦查人员的淫威他才承认当时丙并未死亡。乙提供了刑讯逼供的手段和时间。乙的辩护人提出非法证据排除申请。公安机关仅提供了部分乙所提时间的刑讯录像，该录像显示并没有刑讯逼供发生。乙的辩护人提出重新鉴定丙的具体死亡时间，但新的证据均无法证明丙的具体死亡时间。(2018年仿真题)

问题：

请利用本案的证据和相关法律规定对乙是否构成犯罪作出判决，并说明理由。

答题要点整理

〚参考答案及详解〛

【参考答案】 对于检察机关指控乙涉嫌故意杀人罪的公诉案件，人民法院应当作出证据不足，指控的犯罪不能成立的无罪判决。

（1）对本案争议焦点的分析。

乙是否构成犯罪的关键在于丙的死亡时间。若丙于22：50之后死亡，由于乙的先前行为使得乙对于丙的生命危险负有救助义务，乙未及时送医致使丙死亡，构成不作为的故意杀人罪；若丙于22：50前死亡，即使乙送医及时也不能避免丙死亡结果的发生，丙的死亡结果与乙未及时送医之间不存在因果关系，乙不构成故意杀人罪。

（2）对本案事实及证据的分析。

本案现有证据为：被告人甲、乙的供述及乙的辩解；证人丁的证言；饭店监控与停车场录像等视听资料、法医就丙死亡原因的鉴定意见及医院送诊记录等书证。

根据现有证据可以查明的事实为：案发当晚，甲用板凳重击丙头部，致其昏迷。乙、丁于22：20将丙抬上车准备送医，此时丙尚未死亡。22：50乙到达停车场后独自离开。次日凌晨5时，乙和甲返回停车场，将丙送医，丙已经死亡。根据法医的鉴定意见，丙头部遭受重击与自身凝血障碍共同造成的大量出血导致其死亡。

本案有关丙死亡时间的证据材料有：乙在侦查阶段作出的供述与当庭提出的辩解、丁所作的“如果当时及时就医，丙一定不会死亡”的证人证言以及无法说明死亡时间的鉴定意见。

（3）对丁证言的分析。

根据《最高人民法院关于适用〈中华人民共和国刑事诉讼法〉的解释》第88条第2款的规定，证人的猜测性、评论性、推断性的证言，不得作为证据使用。丁作为证人，仅能就自己亲身感知的事实作证，不可对于丙的死亡时间等专业问题进行猜测、评论，故其“如果当时及时就医，丙一定不会死亡”的言论不得作为定案根据。

（4）对乙申请非法证据排除的分析。

乙在庭审中称其口供是刑讯逼供所得，并提供了相关的线索与材料，乙的辩护人提出了排除非法证据的申请，故法院应启动证据合法性的调查程序，由人民检察院证明取证过程的合法性。

本案公安机关仅提供部分可以证明不存在刑讯逼供行为的讯问录像。根据《最高人民法院关于建立健全防范刑事冤假错案工作机制的意见》第8条第2款的规定，未依法对讯问进行全程录音录像取得的供述，以及不能排除以非法方法取得的供述，应当排除。因此，乙庭前供述应当予以排除，不得作为定案依据。

（5）结论。

我国刑事案件认定有罪的证明标准为“案件事实清楚，证据确实、充分”，对于证据不足的案件，应当按照疑罪从无的原则，作出无罪判决。

综上，22：50丙是否死亡这一事实无法查明，关键事实不清，证据不足，不能认定被告人乙是否有罪，法院应当作出证据不足，指控的犯罪不能成立的无罪判决。

【考点】 证明标准；证人证言；非法证据排除

【详解】《刑事诉讼法》第55条第2款规定：“证据确实、充分，应当符合以下条件：（一）定罪量刑的事实都有证据证明；（二）据以定案的证据均经法定程序查证属实；（三）综合全案证据，对所认定事实已排除合理怀疑。”

《刑事诉讼法》第56条规定："采用刑讯逼供等非法方法收集的犯罪嫌疑人、被告人供述和采用暴力、威胁等非法方法收集的证人证言、被害人陈述，应当予以排除……"

《刑事诉讼法》第60条规定："对于经过法庭审理，确认或者不能排除存在本法第五十六条规定的以非法方法收集证据情形的，对有关证据应当予以排除。"

《最高人民法院关于适用〈中华人民共和国刑事诉讼法〉的解释》第88条第2款规定："证人的猜测性、评论性、推断性的证言，不得作为证据使用，但根据一般生活经验判断符合事实的除外。"

《刑事诉讼法》第123条规定："侦查人员在讯问犯罪嫌疑人的时候，可以对讯问过程进行录音或者录像；对于可能判处无期徒刑、死刑的案件或者其他重大犯罪案件，应当对讯问过程进行录音或者录像。录音或者录像应当全程进行，保持完整性。"

《最高人民法院关于建立健全防范刑事冤假错案工作机制的意见》第8条第2款规定："除情况紧急必须现场讯问以外，在规定的办案场所外讯问取得的供述，未依法对讯问进行全程录音录像取得的供述，以及不能排除以非法方法取得的供述，应当排除。"

《最高人民法院关于适用〈中华人民共和国刑事诉讼法〉的解释》第127条规定："当事人及其辩护人、诉讼代理人申请人民法院排除以非法方法收集的证据的，应当提供涉嫌非法取证的人员、时间、地点、方式、内容等相关线索或者材料。"

《刑事诉讼法》第200条规定："在被告人最后陈述后，审判长宣布休庭，合议庭进行评议，根据已经查明的事实、证据和有关的法律规定，分别作出以下判决：（一）案件事实清楚，证据确实、充分，依据法律认定被告人有罪的，应当作出有罪判决；（二）依据法律认定被告人无罪的，应当作出无罪判决；（三）证据不足，不能认定被告人有罪的，应当作出证据不足、指控的犯罪不能成立的无罪判决。"

题目要点提炼

2019 年

案情：甲系A市法院刑事审判庭法官。2016年9月，甲在审理本市乙所犯抢劫案中，违反法律规定认定乙有立功情节，对乙减轻处罚，判处有期徒刑10年，乙的弟弟为此向甲行贿50万元。甲为规避法律，让其侄子丙代为收钱并保管。

2018年11月，A市监察委接到举报后对甲立案调查。调查中另查明，甲在担任审判监督庭法官时，有徇私舞弊减刑的行为。A市监察委对本案调查终结，移送A市检察机关审查起诉。检察机关以甲涉嫌受贿罪和徇私舞弊减刑罪向A市法院提起公诉，同时以丙构成掩饰、隐瞒犯罪所得罪另案起诉。法院审理期间，甲一改拒绝认罪的态度，主动承认了被指控的犯罪，并自愿接受处罚，法院按照认罪认罚从宽的规定，对甲从轻作出了判决。一审判决后检察机关没有抗诉，甲未上诉，一审判决生效。(2019年仿真题)

问题：

1. 本案在管辖上有无问题？请说明理由。

2. 丙涉嫌掩饰、隐瞒犯罪所得罪在未经立案调查或侦查的前提下，检察机关能否径行起诉，为什么？

3. 如本案中甲的行为既涉及监察机关管辖的犯罪，又涉及公安机关、检察机关管辖的犯罪，关于管辖处理的原则是什么？

4. A市法院按照认罪认罚从宽的规定对甲从轻作出判决，是否符合法律规定？请说明理由。

答题要点整理

〚参考答案及详解〛

1.【参考答案】本案立案管辖正确，审判管辖有误。

（1）本案的立案管辖正确。根据《监察法》第11条的规定，监察委员会对职务违法和职务犯罪履行调查职责。本案中，甲涉嫌受贿罪和徇私舞弊减刑罪，A市监察委接到举报后有权对甲立案调查。

（2）本案的审判管辖的地区管辖存在不妥之处。甲原为A市法院法官，该院审判人员与其为同事关系，应当回避而未回避。此案A市法院不宜行使管辖权，可以请求移送上一级法院管辖。

【考点】立案管辖；审判管辖

【详解】《监察法》第11条规定："监察委员会依照本法和有关法律规定履行监督、调查、处置职责：（一）对公职人员开展廉政教育，对其依法履职、秉公用权、廉洁从政从业以及道德操守情况进行监督检查；（二）对涉嫌贪污贿赂、滥用职权、玩忽职守、权力寻租、利益输送、徇私舞弊以及浪费国家资财等职务违法和职务犯罪进行调查；（三）对违法的公职人员依法作出政务处分决定；对履行职责不力、失职失责的领导人员进行问责；对涉嫌职务犯罪的，将调查结果移送人民检察院依法审查、提起公诉；向监察对象所在单位提出监察建议。"

《刑事诉讼法》第29条规定："审判人员、检察人员、侦查人员有下列情形之一的，应当自行回避，当事人及其法定代理人也有权要求他们回避：（一）是本案的当事人或者是当事人的近亲属的；（二）本人或者他的近亲属和本案有利害关系的；（三）担任过本案的证人、鉴定人、辩护人、诉讼代理人的；（四）与本案当事人有其他关系，可能影响公正处理案件的。"

《最高人民法院关于适用〈中华人民共和国刑事诉讼法〉的解释》第18条规定："有管辖权的人民法院因案件涉及本院院长需要回避或者其他原因，不宜行使管辖权的，可以请求移送上一级人民法院管辖。上一级人民法院可以管辖，也可以指定与提出请求的人民法院同级的其他人民法院管辖。"

2.【参考答案】答案一：对于丙涉嫌掩饰、隐瞒犯罪所得罪在未经立案调查或侦查的前提下，检察机关可以径行起诉。根据《人民检察院刑事诉讼规则》第356条的规定，人民检察院在办理公安机关移送起诉的案件中，发现遗漏罪行或者有依法应当移送起诉的同案犯罪嫌疑人未移送起诉的，对于犯罪事实清楚，证据确实、充分的，可以直接提起公诉。据此，起诉引导侦查、侦查为起诉服务，丙涉嫌掩饰、隐瞒犯罪所得罪若犯罪事实清楚，证据确实、充分，检察机关可以径行起诉。

答案二：对于丙涉嫌掩饰、隐瞒犯罪所得罪在未经立案调查或侦查的前提下，检察机关不能径行起诉。立案程序是刑事诉讼程序的必经阶段，起到案件过滤的作用，防止国家追诉权的滥用，未经立案侦查或立案调查直接起诉，违反了刑事诉讼法定程序的基本原则，也不利于被追诉人的权利保障。

【考点】径行起诉

【详解】《人民检察院刑事诉讼规则》第356条规定："人民检察院在办理公安机关移送起诉的案件中，发现遗漏罪行或者有依法应当移送起诉的同案犯罪嫌疑人未移送起诉的，应当要求公安机关补充侦查或者补充移送起诉。对于犯罪事实清楚，证据确实、充分的，也可以直接提起公诉。"

3.【参考答案】甲涉嫌受贿罪与徇私舞弊减刑罪，属于监察机关与检察机关管辖竞合的情形。根据《监察法》第37条的规定，一般应当以监察机关为主调查，其他机关予以协助。根据《人民检察院刑事诉讼规则》第17条的规定，检察机关应当与监察机关沟通，经沟通，认为全案由监察机关管辖更为适宜的，人民检察院应当将案件和相应职务犯罪线索一并移送监察机关；认为由监察机关和人民检察院分别管辖更为适宜的，人民检察院应当将监察机关管辖的相应职务犯罪线索移送监察机关，对依法由人民检察院管辖的犯罪案件继续侦查。

【考点】 监察机关与检察机关管辖竞合

【详解】《监察法》第37条规定："人民法院、人民检察院、公安机关、审计机关等国家机关在工作中发现公职人员涉嫌贪污贿赂、失职渎职等职务违法或者职务犯罪的问题线索，应当移送监察机关，由监察机关依法调查处置。被调查人既涉嫌严重职务违法或者职务犯罪，又涉嫌其他违法犯罪的，一般应当由监察机关为主调查，其他机关予以协助。"

《人民检察院刑事诉讼规则》第17条规定："人民检察院办理直接受理侦查的案件，发现犯罪嫌疑人同时涉嫌监察机关管辖的职务犯罪线索的，应当及时与同级监察机关沟通。经沟通，认为全案由监察机关管辖更为适宜的，人民检察院应当将案件和相应职务犯罪线索一并移送监察机关；认为由监察机关和人民检察院分别管辖更为适宜的，人民检察院应当将监察机关管辖的相应职务犯罪线索移送监察机关，对依法由人民检察院管辖的犯罪案件继续侦查。人民检察院应当及时将沟通情况报告上一级人民检察院。沟通期间不得停止对案件的侦查。"

4.【参考答案】 法院按照认罪认罚从宽的规定，对甲从轻作出判决符合法律规定。认罪认罚从宽原则贯穿刑事诉讼阶段始终，在侦查、审查起诉、审判阶段都可以认罪认罚。据此，甲在审判阶段认罪认罚的，法院可以对甲从轻作出判决。

【考点】 认罪认罚从宽处理

【详解】《刑事诉讼法》第15条规定："犯罪嫌疑人、被告人自愿如实供述自己的罪行，承认指控的犯罪事实，愿意接受处罚的，可以依法从宽处理。"

《最高人民法院、最高人民检察院、公安部、国家安全部、司法部关于适用认罪认罚从宽制度的指导意见》第49条规定："被告人当庭认罪认罚案件的处理。被告人在侦查、审查起诉阶段没有认罪认罚，但当庭认罪，愿意接受处罚的，人民法院应当根据审理查明的事实，就定罪和量刑听取控辩双方意见，依法作出裁判。"

2020 年

题目要点提炼

案情：甲帮助实施网络犯罪一案，由 A 市 B 区公安局立案侦查，B 区检察院审查起诉后向 B 区法院提起公诉。

B 区检察院指控事实如下：2016 年 3 月，甲明知乙（已判决）进行网络犯罪活动，仍向其出租钓鱼网站。乙通过钓鱼网站将被害人丙充值到某网络游戏内价值 5 万余元的 4.1 万余个游戏币转移到自己账户并出售。2016 年 7 月，甲明知丁（已判决）欲进行网络犯罪，仍按照丁的要求提供钓鱼网站。丁通过钓鱼网站，盗取被害人戊的游戏账号密码，将戊充值到某网络游戏内价值 3.14 万余元的 2.6 万余个游戏币转移到自己账户并出售。

检察院认为，甲明知他人实施网络犯罪仍提供帮助，应以帮助信息网络犯罪活动罪追究其刑事责任。公诉人向法庭提交了未到庭被害人丙、戊的陈述；未到庭证人乙、丁的证言及丁的辨认笔录；公安机关出具调取抓获经过、情况说明、搜查笔录、扣押物品清单及照片、银行交易情况、电子证物检查工作记录、游戏充值明细记录、QQ 聊天记录、游戏截图及相关电子数据鉴定意见书；价格部门出具的价格认定书；被告人甲供述及其被询问时的录音录像等证据材料。

庭审中，控辩双方主要围绕案件管辖地、电子数据鉴定意见书、价格认定书的证明效力、口供笔录与录音录像等展开辩论，并均申请有专门知识的人出庭，就鉴定人所作的鉴定意见提出意见。辩护人与法官就公诉人向法庭举证、质证的方式有不同意见。(2020 年仿真题)

问题：

1. 本案为利用计算机网络实施的犯罪，关于利用计算机网络实施的犯罪地，应如何确定？

2. 对于电子数据的收集、提取，应从哪些方面审查？

3. 价格认定书属于什么证据种类？应如何审查判断？

4. 在被告口供笔录与讯问时的录音录像有实质性差别时，应如何取舍？讯问被告人时的录音录像能否作为对被告人定罪量刑的根据，为什么？

5. 简述在法庭上有专门知识的人就鉴定意见提出的意见在认定案件事实中的作用。

6. 庭审中，公诉人举证、质证的方式是什么？

答题要点整理

〖参考答案及详解〗

1.【参考答案】根据《最高人民法院关于适用〈中华人民共和国刑事诉讼法〉的解释》第2条第2款的规定，针对或者主要利用计算机网络实施的犯罪，犯罪地包括用于实施犯罪行为的网络服务使用的服务器所在地，网络服务提供者所在地，被侵害的信息网络系统及其管理者所在地，犯罪过程中被告人、被害人使用的信息网络系统所在地，以及被害人被侵害时所在地和被害人财产遭受损失地等。

【考点】计算机网络犯罪的犯罪地

【详解】《最高人民法院关于适用〈中华人民共和国刑事诉讼法〉的解释》第2条第2款规定："针对或者主要利用计算机网络实施的犯罪，犯罪地包括用于实施犯罪行为的网络服务使用的服务器所在地，网络服务提供者所在地，被侵害的信息网络系统及其管理者所在地，犯罪过程中被告人、被害人使用的信息网络系统所在地，以及被害人被侵害时所在地和被害人财产遭受损失地等。"

2.【参考答案】对于电子数据证据的审查应当从电子数据证据的真实性、完整性和合法性三方面进行审查。

（1）根据《最高人民法院关于适用〈中华人民共和国刑事诉讼法〉的解释》第110条的规定，对电子数据真实性的审查，应当审查如下内容：①是否移送原始存储介质；在原始存储介质无法封存、不便移动时，有无说明原因，并注明收集、提取过程及原始存储介质的存放地点或者电子数据的来源等情况。②是否具有数字签名、数字证书等特殊标识。③收集、提取的过程是否可以重现。④如有增加、删除、修改等情形的，是否附有说明。⑤完整性是否可以保证。

（2）根据《最高人民法院关于适用〈中华人民共和国刑事诉讼法〉的解释》第111条的规定，对电子数据完整性的审查，应当审查如下内容：①审查原始存储介质的扣押、封存状态；②审查电子数据的收集、提取过程，查看录像；③比对电子数据完整性校验值；④与备份的电子数据进行比较；⑤审查冻结后的访问操作日志；⑥其他方法。

（3）根据《最高人民法院关于适用〈中华人民共和国刑事诉讼法〉的解释》第112条的规定，对电子数据合法性的审查，应当审查如下内容：①收集、提取电子数据是否由二名以上调查人员、侦查人员进行，取证方法是否符合相关技术标准。②收集、提取电子数据，是否附有笔录、清单，并经调查人员、侦查人员、电子数据持有人、提供人、见证人签名或者盖章；没有签名或者盖章的，是否注明原因；对电子数据的类别、文件格式等是否注明清楚。③是否依照有关规定由符合条件的人员担任见证人，是否对相关活动进行录像。④采用技术调查、侦查措施收集、提取电子数据的，是否依法经过严格的批准手续。⑤进行电子数据检查的，检查程序是否符合有关规定。

【考点】电子数据的收集、提取

【详解】对于电子数据的审查认定，需要重点掌握《最高人民法院关于适用〈中华人民共和国刑事诉讼法〉的解释》第110条至第115条的规定。

3.【参考答案】价格认定书属于鉴定意见的特殊形式，不是书证。

根据《最高人民法院关于适用〈中华人民共和国刑事诉讼法〉的解释》第97条、第100条等的规定，价格认定书的审查参考鉴定意见的审查规定，具体包括以下内容：（1）有专门知识的人及其所属机构是否具有相应资质；（2）是否存在应当回避的情形；（3）检材的来源、取得、保管、送检是否符合法律、有关规定，与相关提取笔录、扣押清单等记载的内容是否相符，检材是否可靠；（4）形式要件是否完备，是否注明相关内容，是否签名、盖章等；（5）程序是否符合法律、有关规定；（6）过程和方法是否符合相关专业的规范要求；（7）意见是否明确；（8）与案件事实有无关联；（9）与勘验、检查笔录及相关照片等其他证据是否矛盾；存在矛盾的，能否得到合理解释；（10）是否依法及时告知相关人员，当事人对该意见有无异议。

【考点】证据种类及审查判断

【详解】《最高人民法院关于适用〈中华人民共和国刑事诉讼法〉的解释》第100条规定："因无鉴定机构，或者根据法律、司法解释的规定，指派、聘请有专门知识的人就案件的专门性问题出具的报告，可以作为证据使用。对前款规定的报告的审查与认定，参照适用本节的有关规定。经人民法院通知，出具报告的人拒不出庭作证的，有关报告不得作为定案的根据。"

《最高人民法院关于适用〈中华人民共和国刑事诉讼法〉的解释》第97条规定："对鉴定意见应当着重审查以下内容：（一）鉴定机构和鉴定人是否具有法定资质；（二）鉴定人是否存在应当回避的情形；（三）检材的来源、取得、保管、送检是否符合法律、有关规定，与相关提取笔录、扣押清单等记载的内容是否相符，检材是否可靠；（四）鉴定意见的形式要件是否完备，是否注明提起鉴定的事由、鉴定委托人、鉴定机构、鉴定要求、鉴定过程、鉴定方法、鉴定日期等相关内容，是否由鉴定机构盖章并由鉴定人签名；（五）鉴定程序是否符合法律、有关规定；（六）鉴定的过程和方法是否符合相关专业的规范要求；（七）鉴定意见是否明确；（八）鉴定意见与案件事实有无关联；（九）鉴定意见与勘验、检查笔录及相关照片等其他证据是否矛盾；存在矛盾的，能否得到合理解释；（十）鉴定意见是否依法及时告知相关人员，当事人对鉴定意见有无异议。"需要注意的是，答题时不能直接照搬硬抄鉴定意见的规定，而应结合认定书对审查内容做相应调整，如认定书不需要有专门知识的人具有"法定资质"。

4.【参考答案】根据《最高人民法院关于全面推进以审判为中心的刑事诉讼制度改革的实施意见》第24条的规定，被告口供笔录与讯问时的录音录像有实质性差别时，以讯问录音录像为准。

讯问被告人时的录音录像可以作为被告人定罪量刑的根据。讯问被告人时的录音录像记载了被告人对案件事实的供述与辩解和侦查人员讯问过程，是证明案件事实的材料，经审查具备证据能力、与其他证据能够相互印证的，可以作为被告人定罪量刑的根据。

【考点】口供的证据效力

【详解】《最高人民法院关于全面推进以审判为中心的刑事诉讼制度改革的实施意见》第24条第1款规定："法庭对证据收集的合法性进行调查的，应当重视对讯问过程录音录像的审查。讯问笔录记载的内容与讯问录音录像存在实质性差异的，以讯问录音录像为准。"

5.【参考答案】有专门知识的人就鉴定意见提出的意见不属于《刑事诉讼法》规定的证据种类之一，不可作为定罪量刑的根据，其本质上是对鉴定意见的质证手段，辅助审判人员审查、认定鉴定意见。

【考点】有专门知识的人就鉴定意见提出的意见

【详解】《刑事诉讼法》第197条规定："法庭审理过程中，当事人和辩护人、诉讼代理人有权申请通知新的证人到庭，调取新的物证，申请重新鉴定或者勘验。公诉人、当事人和辩护人、诉讼代理人可以申请法庭通知有专门知识的人出庭，就鉴定人作出的鉴定意见提出意见。法庭对于上述申请，应当作出是否同意的决定。第二款规定的有专门知识的人出庭，适用鉴定人的有关规定。"

6.【参考答案】根据《人民检察院刑事诉讼规则》第399条及《最高人民法院关于适用〈中华人民共和国刑事诉讼法〉的解释》第268条的规定，公诉人举证、质证可以采取以下方式：（1）对可能影响定罪量刑的关键证据和控辩双方存在争议的证据，一般应当单独举证、质证，充分听取质证意见。（2）对于不影响定罪量刑且控辩双方无异议的证据，可以仅就证据的名称及其证明的事项、内容作出说明。（3）对于证明方向一致、证明内容相近或者证据种类相同，存在内在逻辑关系的证据，可以归纳、分组示证、质证。

【考点】举证、质证

【详解】《人民检察院刑事诉讼规则》第399条第2款规定："按照审判长要求，或者经审判长同意，公诉人可以按照以下方式举证、质证：(一) 对于可能影响定罪量刑的关键证据和控辩双方存在争议的证据，一般应当单独举证、质证；(二) 对于不影响定罪量刑且控辩双方无异议的证据，可以仅就证据的名称及其证明的事项、内容作出说明；(三) 对于证明方向一致、证明内容相近或者证据种类相同，存在内在逻辑关系的证据，可以归纳、分组示证、质证。”

《最高人民法院关于适用〈中华人民共和国刑事诉讼法〉的解释》第268条规定：“对可能影响定罪量刑的关键证据和控辩双方存在争议的证据，一般应当单独举证、质证，充分听取质证意见。对控辩双方无异议的非关键证据，举证方可以仅就证据的名称及拟证明的事实作出说明。召开庭前会议的案件，举证、质证可以按照庭前会议确定的方式进行。根据案件和庭审情况，法庭可以对控辩双方的举证、质证方式进行必要的指引。”

2021年

题目要点提炼

案情：A公司以竞标方式获得一块建设用地准备开发，但拆迁过程中有两户居民不同意拆迁，公司两位股东甲、乙便授意员工丙、丁纠集社会闲杂人员，采用扔石头、贴标语、放高音喇叭等措施骚扰两户居民。两户居民不堪忍受，遂报警。公安机关以涉嫌寻衅滋事罪对甲、乙、丙、丁四人立案侦查。侦查过程中，乙因认罪认罚，且有重大立功表现，公安机关对其作出撤案处理。审查起诉阶段，甲、丁均自愿认罪认罚。丁因未委托辩护人，公安机关安排其会见了值班律师戊。后该案侦查终结移送审查起诉。

检察机关对甲、丙、丁三人以涉嫌寻衅滋事罪提起公诉，本案引发社会广泛关注，舆论反响强烈。一审法院经审理，认定三人指控罪名成立并作出有罪判决。丙不服一审判决，提起上诉。

监察机关经调查，发现A公司为取得该地块，曾以单位名义向该区副区长行贿200万元，股东甲、乙作为主要责任人被立案调查。(2021年仿真题)

问题：

1. 如何理解认罪认罚中“重大立功”的含义？公安机关以此为由撤案需要通过何种法定程序？

2. 值班律师戊在诉讼中的地位和作用是怎样的？如果诉讼过程中丁一直没有委托辩护人，戊能否出庭辩护？

3. 一审法院应以何种审判组织审理此案？审判人员的职责分工是怎样的？

4. 在丙提起上诉期间，同时监察机关将单位行贿的线索调查终结移送检察院审查起诉，法院应当如何处理？

5. 关于A公司行贿一案，法院应当如何确定诉讼代表人？

6. 如果二审法院发现甲和丁犯罪事实清楚、证据确实充分，但是丙的犯罪事实不清、证据不足，应如何处理？

答题要点整理

〚参考答案及详解〛

1.【参考答案】（1）在认罪认罚案件中，根据刑法理论，以下情形，应当认定为有重大立功表现：第一，犯罪分子有检举、揭发他人重大犯罪行为，经查证属实；第二，提供侦破其他重大案件的重要线索，经查证属实；第三，阻止他人重大犯罪活动；第四，协助司法机关抓捕其他重大犯罪嫌疑人（包括同案犯）；第五，对国家和社会有其他重大贡献。

（2）根据《刑事诉讼法》第182条及《公安机关办理刑事案件程序规定》第188条第1款的规定，公安机关以重大立功为由撤案，应当层报公安部，由公安部商请最高人民检察院核准后撤销案件。报请撤销案件的公安机关应当同时将相关情况通报同级人民检察院。

【考点】认罪认罚中的重大立功；核准撤案

【详解】《最高人民法院关于处理自首和立功具体应用法律若干问题的解释》第7条规定："根据刑法第六十八条第一款的规定，犯罪分子有检举、揭发他人重大犯罪行为，经查证属实；提供侦破其他重大案件的重要线索，经查证属实；阻止他人重大犯罪活动；协助司法机关抓捕其他重大犯罪嫌疑人（包括同案犯）；对国家和社会有其他重大贡献等表现的，应当认定为有重大立功表现。前款所称'重大犯罪'、'重大案件'、'重大犯罪嫌疑人'的标准，一般是指犯罪嫌疑人、被告人可能被判处无期徒刑以上刑罚或者案件在本省、自治区、直辖市或者全国范围内有较大影响等情形。"

《刑事诉讼法》第182条规定："犯罪嫌疑人自愿如实供述涉嫌犯罪的事实，有重大立功或者案件涉及国家重大利益的，经最高人民检察院核准，公安机关可以撤销案件，人民检察院可以作出不起诉决定，也可以对涉嫌数罪中的一项或者多项不起诉。根据前款规定不起诉或者撤销案件的，人民检察院、公安机关应当及时对查封、扣押、冻结的财物及其孳息作出处理。"

《公安机关办理刑事案件程序规定》第188条第1款规定："犯罪嫌疑人自愿如实供述涉嫌犯罪的事实，有重大立功或者案件涉及国家重大利益，需要撤销案件的，应当层报公安部，由公安部商请最高人民检察院核准后撤销案件。报请撤销案件的公安机关应当同时将相关情况通报同级人民检察院。"

2.【参考答案】根据《刑事诉讼法》第36条和《法律援助值班律师工作办法》第6条的规定，第一，值班律师不是辩护人，其作用是为犯罪嫌疑人、被告人提供法律帮助。第二，如果丁一直没有委托辩护人，戊也不能出庭为其辩护。

【考点】值班律师

【详解】《刑事诉讼法》第36条规定："法律援助机构可以在人民法院、看守所等场所派驻值班律师。犯罪嫌疑人、被告人没有委托辩护人，法律援助机构没有指派律师为其提供辩护的，由值班律师为犯罪嫌疑人、被告人提供法律咨询、程序选择建议、申请变更强制措施、对案件处理提出意见等法律帮助。人民法院、人民检察院、看守所应当告知犯罪嫌疑人、被告人有权约见值班律师，并为犯罪嫌疑人、被告人约见值班律师提供便利。"

《法律援助值班律师工作办法》第6条规定："值班律师依法提供以下法律帮助：（一）提供法律咨询；（二）提供程序选择建议；（三）帮助犯罪嫌疑人、被告人申请变更强制措施；（四）对案件处理提出意见；（五）帮助犯罪嫌疑人、被告人及其近亲属申请法律援助；（六）法律法规规定的其他事项。值班律师在认罪认罚案件中，还应当提供以下法律帮助：（一）向犯罪嫌疑人、被告人释明认罪认罚的性质和法律规定；（二）对人民检察院指控罪名、量刑建议、诉讼程序适用等事项提出意见；（三）犯罪嫌疑人签署认罪认罚具结书时在场。值班律师办理案件时，可以应犯罪嫌疑人、被告人的约见进行会见，也可以经办案机关允许主动会见；自人民检察院对案件审查起诉之日起可以查阅案卷材料、了解案情。"

3.【参考答案】根据《人民陪审员法》第16条、第22条和《最高人民法院关于适用〈中华人民共和国刑事诉讼法〉的解释》第213条、第215条的规定：

（1）本案因涉及征地拆迁且社会广泛关注，舆论反响强烈，因此第一审应当由审判员和人民陪审员组成7人合议庭，按照普通程序进行审理。

（2）合议庭中，4名人民陪审员对事实认定独立发表意见，并与3名法官共同表决；对法律适用可以发表意见，但不参加表决，由3名法官参与表决。

【考点】人民陪审员；合议庭的组成及分工

【详解】《人民陪审员法》第16条规定："人民法院审判下列第一审案件，由人民陪审员和法官组成七人合议庭进行：（一）可能判处十年以上有期徒刑、无期徒刑、死刑，社会影响重大的刑事案件；（二）根据民事诉讼法、行政诉讼法提起的公益诉讼案件；（三）涉及征地拆迁、生态环境保护、食品药品安全，社会影响重大的案件；（四）其他社会影响重大的案件。"

《最高人民法院关于适用〈中华人民共和国刑事诉讼法〉的解释》第213条第2款规定："基层人民法院、中级人民法院、高级人民法院审判下列第一审刑事案件，由审判员和人民陪审员组成七人合议庭进行：（一）可能判处十年以上有期徒刑、无期徒刑、死刑，且社会影响重大的；（二）涉及征地拆迁、生态环境保护、食品药品安全，且社会影响重大的；（三）其他社会影响重大的。"

《人民陪审员法》第22条规定："人民陪审员参加七人合议庭审判案件，对事实认定，独立发表意见，并与法官共同表决；对法律适用，可以发表意见，但不参加表决。"

《最高人民法院关于适用〈中华人民共和国刑事诉讼法〉的解释》第215条第2款规定："人民陪审员参加七人合议庭审判案件，应当对事实认定独立发表意见，并与审判员共同表决；对法律适用可以发表意见，但不参加表决。"

4.【参考答案】丙提起上诉后，甲因共同犯寻衅滋事罪应一并进入二审。甲、乙二人同时作为单位行贿罪的主要责任人又被移送审查起诉。根据《最高人民法院关于适用〈中华人民共和国刑事诉讼法〉的解释》第24条、第25条等的规定，二审法院做法应如下：（1）可与负责审查起诉单位行贿罪的检察院协商并案处理，但可能造成审判过分迟延的除外。（2）如果确定并案的，二审法院应当将上诉案件发回一审法院，由一审法院一并处理。

【考点】并案处理

【详解】《最高人民法院关于适用〈中华人民共和国刑事诉讼法〉的解释》第24条规定："人民法院发现被告人还有其他犯罪被起诉的，可以并案审理；涉及同种犯罪的，一般应当并案审理。人民法院发现被告人还有其他犯罪被审查起诉、立案侦查、立案调查的，可以参照前款规定协商人民检察院、公安机关、监察机关并案处理，但可能造成审判过分迟延的除外。根据前两款规定并案处理的案件，由最初受理地的人民法院审判。必要时，可以由主要犯罪地的人民法院审判。"

《最高人民法院关于适用〈中华人民共和国刑事诉讼法〉的解释》第25条规定："第二审人民法院在审理过程中，发现被告人还有其他犯罪没有判决的，参照前条规定处理。第二审人民法院决定并案审理的，应当发回第一审人民法院，由第一审人民法院作出处理。"

5.【参考答案】根据《最高人民法院关于适用〈中华人民共和国刑事诉讼法〉的解释》第336条和第337条的规定，对于单位犯罪，法院可以按照以下顺序确定诉讼代表人：

第一，被告单位的诉讼代表人，应当是A公司的主要负责人甲、乙。

第二，因主要负责人甲、乙被指控为单位犯罪直接责任人员，应当由A公司委托其他负责人或者职工作为诉讼代表人。但是，有关人员被指控为单位犯罪直接责任人员或者知道案件情况、负有作证义务的除外。

第三，若仍难以确定诉讼代表人，可以由A公司委托律师等单位以外的人员作为诉讼代表人。但该诉讼代表人不得同时担任A公司或者甲、乙的辩护人。

第四，开庭审理时，应当通知甲、乙的诉讼代表人出庭；若诉讼代表人不符合上述规定的，应当要求检察院另行确定诉讼代表人。

【考点】 诉讼代表人

【详解】《最高人民法院关于适用〈中华人民共和国刑事诉讼法〉的解释》第336条规定："被告单位的诉讼代表人，应当是法定代表人、实际控制人或者主要负责人；法定代表人、实际控制人或者主要负责人被指控为单位犯罪直接责任人员或者因客观原因无法出庭的，应当由被告单位委托其他负责人或者职工作为诉讼代表人。但是，有关人员被指控为单位犯罪直接责任人员或者知道案件情况、负有作证义务的除外。依据前款规定难以确定诉讼代表人的，可以由被告单位委托律师等单位以外的人员作为诉讼代表人。诉讼代表人不得同时担任被告单位或者被指控为单位犯罪直接责任人员的有关人员的辩护人。"

《最高人民法院关于适用〈中华人民共和国刑事诉讼法〉的解释》第337条规定："开庭审理单位犯罪案件，应当通知被告单位的诉讼代表人出庭；诉讼代表人不符合前条规定的，应当要求人民检察院另行确定。被告单位的诉讼代表人不出庭的，应当按照下列情形分别处理：（一）诉讼代表人系被告单位的法定代表人、实际控制人或者主要负责人，无正当理由拒不出庭的，可以拘传其到庭；因客观原因无法出庭，或者下落不明的，应当要求人民检察院另行确定诉讼代表人；（二）诉讼代表人系其他人员的，应当要求人民检察院另行确定诉讼代表人。"

6.【参考答案】 根据《最高人民法院关于适用〈中华人民共和国刑事诉讼法〉的解释》第404条的规定，本案中，二审法院认为丙犯罪事实不清、证据不足，此时需要衡量丙的犯罪与甲、丁之间是否存在关联。如果存在关联，二审法院可以在查清事实后改判，也可以将全案裁定撤销原判，发回一审法院重新审判；如果不存在关联，二审法院根据案件情况，可以对丙分案处理，仅将丙发回一审法院重新审判。一审法院重新作出判决后，如果丙上诉或者检察院抗诉，甲、丁的案件尚未作出第二审判决、裁定的，二审法院可以并案处理。

【考点】 二审中部分发回重审与并案审理

【详解】《最高人民法院关于适用〈中华人民共和国刑事诉讼法〉的解释》第404条第2款规定："有多名被告人的案件，部分被告人的犯罪事实不清、证据不足或者有新的犯罪事实需要追诉，且有关犯罪与其他同案被告人没有关联的，第二审人民法院根据案件情况，可以对该部分被告人分案处理，将该部分被告人发回原审人民法院重新审判。原审人民法院重新作出判决后，被告人上诉或者人民检察院抗诉，其他被告人的案件尚未作出第二审判决、裁定的，第二审人民法院可以并案审理。"

2022 年

题目要点提炼

案情：甲系 A 市网约车司机。某日晚，甲独自在家饮酒后心存侥幸，主动接单载客至市内某地。返程中因甲超速行驶，车辆转弯不及，冲至人行横道，撞倒路人乙。乙当场昏迷，血流不止。甲害怕酒驾被查，打电话让妻子丙尽快赶至现场，自己将乙紧急送医后便返回家中。丙到达事故现场后主动报警，并告知警方自己系肇事车主且伤者已被送医。乙当日因伤重不治身亡。经交警部门认定，丙负事故全部责任。公安机关予以刑事立案，并传唤丙接受询问。丙在压力之下承认自己是为甲顶罪。公安机关随即拘传甲。甲到案后，主动承认自己的交通肇事行为。公安机关遂以甲涉嫌交通肇事罪、丙涉嫌包庇罪并案侦查。

后侦查人员带甲到案发现场进行指认。其间，侦查人员丁问甲当时是否饮酒，甲回答“是的”。这一过程被丁携带的执法记录仪拍摄下来，但未记入笔录。此后，在侦查人员的历次讯问中，甲均承认自己系酒后驾车。案件移送审查起诉后，甲与丙在审查起诉阶段均签署了认罪认罚从宽具结书。

检察院提起公诉后，乙的近亲属对甲提起附带民事诉讼，法院决定按照“先刑后民”原则采取简易程序审理。庭审期间，甲当庭否认自己存在酒驾及肇事逃逸行为。法院休庭研究后，决定将甲与丙分案处理，对甲涉嫌交通肇事罪适用普通程序审理并作如下安排：（1）由公诉机关补充提供指认现场的执法记录仪视频，作为视听资料予以认定；（2）通知丁出庭作证，证实甲在指认现场自认酒驾；（3）通知丙作为证人出庭，证实甲案发后逃逸。在上述证据出示并质证后，甲再次表示认罪认罚。最终，法院判处甲有期徒刑 5 年，并对附带民事诉讼原告人作出相应赔偿；判决丙免予刑事处罚。（2022 年仿真题）

问题：

1. 结合本案中公安机关对传唤与拘传的适用，阐述两种措施的区别。

2. 法院将甲案由简易程序转至普通程序审理是否妥当？普通程序与简易程序审理有什么不同？

3. 本案遵循“先刑后民”原则审理应当注意哪些事项？

4. 法院分案审理甲与丙的决定是否妥当？为什么？

5. 法院对于执法记录仪视频的性质认定是否正确？为什么？

6. 丁的证言是否属于传闻证据？为什么？

答题要点整理

〖参考答案及详解〗

1.【参考答案】传唤与拘传有以下区别：(1) 适用的对象不同。传唤适用于所有当事人；拘传则仅适用于犯罪嫌疑人、被告人。本案中，丙首次到案是作为证人接受询问，公安机关可以对其适用传唤，但不能适用拘传；甲首次到案是作为犯罪嫌疑人接受讯问，公安机关既可以对其适用传唤，也可以不经传唤直接适用拘传。(2) 强制力不同。传唤是指公安司法机关通知当事人在指定的时间自行到指定的地点接受讯问、询问或审理，不具有强制性，所以本案中丙是自动到案；拘传具有一定的强制性，系强制犯罪嫌疑人、被告人到案接受讯问，所以本案中甲是被强制到案的。(3) 适用时对法律文书的要求不同。拘传时必须出示拘传证；传唤包括书面传唤和口头传唤两种情况。

【考点】拘传；传唤

【详解】在刑事诉讼中，拘传和传唤虽然都可以要求犯罪嫌疑人、被告人到案接受讯问，但二者是性质不同的诉讼行为。传唤是指人民法院、人民检察院和公安机关使用传票的形式通知犯罪嫌疑人、被告人及其他当事人在指定的时间自行到指定的地点接受讯问、询问或审理，性质等同于通知，不具有强制性；而拘传则具有一定的强制性，对不愿到案接受讯问的犯罪嫌疑人、被告人可以强制到案接受讯问，在其抗拒到案的情况下可以使用戒具。

2.【参考答案】妥当。甲当庭否认存在酒驾与肇事逃逸的行为，实际是对起诉指控的部分重要犯罪事实予以否认。由于这两项事实关系到甲交通肇事的前因后果，甲的否认可能导致案件事实不清、证据不足。因此根据《最高人民法院关于适用〈中华人民共和国刑事诉讼法〉的解释》第368条第1款第3项和第4项的规定，应当将简易程序转为普通程序审理。

普通程序与简易程序审理有以下不同：(1) 审判组织不同。适用简易程序审理可能判处3年以下有期徒刑的案件，可以由审判员1人独任审判；适用普通程序审理任何案件，只能适用合议庭审判。(2) 审理期限不同。普通程序的审理期限比简易程序更长。(3) 审理程序不同。普通程序是法律设置的相对完善的审理程序，简易程序相比于普通程序，在法庭调查和法庭辩论方面都有所简化。

【考点】简易程序与普通程序的不同

【详解】《最高人民法院关于适用〈中华人民共和国刑事诉讼法〉的解释》第368条规定："适用简易程序审理案件，在法庭审理过程中，具有下列情形之一的，应当转为普通程序审理：(一) 被告人的行为可能不构成犯罪的；(二) 被告人可能不负刑事责任的；(三) 被告人当庭对起诉指控的犯罪事实予以否认的；(四) 案件事实不清、证据不足的；(五) 不应当或者不宜适用简易程序的其他情形。决定转为普通程序审理的案件，审理期限应当从作出决定之日起计算。"

3.【参考答案】应当注意以下事项：(1) 先审理刑事部分，后审理附带民事部分。(2) 由审理刑事部分的同一审判组织继续审理附带民事部分，不得另行组成合议庭。如果同一审判组织的成员确实不能继续参加审判的，可以更换审判组织成员。(3) 附带民事诉讼部分的判决对案件事实的认定不得同刑事判决相抵触。(4) 附带民事诉讼部分的延期审理，一般不影响刑事判决的生效。

【考点】附带民事诉讼的审理

【详解】《刑事诉讼法》第104条规定，附带民事诉讼应当同刑事案件一并审判，只有为了防止刑事案件审判的过分迟延，才可以在刑事案件审判后，由同一审判组织继续审理附带民事诉讼。可见，应当按照"先刑后民"的原则处理刑事部分与附带民事部分之间的关系。

4.【参考答案】不妥当。理由如下：其一，本案中，虽然甲当庭否认酒驾及肇事逃逸行为，但本案并非被告人人数众多、案情复杂的案件，分案审理并不能提高庭审质量和效率，应当谨慎适用。其二，丙是与甲一案起诉的关联犯罪案件的被告人，其被分案审理后仍在甲案的庭审中出庭作证，如并案审理就无须另行出庭作证，法院也可减少一次开庭审理，从而提升审判效率，节约司法资源。其三，丙了解甲的肇事逃逸情况，且自身涉罪事实与甲涉罪事实紧密关联，并案审理更有利于查明案件事实、保障诉讼权利和准确定罪量刑。

【考点】 分案审理

【详解】《最高人民法院关于适用〈中华人民共和国刑事诉讼法〉的解释》第220条规定："对一案起诉的共同犯罪或者关联犯罪案件，被告人人数众多、案情复杂，人民法院经审查认为，分案审理更有利于保障庭审质量和效率的，可以分案审理。分案审理不得影响当事人质证权等诉讼权利的行使。对分案起诉的共同犯罪或者关联犯罪案件，人民法院经审查认为，合并审理更有利于查明案件事实、保障诉讼权利、准确定罪量刑的，可以并案审理。"从法律适用角度，虽然本条是关于分案审理的规定，但其出发点是严格控制分案审理，同案同审是原则，分案审理是例外。不能因为同案中出现"部分被告人认罪""部分犯罪事实清楚"或"部分被告人可以适用简易程序审理"时，就认为可以分案审理。

5.【参考答案】 不正确。法院将甲指认现场的执法记录仪视频作为视听资料予以认定，未根据该视频的证明目的和证据内容准确界定其证据类别。如将执法记录仪视频用于证明甲指认过程的合法性，则该视频属于视听资料。但本案中，公诉机关提供执法记录仪视频是为了运用其记录的"甲承认饮酒"的内容证明案件事实，该内容是甲对案件事实的陈述，因此法院应当将执法记录仪视频作为被告人的供述予以认定。

【考点】 视听资料

【详解】 作为视听资料、电子数据的音视频，一般产生于诉讼开始之前、犯罪实施过程之中。如果是在刑事诉讼启动之后，公安司法机关为了收集、固定和保全证据而制作的录音、录像等音视频，不是法定证据种类的视听资料、电子数据。例如，在询问证人、被害人，讯问犯罪嫌疑人、被告人过程中进行的录音、录像，应当分别属于证人证言、被害人陈述，犯罪嫌疑人、被告人的供述；勘验、检查中进行的录像，应当是勘验、检查笔录的组成部分。但是，该资料用于证明讯问、询问或勘验、检查程序是否合法这一争议问题时，则属于视听资料、电子数据。

6.【参考答案】 不属于传闻证据。丁出庭作证的证言是否属于传闻证据，判断标准在于丁是就自己亲身感知的事实作证，还是向法庭转述他从别人那里听到的情况。本案中，丁是收集证据的侦查人员，对于证明案件事实而言不具备证人身份，不能将其叙述的被告人所述内容作为认定案件事实的证据。丁作为侦查人员出庭说明"甲在指认现场自认酒驾"，是其对指认现场情况的亲身感知，不属于传闻证据。

【考点】 传闻证据

【详解】 传闻证据规则，也称传闻证据排除规则，即法律排除传闻证据作为认定犯罪事实的根据的规则。根据这一规则，如无法定理由，任何人在庭审期间以外及庭审准备期间以外的陈述，不得作为认定被告人有罪的证据。所谓传闻证据，主要包括两种形式：一是书面传闻证据，即亲身感受了案件事实的证人在庭审期日之外所作的书面证人证言及警察、检察人员所作的（证人）询问笔录；二是言词传闻证据，即证人并非就自己亲身感知的事实作证，而是向法庭转述他从别人那里听到的情况。

题目要点提炼

2023年

案情：某日晚，甲正在路边盗窃丙的电瓶车，被路过的乙、丙、丁看见。在丙的带领下，乙、丙、丁为索取钱财，把甲带到路边的公园里暴打一顿，并向甲索要5000元。后丁因有事先行离开现场，乙和丙在取得2000元后，逼迫甲脱光衣服跳进公园的池塘里，两人未等甲游上岸即离开现场。翌日早上，在公园散步的路人发现甲的尸体。

公安机关随即立案侦查，并将乙、丙、丁抓捕归案。甲的尸体在与池塘相连的河边发现，距离池塘约50米。经法医鉴定，甲的死因是在前一天20时至23时头部受到钝器伤害导致重度颅脑损伤致死。乙、丙、丁对采用暴力方法强行当场劫取被害人甲2000元的犯罪事实供认不讳，并均认罪认罚，但乙、丙对故意伤害甲的事实不予认可。

在庭审过程中，乙、丙表示在丁离开现场后，两人未持任何钝器对甲进行击打，甲的死亡与两人迫使其跳入池塘的行为不存在直接因果关系。两人对检察院指控的故意伤害罪（致人死亡）拒绝认罪认罚。乙、丙的辩护律师在庭审过程中以本案事实不清、证据不足为由，针对被指控的故意伤害罪作了无罪辩护。

同时，乙的辩护律师提出，乙在犯罪时不满18周岁，具体理由包括：其一，乙的父母和外祖父母的证言证明其实际出生于2003年2月5日，当时由于村干部笔误，在户口本上把“三”写成“二”，最终导致身份证上的出生日期是2002年2月5日；其二，乙的准生证发放于2002年12月15日，准生证发放时间应早于出生日期，所以乙的实际出生日期是在2002年12月15日之后；其三，乙的毕业纪念册上有三处写了生日，都是2003年2月5日，其中一处的“3”有改动痕迹。法庭审查认为，乙的父母、外祖父母和乙具有亲属关系，他们作出的有利于乙的证言具有明显倾向性，不应采用；准生证长期由乙的父母保管，系由利害关系人提供，真实性存疑；乙的毕业纪念册属于乙单方提供的有利于自己的证据，真实性存疑。综上，法庭认为以上证据未能证明乙在作案时未满18周岁，最终认定乙在实施犯罪时已满18周岁。

被害人甲的父母提起附带民事诉讼，要求乙、丙、丁三人赔偿死亡赔偿金、丧葬费、精神损失费等。

法院最终判决乙、丙、丁三人构成抢劫罪。由于缺乏证据证明乙、丙实施的行为和甲的死亡之间存在因果关系，因此未认定乙、丙构成故意伤害罪。（2023年仿真题）

问题：

1. 乙、丙仅对抢劫罪认罪认罚，但没有对故意伤害罪（致人死亡）认罪认罚，全案能否适用认罪认罚制度处理？

2. 法院未认定乙、丙构成故意伤害罪（致人死亡）是否合法？

3. 甲的父母能否针对死亡赔偿金、丧葬费、精神损失费等提起附带民事诉讼？法院在对乙、丙涉嫌故意伤害罪作出无罪认定时，能否在附带民事诉讼中判决乙、丙向甲的父母承担致甲死亡的民事赔偿责任？甲的父母在附带民事诉讼中提出的诉讼请求能否予以支持？

4. 法院对乙作案时已满18周岁的认定是否正确?

5. 如乙以自己未被认定为未成年人为由提起上诉，二审法院审理认为应认定乙实际出生于2003年2月5日，二审法院应如何处理?

答题要点整理

〖参考答案及详解〗

1.【参考答案】全案不能适用认罪认罚制度处理。犯罪嫌疑人、被告人犯数罪，仅如实供述其中一罪的，全案不作“认罪”的认定，不适用认罪认罚从宽制度，但对如实供述的部分，检察院可以提出从宽处罚的建议，法院可以从宽处罚。本案中，乙、丙只认可检察院指控的抢劫罪，故不能适用认罪认罚从宽制度，但对两人如实供述的抢劫罪部分，可以从宽处罚。

【考点】认罪认罚从宽制度

【详解】《最高人民法院、最高人民检察院、公安部、国家安全部、司法部关于适用认罪认罚从宽制度的指导意见》第6条规定：“‘认罪’的把握。认罪认罚从宽制度中的‘认罪’，是指犯罪嫌疑人、被告人自愿如实供述自己的罪行，对指控的犯罪事实没有异议。承认指控的主要犯罪事实，仅对个别事实情节提出异议，或者虽然对行为性质提出辩解但表示接受司法机关认定意见的，不影响‘认罪’的认定。犯罪嫌疑人、被告人犯数罪，仅如实供述其中一罪或部分罪名事实的，全案不作‘认罪’的认定，不适用认罪认罚从宽制度，但对如实供述的部分，人民检察院可以提出从宽处罚的建议，人民法院可以从宽处罚。”

2.【参考答案】合法。现有证据只能证明乙、丙二人逼迫甲跳入池塘，但甲系重度颅脑损伤致死，并非溺亡；且甲的尸体在距离池塘50米远的河边被发现，并非在池塘边被发现，本案的证据没有形成完整的证据链，没有达到证据确实、充分的证明标准，综合全案证据不能排除合理怀疑。因此，法院未认定乙、丙构成故意伤害罪（致人死亡）的做法合法。

【考点】证明标准

【详解】《刑事诉讼法》明确了“疑罪从无”的处理原则。《刑事诉讼法》第55条第2款规定：“证据确实、充分，应当符合以下条件：（一）定罪量刑的事实都有证据证明；（二）据以定案的证据均经法定程序查证属实；（三）综合全案证据，对所认定事实已排除合理怀疑。”排除合理怀疑是刑事证明标准的核心要求，也是实践中判断案件是否达到证明标准的方法。应结合案例情况判断是否存在合理怀疑，以及是否可以排除合理怀疑。

3.【参考答案】（1）甲的父母可以提起附带民事诉讼。本案中甲的人身权利遭受侵犯，甲的父母作为甲的近亲属，在甲死亡的情况下有权提起附带民事诉讼。

（2）法院没有认定乙、丙构成故意伤害罪（致人死亡），对甲的父母已经提起的附带民事诉讼，经调解不能达成协议的，可以一并作出刑事附带民事判决，也可以告知附带民事原告人另行提起民事诉讼。

（3）对于甲的父母在附带民事诉讼中提出的诉讼请求，丧葬费属于物质损失，可以得到法院支持。死亡赔偿金和精神损失费不属于附带民事诉讼的赔偿范围，一般不予支持。

【考点】附带民事诉讼的证明标准和赔偿范围

【详解】《最高人民法院关于适用〈中华人民共和国刑事诉讼法〉的解释》第175条第1款规定：“被害人因人身权利受到犯罪侵犯或者财物被犯罪分子毁坏而遭受物质损失的，有权在刑事诉讼过程中提起附带民事诉讼；被害人死亡或者丧失行为能力的，其法定代理人、近亲属有权提起附带民事诉讼。”

《最高人民法院关于适用〈中华人民共和国刑事诉讼法〉的解释》第197条第1款规定：“人民法院认定公诉案件被告人的行为不构成犯罪，对已经提起的附带民事诉讼，经调解不能达成协议的，可以一并作出刑事附带民事判决，也可以告知附带民事原告人另行提起民事诉讼。”

本案中的丧葬费属于物质损失，可以得到法院的支持。根据《刑诉解释》第175条第2款：“因受到犯罪侵犯，提起附带民事诉讼或者单独提起民事诉讼要求赔偿精神损失的，人民法院一般不予受理。”对于甲的父母主张的精神损害赔偿，法院一般不予支持。虽然根据《民法典》第1179条第2款规定，侵害他人造成死亡的，还应当赔偿丧葬费和死亡赔偿金。但死亡赔偿金是对被继承人的经济补偿，并非针对犯罪行为造成的物质损失，在附带民事诉讼中法院通常不予支持。

4.【参考答案】不正确。证明被告人已满18周岁的证据不足的，应当作出有利于被告人的认定。法院对三份证据一概不予采信的做法不正确，具体而言：（1）对于与乙有亲属关系的证人所作的有利于乙的证言，应当慎重使用，有其他证据印证的，可以采信，不能因证人与被告人具有亲属关系即认定证言具有明显倾向性而不予采用；（2）对于准生证的真实性，应按照书证审查标准，对准生证是否为原件、是否存在更改痕迹等进行审查，不能因其长期由乙的父母保管就认定真实性存疑；（3）对于毕业纪念册的真实性，应按照书证审查标准，着重审查其形成过程的客观性，不能因其由乙单方提供而认定真实性存疑。

【考点】证据的审查与认定

【详解】《最高人民法院关于适用〈中华人民共和国刑事诉讼法〉的解释》第146条第2款规定："证明被告人已满十二周岁、十四周岁、十六周岁、十八周岁或者不满七十五周岁的证据不足的，应当作出有利于被告人的认定。"

《最高人民法院关于适用〈中华人民共和国刑事诉讼法〉的解释》第143条规定："下列证据应当慎重使用，有其他证据印证的，可以采信……（二）与被告人有亲属关系或者其他密切关系的证人所作的有利于被告人的证言，或者与被告人有利害冲突的证人所作的不利于被告人的证言。"

《最高人民法院关于适用〈中华人民共和国刑事诉讼法〉的解释》第82条规定："对物证、书证应当着重审查以下内容：（一）物证、书证是否为原物、原件，是否经过辨认、鉴定；物证的照片、录像、复制品或者书证的副本、复制件是否与原物、原件相符，是否由二人以上制作，有无制作人关于制作过程以及原物、原件存放于何处的文字说明和签名；（二）物证、书证的收集程序、方式是否符合法律、有关规定；经勘验、检查、搜查提取、扣押的物证、书证，是否附有相关笔录、清单，笔录、清单是否经调查人员或者侦查人员、物品持有人、见证人签名，没有签名的，是否注明原因；物品的名称、特征、数量、质量等是否注明清楚；（三）物证、书证在收集、保管、鉴定过程中是否受损或者改变；（四）物证、书证与案件事实有无关联；对现场遗留与犯罪有关的具备鉴定条件的血迹、体液、毛发、指纹等生物样本、痕迹、物品，是否已作DNA鉴定、指纹鉴定等，并与被告人或者被害人的相应生物特征、物品等比对；（五）与案件事实有关联的物证、书证是否全面收集。"

5.【参考答案】二审法院应当裁定撤销原判，发回一审法院重新审判。由于一审法院未认定乙为未成年人，未按照未成年人特别程序进行审理（如未成年人案件应一律不公开审理等），属于程序违法，可能影响公正审判，二审法院应撤销原判，发回重审。

【考点】二审审理后的处理

【详解】《刑事诉讼法》第238条规定："第二审人民法院发现第一审人民法院的审理有下列违反法律规定的诉讼程序的情形之一的，应当裁定撤销原判，发回原审人民法院重新审判：（一）违反本法有关公开审判的规定的；（二）违反回避制度的；（三）剥夺或者限制了当事人的法定诉讼权利，可能影响公正审判的；（四）审判组织的组成不合法的；（五）其他违反法律规定的诉讼程序，可能影响公正审判的。"

《最高人民法院关于适用〈中华人民共和国刑事诉讼法〉的解释》第406条规定："第二审人民法院发现原审人民法院在重新审判过程中，有刑事诉讼法第二百三十八条规定的情形之一，或者违反第二百三十九条规定的，应当裁定撤销原判，发回重新审判。"

题目要点提炼

2024年

案情：黄一、黄二、黄三因与李某发生矛盾，共同商议对李某进行报复。某日，三人驾车寻找李某，后持刀追赶李某，李某被砍伤后死亡。案发后，黄一、黄三被抓获并判刑，黄二潜逃。

后黄二因涉嫌盗窃罪被县公安局立案侦查，县公安局决定对黄二采取取保候审措施，责令其交纳8万元保证金。取保候审期间，县公安局发现黄二还有其他罪行，先后两次传唤黄二到指定地点接受讯问，黄二均未到案。县公安局认为黄二违反取保候审规定，决定没收其8万元保证金，责令其重新交纳保证金，并重新计算取保候审期限。后县公安局经过摸底排查，发现黄二之前所犯的故意伤害案，遂将取保候审变更为拘留。

侦查阶段，黄二承认参与追赶、踢打李某，但否认持刀伤害李某，称自己未使用刀具。黄一、黄三供述黄二下车后持刀追砍李某。证人证言证明黄二曾持刀追砍李某，但未能证实其是否砍伤李某。县公安局收集了现场勘验笔录、作案工具刀具、DNA鉴定等证据。后县公安局将黄二故意伤害一案移送县检察院审查起诉。

审查起诉阶段，黄二认罪认罚，签署了认罪认罚具结书，但仍坚持自己是从犯而非主犯。黄二的母亲代其向被害人李某的近亲属赔偿16万元，取得了被害人近亲属的谅解。黄二委托其母亲为其聘请律师，但县检察院以已经为黄二向法律援助机构申请法律援助律师为由，拒绝黄二母亲为其委托的辩护律师。

县检察院以掌握的勘验笔录、鉴定意见等事实证据，以黄二为故意伤害罪（致人死亡）的主犯提起公诉，提出从宽的量刑建议，请求法院判处黄二有期徒刑10年。一审过程中，黄二认罪认罚，但对于持刀追砍李某的情节予以否认。一审法院认为本案事实清楚，采纳了县检察院的量刑建议，对黄二以故意伤害罪（致人死亡），判处10年有期徒刑。

黄二不服一审判决，认为自己是从犯而非县检察院指控的主犯，以一审判决认定事实不清，且对其量刑过重为由提起上诉。县检察院认为黄二主观恶性较大，一审判决量刑偏轻，遂提出抗诉，要求加重对黄二的刑罚。（2024年仿真题）

问题：

1. 县公安局对黄二适用取保候审有哪些不合法之处？请说明理由。

2. 本案能否适用当事人和解的公诉案件诉讼程序？请说明理由。

3. 县检察院拒绝接受黄二母亲代为委托的辩护律师，是否正确？请说明理由。

4. 县检察院对黄二适用认罪认罚从宽制度是否适当？请说明理由。

5. 县检察院对黄二故意伤害案提出抗诉，是否适当？请说明理由。

6. 对于黄二的上诉及县检察院的抗诉，二审法院应如何处理本案？

答题要点整理

〖参考答案及详解〗

1.【参考答案】县公安局没收黄二已交纳的 8 万元保证金的做法不正确。根据规定，决定没收 5 万元以上保证金的，应当经设区的市一级以上公安机关负责人批准。同时，公安机关决定没收保证金的，应当制作没收保证金决定书，在 3 日以内向被取保候审人宣读，告知其如果对没收保证金决定不服，被取保候审人或者其法定代理人可以在 5 日以内向作出没收决定的公安机关申请复议。县公安机关未履行上述程序要求，因此该做法错误。

县公安局对黄二重新计算取保候审的期限的做法不正确。根据规定，在同一诉讼阶段多次适用取保候审的，取保候审的期限应当累计计算，最长不得超过 12 个月。本案中，县公安局是在侦查阶段此同一阶段中多次对黄二取保候审，期限应当累计计算，重新计算期限属于变相延长取保候审期限，违反了法律规定，因此该做法错误。

【考点】取保候审

【详解】关于取保候审的一般规定，《刑事诉讼法》第 71 条规定："被取保候审的犯罪嫌疑人、被告人应当遵守以下规定：（一）未经执行机关批准不得离开所居住的市、县；（二）住址、工作单位和联系方式发生变动的，在二十四小时以内向执行机关报告；（三）在传讯的时候及时到案；（四）不得以任何形式干扰证人作证；（五）不得毁灭、伪造证据或者串供。人民法院、人民检察院和公安机关可以根据案件情况，责令被取保候审的犯罪嫌疑人、被告人遵守以下一项或者多项规定：（一）不得进入特定的场所；（二）不得与特定的人员会见或者通信；（三）不得从事特定的活动；（四）将护照等出入境证件、驾驶证件交执行机关保存。被取保候审的犯罪嫌疑人、被告人违反前两款规定，已交纳保证金的，没收部分或者全部保证金，并且区别情形，责令犯罪嫌疑人、被告人具结悔过，重新交纳保证金、提出保证人，或者监视居住、予以逮捕。对违反取保候审规定，需要予以逮捕的，可以对犯罪嫌疑人、被告人先行拘留。"《刑事诉讼法》第 79 条规定："人民法院、人民检察院和公安机关对犯罪嫌疑人、被告人取保候审最长不得超过十二个月，监视居住最长不得超过六个月。在取保候审、监视居住期间，不得中断对案件的侦查、起诉和审理。对于发现不应当追究刑事责任或者取保候审、监视居住期限届满的，应当及时解除取保候审、监视居住。解除取保候审、监视居住，应当及时通知被取保候审、监视居住人和有关单位。"

关于保证金的没收，《公安机关办理刑事案件程序规定》第 97 条规定："需要没收保证金的，应当经过严格审核后，报县级以上公安机关负责人批准，制作没收保证金决定书。决定没收五万元以上保证金的，应当经设区的市一级以上公安机关负责人批准。"《关于取保候审若干问题的规定》第 30 条规定："公安机关决定没收保证金的，应当制作没收保证金决定书，在三日以内向被取保候审人宣读，告知其如果对没收保证金决定不服，被取保候审人或者其法定代理人可以在五日以内向作出没收决定的公安机关申请复议。被取保候审人或者其法定代理人对复议决定不服的，可以在收到复议决定书后五日以内向上一级公安机关申请复核一次。"

关于重新交纳保证金及继续取保候审，《人民检察院刑事诉讼规则》第 100 条第 3 款规定："重新交纳保证金的程序适用本规则第九十二条的规定；提出保证人的程序适用本规则第九十条、第九十一条的规定。对犯罪嫌疑人继续取保候审的，取保候审的时间应当累计计算。"

2.【参考答案】不能。刑事和解程序旨在处理轻微刑事案件，促进社会和谐。根据规定，因民间纠纷引起，涉嫌刑法分则第四章、第五章规定的犯罪案件，可能判处 3 年有期徒刑以下刑罚的，或者除渎职犯罪以外的可能判处 7 年有期徒刑以下刑罚的过失犯罪案件，若犯罪嫌疑人、被告人真诚悔罪，通过向被害人赔偿损失、赔礼道歉等方式获得被害人谅解，被害人自愿和解的，双方当事人可以和解。本案中，尽管黄二涉嫌的故意伤害罪是刑法分则第四章规定的犯罪，且黄二认罪认罚，其母亲积极赔偿，获得了被害人近亲属的谅解，但被害人已死亡，黄二构成故意伤害罪（致人死亡），法定刑为10年以上有期徒刑、无期徒刑或者死刑，对黄二至少应判处10年有期徒刑，不符合前述“可能判处3年有期徒刑以下刑罚”的要件，因此，黄二故意伤害一案不能适用当事人和解的公诉案件诉讼程序。

【考点】当事人和解的公诉案件诉讼程序

【详解】《刑事诉讼法》第288条规定：“下列公诉案件，犯罪嫌疑人、被告人真诚悔罪，通过向被害人赔偿损失、赔礼道歉等方式获得被害人谅解，被害人自愿和解的，双方当事人可以和解：（一）因民间纠纷引起，涉嫌刑法分则第四章、第五章规定的犯罪案件，可能判处三年有期徒刑以下刑罚的；（二）除渎职犯罪以外的可能判处七年有期徒刑以下刑罚的过失犯罪案件。犯罪嫌疑人、被告人在五年以内曾经故意犯罪的，不适用本章规定的程序。”

3.【参考答案】不正确。根据规定，对法律援助机构指派律师为犯罪嫌疑人辩护，犯罪嫌疑人的监护人、近亲属（黄二的母亲）又代为委托辩护人的，应当听取犯罪嫌疑人（黄二）的意见，由黄二确定辩护人人选，而不能直接拒绝黄二母亲委托的辩护律师。

【考点】辩护律师；法律援助

【详解】《最高人民法院关于适用〈中华人民共和国刑事诉讼法〉的解释》第51条规定：“对法律援助机构指派律师为被告人提供辩护，被告人的监护人、近亲属又代为委托辩护人的，应当听取被告人的意见，由其确定辩护人人选。”

4.【参考答案】适当。适用认罪认罚从宽制度以案件符合“认罪”“认罚”的条件为前提。所谓“认罪”是指犯罪嫌疑人、被告人自愿如实供述自己的罪行，对指控的犯罪事实没有异议，且要承认指控的主要犯罪事实，仅对个别事实情节提出异议，或者虽然对行为性质提出辩解但表示接受司法机关认定意见的，不影响“认罪”的认定。“认罚”是指犯罪嫌疑人、被告人真诚悔罪，愿意接受处罚。黄二承认参与故意伤害，即承认主要犯罪事实，属于认罪；签署认罪认罚具结书，属于认罚。黄二提出自己是从犯，不影响认罪认罚的认定。

【考点】认罪认罚从宽制度

【详解】《最高人民法院、最高人民检察院、公安部、国家安全部、司法部关于适用认罪认罚从宽制度的指导意见》第6条规定：“‘认罪’的把握。认罪认罚从宽制度中的‘认罪’，是指犯罪嫌疑人、被告人自愿如实供述自己的罪行，对指控的犯罪事实没有异议。承认指控的主要犯罪事实，仅对个别事实情节提出异议，或者虽然对行为性质提出辩解但表示接受司法机关认定意见的，不影响‘认罪’的认定。犯罪嫌疑人、被告人犯数罪，仅如实供述其中一罪或部分罪名事实的，全案不作‘认罪’的认定，不适用认罪认罚从宽制度，但对如实供述的部分，人民检察院可以提出从宽处罚的建议，人民法院可以从宽处罚。”

《最高人民法院、最高人民检察院、公安部、国家安全部、司法部关于适用认罪认罚从宽制度的指导意见》第7条规定：“‘认罚’的把握。认罪认罚从宽制度中的‘认罚’，是指犯罪嫌疑人、被告人真诚悔罪，愿意接受处罚。‘认罚’，在侦查阶段表现为表示愿意接受处罚；在审查起诉阶段表现为接受人民检察院拟作出的起诉或不起诉决定，认可人民检察院的量刑建议，签署认罪认罚具结书；在审判阶段表现为当庭确认自愿签署具结书，愿意接受刑罚处罚。‘认罚’考察的重点是犯罪嫌疑人、被告人的悔罪态度和悔罪表现，应当结合退赃退赔、赔偿损失、赔礼道歉等因素来考量。犯罪嫌疑人、被告人虽然表示‘认罚’，却暗中串供、干扰证人作证、毁灭、伪造证据或者隐匿、转移财产，有赔偿能力而不赔偿损失，则不能适用认罪认罚从宽制度。犯罪嫌疑人、被告人享有程序选择权，不同意适用速裁程序、简易程序的，不影响‘认罚’的认定。”

5.【参考答案】不适当。根据规定，县检察院对一审裁判提出抗诉必须具有法定的理由，即一审裁判确有错误；本案中一审法院在事实认定、程序和法律适用等方面均不存在错误。另外，根据规定，认罪认罚案件中，人民法院采纳检察院提出的量刑建议作出判决、裁定，被告人仅以量刑过重为由提出上诉，因被告人反悔不再认罪认罚致从宽量刑明显不当的，检察院应当依法提出抗诉。本案中，黄二提出上诉，不仅是因为量刑过重，不符合检察院应当抗诉的法定情形。综上，县检察院对黄二故意伤害案提出抗诉不适当。

【考点】检察院抗诉

【详解】《刑事诉讼法》第228条规定："地方各级人民检察院认为本级人民法院第一审的判决、裁定确有错误的时候，应当向上一级人民法院提出抗诉。"

《人民检察院办理认罪认罚案件开展量刑建议工作的指导意见》第39条规定："认罪认罚案件中，人民法院采纳人民检察院提出的量刑建议作出判决、裁定，被告人仅以量刑过重为由提出上诉，因被告人反悔不再认罪认罚致从宽量刑明显不当的，人民检察院应当依法提出抗诉。"

6.【参考答案】答案一：二审法院应当驳回上诉、抗诉，维持原判。尽管检察院认为黄二以量刑过重为由上诉，不认可检察院的量刑建议，但是，即使没有从宽量刑，一审判决对黄二的量刑也并无明显不当。另外，尽管黄二认为自己是从犯，但其承认主要犯罪事实，签署认罪认罚具结书，因此不影响其认罪认罚的认定，可以对其适用认罪认罚从宽制度。因此，一审对黄二的判决认定事实和适用法律正确、量刑适当，二审法院应当裁定驳回上诉、抗诉，维持原判。

答案二：二审法院应当根据审理查明的事实，依法改判，且可以加重黄二的刑罚。黄二在认罪认罚获得从宽处罚后反悔，对量刑提出异议，不认可检察院指控的主犯，认为自己是从犯，系对行为性质提出辩解且不接受司法机关认定意见，属于没有真诚悔罪，因此对其不再适用认罪认罚从宽制度。依据规定，二审法院应当根据审理查明的事实，依法作出裁判。且因为有检察院抗诉，二审法院不受上诉不加刑原则的限制，因此可以加重黄二的刑罚。

【考点】二审判决

【详解】《刑事诉讼法》第236条规定："第二审人民法院对不服第一审判决的上诉、抗诉案件，经过审理后，应当按照下列情形分别处理：（一）原判决认定事实和适用法律正确、量刑适当的，应当裁定驳回上诉或者抗诉，维持原判；（二）原判决认定事实没有错误，但适用法律有错误，或者量刑不当的，应当改判；（三）原判决事实不清楚或者证据不足的，可以在查清事实后改判；也可以裁定撤销原判，发回原审人民法院重新审判。原审人民法院对于依照前款第三项规定发回重新审判的案件作出判决后，被告人提出上诉或者人民检察院提出抗诉的，第二审人民法院应当依法作出判决或者裁定，不得再发回原审人民法院重新审判。"

《最高人民法院关于适用〈中华人民共和国刑事诉讼法〉的解释》第358条规定："案件审理过程中，被告人不再认罪认罚的，人民法院应当根据审理查明的事实，依法作出裁判。需要转换程序的，依照本解释的相关规定处理。"

民 法

2015年

题目要点提炼

案情：甲欲出卖自家的房屋，但其房屋现已出租给张某，租赁期还剩余1年。甲将此事告知张某，张某明确表示，以目前的房价自己无力购买。

甲的同事乙听说后，提出购买。甲表示愿意但需再考虑细节。乙担心甲将房屋卖与他人，提出草签书面合同，保证甲将房屋卖与自己，甲同意。甲、乙一起到房屋登记机关验证房屋确实登记在甲的名下，且所有权人一栏中只有甲的名字，双方草签了房屋预购合同。

后双方签订正式房屋买卖合同约定：乙在合同签订后的5日内将购房款的三分之二通过银行转账给甲，但甲须提供保证人和他人房屋作为担保；双方还应就房屋买卖合同到登记机关办理预告登记。

甲找到丙作为保证人，并用丁的房屋抵押。丁与乙签订了抵押合同并办理了抵押登记，但并没有约定担保范围。甲乙双方办理了房屋买卖合同预告登记，但甲忘记告诉乙房屋出租情况。

此外，甲的房屋实际上为夫妻共同财产，甲自信妻子李某不会反对其将旧房出卖换大房，事先未将出卖房屋的事情告诉李某。李某知道后表示不同意。但甲还是瞒着李某与乙办理了房屋所有权转移登记。

2年后，甲与李某离婚，李某认为当年甲擅自处分夫妻共有房屋造成了自己的损失，要求赔偿。甲抗辩说，赔偿请求权已过诉讼时效。（2015/四/三）

问题：

1. 在本案中，如甲不履行房屋预购合同，乙能否请求法院强制其履行？为什么？

2. 甲未告知乙有租赁的事实，应对乙承担什么责任？

3. 如甲不按合同交付房屋并转移房屋所有权，预告登记将对乙产生何种保护效果？

4. 如甲在预告登记后又与第三人签订房屋买卖合同，该合同是否有效？为什么？

5. 如甲不履行合同义务，在担保权的实现上乙可以行使什么样的权利？担保权实现后，甲、丙、丁的关系如何？

6. 甲擅自处分共有财产，其妻李某能否主张买卖合同无效？是否可以主张房屋过户登记为无效或者撤销登记？为什么？

7. 甲对其妻李某的请求所提出的时效抗辩是否成立？为什么？

答题要点整理

〖参考答案及详解〗

1.【参考答案】不能。理由是预约合同的目的在于订立主合同。按照《民法典》第495条的规定，当事人约定在将来一定期限内订立合同的认购书、订购书、预订书等，构成预约合同。当事人一方不履行预约合同约定的订立合同义务的，对方可以请求其承担预约合同的违约责任。但是，法院不能强制当事人签订正式合同。乙可以根据《民法典》第584条请求赔偿，也可以根据《民法典》第563条请求解除合同并请求赔偿。

【考点】预约的法律效力

【详解】《民法典》第495条规定："当事人约定在将来一定期限内订立合同的认购书、订购书、预订书等，构成预约合同。当事人一方不履行预约合同约定的订立合同义务的，对方可以请求其承担预约合同的违约责任。"该规定没有支持强制履行合同的主张。

2.【参考答案】甲应对乙承担违约责任。甲应说明买卖标的物上有负担的事实而未说明，违反了法律规定的义务，在合同有效的情况下，甲的行为构成违约。

【考点】违约责任

【详解】《民法典》第612条规定："出卖人就交付的标的物，负有保证第三人对该标的物不享有任何权利的义务，但是法律另有规定的除外。"

3.【参考答案】按照《民法典》第221条的规定，预告登记后，甲再处分房屋的，不产生物权效力。即乙对房屋的交付请求权具有物权性优先权，可以对抗所有未登记的购买人。

【考点】预告登记的法律效力

【详解】《民法典》第221条规定："当事人签订买卖房屋的协议或者签订其他不动产物权的协议，为保障将来实现物权，按照约定可以向登记机构申请预告登记。预告登记后，未经预告登记的权利人同意，处分该不动产的，不发生物权效力。预告登记后，债权消灭或者自能够进行不动产登记之日起九十日内未申请登记的，预告登记失效。"

4.【参考答案】预告登记后，甲与第三人签订的房屋买卖合同有效，只是不发生物权变动的效力，如果甲不履行，将对第三人承担违约责任。

【考点】预告登记的法律效力

【详解】《民法典》第221条规定："当事人签订买卖房屋的协议或者签订其他不动产物权的协议，为保障将来实现物权，按照约定可以向登记机构申请预告登记。预告登记后，未经预告登记的权利人同意，处分该不动产的，不发生物权效力。预告登记后，债权消灭或者自能够进行不动产登记之日起九十日内未申请登记的，预告登记失效。"

5.【参考答案】如果甲不履行合同义务，乙可以选择实现抵押权或者向保证人丁主张保证责任。无论是丙还是丁履行担保责任后，都有权向甲追偿。[或：丙、丁可向甲追偿，也可以要求对方（丙或者丁）承担一半的份额。]

【考点】混合担保的效力

【详解】《民法典》第392条规定："被担保的债权既有物的担保又有人的担保的，债务人不履行到期债务或者发生当事人约定的实现担保物权的情形，债权人应当按照约定实现债权；没有约定或者约定不明确，债务人自己提供物的担保的，债权人应当先就该物的担保实现债权；第三人提供物的担保的，债权人可以就物的担保实现债权，也可以请求保证人承担保证责任。提供担保的第三人承担担保责任后，有权向债务人追偿。"

6.【参考答案】不得主张无效。即使没有处分权，也不影响合同效力。李某不可以主张房屋登记过户为无效或者撤销登记。

【考点】无权处分夫妻共同财产行为的效力

【详解】《民法典》第597条第1款规定："因出卖人未取得处分权致使标的物所有权不能转移的，买受人可以解除合同并请求出卖人承担违约责任。"据此，无权处分不影响合同的效力。《最高人民法院关于适用〈中华人民共和国民法典〉婚姻家庭编的解释（一）》第28条第1款规定："一方未经另一方同意出售夫妻共同所有的房屋，第三人善意购买、支付合理对价并已办理不动产登记，另一方主张追回该房屋的，人民法院不予支持。"

7.【参考答案】不成立。由于双方为夫妻共同财产制，夫妻关系存续是诉讼时效期间中止的法定事由。

【考点】擅自处分夫妻共同财产造成损失的救济规则

【详解】《最高人民法院关于适用〈中华人民共和国民法典〉婚姻家庭编的解释（一）》第28条第2款规定："夫妻一方擅自处分共同所有的房屋造成另一方损失，离婚时另一方请求赔偿损失的，人民法院应予支持。"

2016 年

题目要点提炼

案情：自然人甲与乙订立借款合同，其中约定甲将自己的一辆汽车作为担保物让与给乙。借款合同订立后，甲向乙交付了汽车并办理了车辆的登记过户手续。乙向甲提供了约定的50万元借款。

一个月后，乙与丙公司签订买卖合同，将该汽车卖给对前述事实不知情的丙公司并实际交付给了丙公司，但未办理登记过户手续，丙公司仅支付了一半购车款。某天，丙公司将该汽车停放在停车场时，该车被丁盗走。丁很快就将汽车出租给不知该车来历的自然人戊，戊在使用过程中因汽车故障送到己公司修理。己公司以戊上次来修另一辆汽车时未付修理费为由扣留该汽车。汽车扣留期间，己公司的修理人员庚偷开上路，违章驾驶撞伤行人辛，辛为此花去医药费2000元。现丙公司不能清偿到期债务，法院已受理其破产申请。（2016/四/四）

问题：

1. 甲与乙关于将汽车让与给债权人乙作为债务履行担保的约定效力如何？为什么？乙对汽车享有什么权利？

2. 甲主张乙将汽车出卖给丙公司的合同无效，该主张是否成立？为什么？

3. 丙公司请求乙将汽车登记在自己名下是否具有法律依据？为什么？

4. 丁与戊的租赁合同是否有效？为什么？丁获得的租金属于什么性质？

5. 己公司是否有权扣留汽车并享有留置权？为什么？

6. 如不考虑交强险责任，辛的2000元损失有权向谁请求损害赔偿？为什么？

7. 丙公司与乙之间的财产诉讼管辖应如何确定？法院受理丙公司的破产申请后，乙能否就其债权对丙公司另行起诉并按照民事诉讼程序申请执行？

答题要点整理

〖参考答案及详解〗

1.【参考答案】（1）有效。我国《民法典》虽然没有规定这种让与担保方式，但并无禁止性规定。通过合同约定，再转移所有权的方式达到担保目的，不违反法律，也符合合同自由、鼓励交易的立法目的。

（2）答案一：乙对汽车享有的不是所有权，而是以所有权人的名义享有担保权。

答案二：由于办理了过户登记手续，乙对汽车享有所有权。

【考点】让与担保的效力

【详解】本题涉及理论和实践中对于让与担保的不同效力判断。（1）对于让与担保，《最高人民法院关于适用〈中华人民共和国民法典〉有关担保制度的解释》第68条第1、2款规定："债务人或者第三人与债权人约定将财产形式上转移至债权人名下，债务人不履行到期债务，债权人有权对财产折价或者以拍卖、变卖该财产所得价款偿还债务的，人民法院应当认定该约定有效。当事人已经完成财产权利变动的公示，债务人不履行到期债务，债权人请求参照民法典关于担保物权的有关规定就该财产优先受偿的，人民法院应予支持。债务人或者第三人与债权人约定将财产形式上转移至债权人名下，债务人不履行到期债务，财产归债权人所有的，人民法院应当认定该约定无效，但是不影响当事人有关提供担保的意思表示的效力。当事人已经完成财产权利变动的公示，债务人不履行到期债务，债权人请求对该财产享有所有权的，人民法院不予支持；债权人请求参照民法典关于担保物权的规定对财产折价或者以拍卖、变卖该财产所得的价款优先受偿的，人民法院应予支持；债务人履行债务后请求返还财产，或者请求对财产折价或者以拍卖、变卖所得的价款清偿债务的，人民法院应予支持。"在该规定中，显然采尊重当事人真正意思的态度。

（2）上述规定对于担保的性质，显然并未采担保物权的观点，即并不支持成功设立担保物权的意思。但本题中，根据《民法典》第224条"动产物权的设立和转让，自交付时发生效力，但是法律另有规定的除外"以及第225条"船舶、航空器和机动车等的物权的设立、变更、转让和消灭，未经登记，不得对抗善意第三人"的规定，担保物的所有权已经转移至乙。故乙已经取得汽车的所有权，即答案二也不违反上述规定。

2.【参考答案】不能成立。

答案一：乙对汽车享有所有权，其有权处分该汽车。题目中没有导致合同无效的其他因素。

答案二：虽然乙将汽车出卖给丙公司的行为属于无权处分，对甲也构成违约行为，但无权处分不影响合同效力，法律并不要求出卖人在订立买卖合同时对标的物享有所有权或者处分权。

【考点】合同效力

【详解】本题中，无论是否认可乙对汽车享有所有权，都不影响对合同效力的判断：（1）如果认可乙对汽车享有所有权，则乙对汽车的处分为有权处分，且题目中也未给出导致合同无效的其他因素，可以认定合同有效。（2）《民法典》第597条第1款规定："因出卖人未取得处分权致使标的物所有权不能转移的，买受人可以解除合同并请求出卖人承担违约责任。"据此，如果认为乙并未取得汽车的所有权，其将汽车出卖给丙公司的行为属于无权处分，但无权处分并不影响合同的效力。综上，甲关于"乙将汽车出卖给丙公司的合同无效"的主张不成立。

3.【参考答案】有法律依据。根据《民法典》的规定，汽车属于特殊动产，交付即转移所有权，登记只产生对外的效力，不登记不具有对抗第三人的效力。本案中因为汽车已经交付，丙公司已取得汽车所有权。

【考点】特殊动产的所有权变动

【详解】《民法典》第224条规定："动产物权的设立和转让，自交付时发生效力，但是法律另有规定的除外。"《民法典》第225条规定："船舶、航空器和机动车等的物权的设立、变更、转让和消灭，未经登记，不得对抗善意第三人。"依该两条规定，汽车作为特殊动产，交付即转移所有权，登记只是产生对外的效力，不登记不具有对抗第三人的效力。本题中汽车已经交付，丙公司已取得汽车所有权。

4.【参考答案】有效，尽管丁不享有所有权或处分权，但是并不影响租赁合同的效力。丁所得的租金属于不当得利。

【考点】租赁合同的效力；不当得利

【详解】(1)《民法典》第703条规定："租赁合同是出租人将租赁物交付承租人使用、收益，承租人支付租金的合同。"据此，租赁合同是以物的使用、收益为目的，出租人负有将租赁物交付承租人使用的义务。租赁合同的出租人是否为租赁物的所有人或使用人，并不影响租赁合同的效力。以他人之物出租的，租赁合同仍有效，但必须以出租人将标的物交付承租人使用为前提，只要满足这一前提，那么承租人仍应交付租金，而不得以出租人不享有租赁物的所有权为由抗辩。

(2)《民法典》第122条规定："因他人没有法律根据，取得不当利益，受损失的人有权请求其返还不当利益。"据此，丁获得的租金对于丙公司而言属于不当得利。

5.【参考答案】己公司无权扣留汽车并享有留置权。根据《民法典》第448条的规定，债权人留置的动产与债权应该属于同一法律关系。而在本案中，债权与汽车无牵连关系。

【考点】留置权的成立

【详解】《民法典》第448条规定："债权人留置的动产，应当与债权属于同一法律关系，但是企业之间留置的除外。"本题中，己公司和戊存在两次修理合同关系，其不能以第一次修理合同中的债权留置第二次修理合同中的标的物。

6.【参考答案】辛有权向戊、己公司、庚请求赔偿，因为戊系承租人，系汽车的使用权人；庚是己公司的雇员，庚的行为属于职务行为，己公司应当承担雇用人（或雇主）责任；庚系肇事人（或者答直接侵权行为人）。

【考点】机动车交通事故责任

【详解】(1)《民法典》第1215条规定："盗窃、抢劫或者抢夺的机动车发生交通事故造成损害的，由盗窃人、抢劫人或者抢夺人承担赔偿责任。盗窃人、抢劫人或者抢夺人与机动车使用人不是同一人，发生交通事故造成损害，属于该机动车一方责任的，由盗窃人、抢劫人或者抢夺人与机动车使用人承担连带责任。保险人在机动车强制保险责任限额范围内垫付抢救费用的，有权向交通事故责任人追偿。"《民法典》第1212条规定："未经允许驾驶他人机动车，发生交通事故造成损害，属于该机动车一方责任的，由机动车使用人承担赔偿责任；机动车所有人、管理人对损害的发生有过错的，承担相应的赔偿责任，但是本章另有规定的除外。"庚为肇事人即直接侵权行为人。同时，因为庚是己公司的雇员，庚的行为属于职务行为，己公司应当承担法人的替代责任。故辛有权向直接侵权人庚和雇主己公司请求损害赔偿。

(2)《民法典》第1209条规定："因租赁、借用等情形机动车所有人、管理人与使用人不是同一人时，发生交通事故造成损害，属于该机动车一方责任的，由机动车使用人承担赔偿责任；机动车所有人、管理人对损害的发生有过错的，承担相应的赔偿责任。"本题中，戊作为承租人，系汽车的使用权人，其在扣留汽车期间未尽妥善保管义务，以致被庚偷开上路，对最终的损害有过错，故辛也有权向汽车的使用权人戊请求损害赔偿。

7.【参考答案】丙公司与乙之间的财产诉讼应该由受理破产案件的人民法院管辖。法院受理丙公司的破产申请后，乙应当申报债权，如果对于债权有争议，可以向受理破产申请的人民法院提起诉讼，但不能按照民事诉讼程序申请执行。

【考点】诉讼管辖；破产申请的效力

【详解】《企业破产法》第19条规定："人民法院受理破产申请后，有关债务人财产的保全措施应当解除，执行程序应当中止。"结合本题，在法院受理丙公司的破产申请后，乙应当申报债权，如果乙对于债权有争议，可以向受理破产申请的人民法院提起诉讼，但不能按照民事诉讼程序申请执行。

2017 年

题目要点提炼

案情：2016 年 1 月 10 日，自然人甲为创业需要，与自然人乙订立借款合同，约定甲向乙借款 100 万元，借款期限 1 年，借款当日交付。2016 年 1 月 12 日，双方就甲自有的 M 商品房又订立了一份商品房买卖合同，其中约定：如甲按期偿还对乙的 100 万元借款，则本合同不履行；如甲到期未能偿还对乙的借款，则该借款变成购房款，甲应向乙转移该房屋所有权；合同订立后，该房屋仍由甲占有使用。

2016 年 1 月 15 日，甲用该笔借款设立了 S 个人独资企业。为扩大经营规模，S 企业向丙借款 200 万元，借款期限 1 年，丁为此提供保证担保，未约定保证方式；戊以一辆高级轿车为质押并交付，但后经戊要求，丙让戊取回使用，戊又私自将该车以市价卖给不知情的已，并办理了过户登记。

2016 年 2 月 10 日，甲因资金需求，瞒着乙将 M 房屋出卖给了庚，并告知庚其已与乙订立房屋买卖合同一事。2016 年 3 月 10 日，庚支付了全部房款并办理完变更登记，但因庚自 3 月 12 日出国访学，为期 4 个月，双方约定庚回国后交付房屋。

2016 年 3 月 15 日，甲未经庚同意将 M 房屋出租给知悉其卖房给庚一事的辛，租期 2 个月，月租金 5000 元。2016 年 5 月 16 日，甲从辛处收回房屋的当日，因雷电引发火灾，房屋严重毁损。根据甲卖房前与某保险公司订立的保险合同（甲为被保险人），某保险公司应支付房屋火灾保险金 5 万元。2016 年 7 月 13 日，庚回国，甲将房屋交付给了庚。

2017 年 1 月 16 日，甲未能按期偿还对乙的 100 万元借款，S 企业也未能按期偿还对丙的 200 万元借款，现乙和丙均向甲催要。(2017/四/四)

问题：

1. 就甲对乙的 100 万元借款，如乙未起诉甲履行借款合同，而是起诉甲履行买卖合同，应如何处理？请给出理由。

2. 就 S 企业对丙的 200 万元借款，甲、丁、戊各应承担何种责任？为什么？

3. 甲、庚的房屋买卖合同是否有效？庚是否已取得房屋所有权？为什么？

4. 谁有权收取 M 房屋 2 个月的租金？为什么？

5. 谁应承担 M 房屋火灾损失？为什么？

6. 谁有权享有 M 房屋火灾损失的保险金请求权？为什么？

答题要点整理

〖参考答案及详解〗

1.【参考答案】答案一：本案应按照民间借贷法律关系作出认定和处理。理由是：根据《最高人民法院关于审理民间借贷案件适用法律若干问题的规定》第23条第1款的规定，当事人以订立买卖合同作为民间借贷合同的担保，借款到期后借款人不能还款，出借人请求履行买卖合同的，人民法院应当按照民间借贷法律关系审理。当事人根据法庭审理情况变更诉讼请求的，人民法院应当准许。根据《最高人民法院关于审理民间借贷案件适用法律若干问题的规定》第23条第2款的规定，按照民间借贷法律关系审理作出的判决生效后，借款人不履行生效判决确定的金钱债务，出借人可以申请拍卖买卖合同标的物，以偿还债务。就拍卖所得的价款与应偿还借款本息之间的差额，借款人或者出借人有权主张返还或者补偿。

答案二：应当按照抵押合同处理。根据《民法典》第146条第1款的规定，行为人与相对人以虚假的意思表示实施的民事法律行为无效。由此可以认定买卖合同无效。又根据《民法典》第146条第2款的规定，以虚假的意思表示隐藏的民事法律行为的效力，依照有关法律规定处理。据此认定隐藏的行为为抵押合同，应当按照抵押合同处理。

【考点】以买卖合同作为民间借贷法律关系担保的处理问题

【详解】就甲对乙的100万元借款，如乙未起诉甲履行借款合同，而是起诉甲履行买卖合同，人民法院应当按照民间借贷法律关系审理，并向当事人释明变更诉讼请求；当事人拒绝变更的，人民法院裁定驳回起诉。

2.【参考答案】甲仅于S企业财产不足以清偿债务时以个人其他财产予以清偿；根据《个人独资企业法》第31条的规定，个人独资企业财产不足以清偿债务的，投资人应当以其个人的其他财产予以清偿。丁应承担一般保证责任；根据《民法典》第686条第2款的规定，当事人在保证合同中对保证方式没有约定或者约定不明确的，按照一般保证承担保证责任。戊不承担责任，其质权因丧失占有而消灭。

【考点】个人独资企业的责任承担；保证责任以及动产质押权的消灭

【详解】甲仅于S企业财产不足以清偿债务时以个人其他财产予以清偿；丁应承担连带保证责任；戊不承担责任。

(1)《个人独资企业法》第31条规定："个人独资企业财产不足以清偿债务的，投资人应当以其个人的其他财产予以清偿。"故本题中甲在S企业财产不足以清偿债务时，应以个人其他财产予以清偿。

(2)《民法典》第686条第2款规定："当事人在保证合同中对保证方式没有约定或者约定不明确的，按照一般保证承担保证责任。"故本题中丁应承担一般保证责任。

(3) 戊以一辆高级轿车为质押并交付，但后经戊要求，丙让戊取回使用，戊又私自将该车以市价卖给不知情的己，并办理了过户登记。这种情形下，丙的质权因丧失占有而消灭，所以戊不再承担担保责任。

3.【参考答案】合同有效，庚知情并不影响合同效力。庚已取得所有权，甲系有权处分，庚因登记取得所有权。

【考点】合同的效力认定及房屋所有权的取得

【详解】合同有效。庚已取得房屋所有权。

(1) 甲将M房屋出卖于庚，签订买卖合同并办理变更登记。该买卖合同的效力不受庚知悉甲已与乙订立房屋买卖合同的影响。

(2)《民法典》第214条规定："不动产物权的设立、变更、转让和消灭，依照法律规定应当登记的，自记载于不动产登记簿时发生效力。"本题中，甲将自己所有的房屋出卖于庚，是有权处分，该房屋的所有权因办理变更登记而由甲转移至庚。

4.【**参考答案**】甲有权收取。甲为有权占有，租赁合同有效，甲可收取房屋法定孳息。

【**考点**】房屋租赁合同的效力

【**详解**】甲有权收取。本题中，甲未经房屋所有人庚同意将M房屋出租给知悉其卖房给庚一事的辛，甲、辛之间成立有效的租赁合同，甲作为承租人，有权收取租金。

5.【**参考答案**】应由甲承担。根据《民法典》第604条的规定，除非法律另有规定或者当事人另有约定，标的物风险自交付时起转移。

【**考点**】房屋买卖合同中房屋毁损、灭失的风险承担

【**详解**】应由甲承担M房屋火灾损失。《民法典》第604条规定："标的物毁损、灭失的风险，在标的物交付之前由出卖人承担，交付之后由买受人承担，但是法律另有规定或者当事人另有约定的除外。"《最高人民法院关于审理商品房买卖合同纠纷案件适用法律若干问题的解释》第8条规定："对房屋的转移占有，视为房屋的交付使用，但当事人另有约定的除外。房屋毁损、灭失的风险，在交付使用前由出卖人承担，交付使用后由买受人承担；买受人接到出卖人的书面交房通知，无正当理由拒绝接收的，房屋毁损、灭失的风险自书面交房通知确定的交付使用之日起由买受人承担，但法律另有规定或者当事人另有约定的除外。"本题中，甲从辛处收回房屋的当日，因雷电引发火灾，房屋严重毁损。尽管房屋所有权已经转移至庚，但房屋并未交付于庚，所以应由占有人甲承担M房屋的火灾损失。

6.【**参考答案**】庚享有请求权。根据《保险法》第49条第1款的规定，保险标的转让的，保险标的的受让人承继被保险人的权利和义务。

【**考点**】保险合同中保险标的转让的效力

【**详解**】庚享有M房屋火灾损失的保险金请求权。《保险法》第49条第1款规定："保险标的转让的，保险标的的受让人承继被保险人的权利和义务。"本题中，根据甲卖房前与某保险公司订立的保险合同（甲为被保险人），某保险公司应支付房屋火灾保险金5万元。在房屋所有权转移至庚后，房屋火灾损失的保险金请求权也随之转移。

题目要点提炼

2018 年

案情：甲公司中标 A 市某地块的开发权，与乙公司签订建筑工程施工合同，建设商品房。双方约定，如果出现纠纷，协商解决，协商不成的，任何一方均可向 B 市仲裁委员会申请裁决。

由于甲公司未按约定及时支付工程进度款，甲公司与乙公司经协商重新达成协议：协议之前的工程进度款及利息 8500 万元作为甲公司向乙公司的借款，乙公司同意配合甲公司以正在建设的工程向银行抵押贷款 2 亿元，获得贷款后，甲公司需先支付乙公司 8500 万元欠款中的 5000 万元，剩余 1.5 亿元贷款存入双方共管账户。甲公司的公章需交由乙公司保管，甲公司对外签订合同需经乙公司同意。

乙公司拿到甲公司的公章后，私自重新作了补充协议，其中写明甲公司对乙公司的欠款总额，并将仲裁机关改为 C 市仲裁委员会，并加盖了乙公司和甲公司的公章。在此后的建筑工程施工中，为了冲抵甲公司的借款，乙公司有时直接以甲公司的名义与材料供应商丁公司签订合同，并加盖甲公司的公章。

后甲公司发现乙公司私用公章的情况，遂要求对账，并提出乙公司以甲公司名义签订的合同应算作甲公司对乙公司的还款，但双方因对账数额相差太大再次发生争议，乙公司遂向 C 市仲裁委员会提起仲裁。甲公司提出管辖权异议，提出自己从未与乙公司签订过补充协议、变更过仲裁管辖，但承认公章是真实的。C 市仲裁委员会认为协议有效，继续审理，并作出裁决，裁决甲公司尚欠乙公司 500 万元，双方继续履行合同。甲公司向法院申请撤销仲裁裁决。

为推动商品房销售，甲公司与丙公司的韩某签订房屋销售委托合同，经乙公司同意，加盖了甲公司的公章，由丙公司负责销售甲公司的楼房。韩某为丙公司新的法定代表人，尚未办理变更登记（甲公司、乙公司共同派律师查询，查明了韩某的上述真实身份）。合同上仅有韩某签字，未加盖丙公司公章。后甲公司认为丙公司销售不力，向法院起诉要求解除委托合同，一审判决丙公司败诉。丙公司不服一审判决，提起上诉，上诉状变更了诉讼请求，请求判决合同无效，要求甲公司赔偿实际支出。

继续施工过程中，共管账户中的贷款很快用完了，甲公司再次拖延支付乙公司工程进度款。甲公司遂通过民间借贷的方式筹集资金，与出借人戊同时签订借款合同和房屋买卖合同。借款合同约定，如果甲公司不能按期偿还借款，则需按照房屋买卖合同交付房屋。

然而，甲公司筹集的资金仍然不足以支付乙公司工程进度款，乙公司遂停工，导致甲公司想建成房屋出售后获取现金流的计划无法实现，遂提出解除合同，另行与其他建筑公司签订施工合同。

以上纠纷致使甲公司资金状况出现严重危机。有的债权人要求甲公司按照合同约定偿还借款；有的债权人要求甲公司交付房屋；还有的债权人到法院申请甲公司破产清算，法院裁定受理破产申请。之前与甲公司签订购货合同的丁公司已经向甲公司发货，收到破产通知后通知货车返回。乙公司申报债权时，部分债权被管理人拒绝，乙公司准备先行诉请确认该部分债权的本金，利息另行确认。（2018 年仿真题）

问题：

1. 乙公司签订补充协议的行为是否构成表见代理？为什么？

2. 如果甲公司能够证明补充协议是乙公司私自起草并加盖印章，C 市仲裁委员会的仲裁裁决如何？为什么？

3. 甲公司欲申请法院撤销 C 市仲裁委员会的裁决，应当向哪个法院提出？为什么？

4. 甲公司与丙公司签订的委托合同是否有效？韩某的行为如何定性？为什么？

5. 甲公司是否有权解除与丙公司的委托合同？为什么？

6. 丙公司是否可以在上诉状中提出变更诉讼请求？为什么？

7. 甲公司与戊的房屋买卖合同是否应看作物权担保？为什么？

8. 在破产程序尚未开始时，若甲公司到期无法偿债，戊能否要求甲公司交付房屋？

9. 甲公司是否有权解除与乙公司的建筑工程施工合同？为什么？

10. 丁公司收到破产通知后的做法是否有法律依据？

11. 有仲裁协议的当事人一方破产时，双方有财产争议的，应由法院管辖还是由仲裁委员会管辖？

12. 破产程序开始后，法院所受理与破产财产有关的案件，能否向其他法院移送管辖？为什么？

13. 乙公司对甲公司的在建商品房是否享有优先权？为什么？假如有优先权，优先权的范围是什么？

14. 若乙公司将本金和利息分两次提起诉讼，是否属于重复起诉？

答题要点整理

〖参考答案及详解〗

1.【参考答案】不构成。因为乙公司以甲公司的名义与自己签订协议，不符合表见代理的构成要件，乙公司代甲公司签章的行为只能归于乙公司自己。

【考点】表见代理

【详解】《民法典》第171条第1款规定："行为人没有代理权、超越代理权或者代理权终止后，仍然实施代理行为，未经被代理人追认的，对被代理人不发生效力。"

2.【参考答案】因变更后的仲裁协议无效，故C市仲裁委员会的仲裁裁决属于可撤销裁决。根据《仲裁法》第4条的规定，当事人采用仲裁方式解决纠纷，应当双方自愿，达成仲裁协议。没有仲裁协议，一方申请仲裁的，仲裁委员会不予受理。因此，仲裁协议的签订和变更需双方均自愿。本案中，双方约定的是甲公司对外签订合同要经过乙公司同意，因此，对于甲公司、乙公司之间的合同，乙公司无权改动，该行为无效，所以变更后的仲裁协议无效，甲公司可以没有仲裁协议为由，申请法院撤销C市仲裁委员会的仲裁裁决。

【考点】仲裁管辖

【详解】《仲裁法》第4条规定："当事人采用仲裁方式解决纠纷，应当双方自愿，达成仲裁协议。没有仲裁协议，一方申请仲裁的，仲裁委员会不予受理。"

3.【参考答案】根据《仲裁法》第58条的规定，甲公司应当向C市仲裁委员会所在地的中级人民法院提出撤销仲裁裁决的申请。

【考点】仲裁裁决的撤销

【详解】《仲裁法》第58条规定："当事人提出证据证明裁决有下列情形之一的，可以向仲裁委员会所在地的中级人民法院申请撤销裁决：（一）没有仲裁协议的；（二）裁决的事项不属于仲裁协议的范围或者仲裁委员会无权仲裁的；（三）仲裁庭的组成或者仲裁的程序违反法定程序的；（四）裁决所根据的证据是伪造的；（五）对方当事人隐瞒了足以影响公正裁决的证据的；（六）仲裁员在仲裁该案时有索贿受贿，徇私舞弊，枉法裁决行为的。人民法院经组成合议庭审查核实裁决有前款规定情形之一的，应当裁定撤销。人民法院认定该裁决违背社会公共利益的，应当裁定撤销。"

4.【参考答案】甲公司与丙公司签订的委托合同有效。韩某在合同上签字的行为属于代表行为，且属于有权代表，虽然委托合同未加盖丙公司公章，但根据《民法典》第61条第2款的规定，该委托合同直接归属于丙公司承受。另外，由于尚未办理变更登记，根据《民法典》第65条的规定，不得对抗善意相对人。

【考点】合同效力；代表行为

【详解】《民法典》第65条规定："法人的实际情况与登记的事项不一致的，不得对抗善意相对人。"

《民法典》第61条第2款规定："法定代表人以法人名义从事的民事活动，其法律后果由法人承受。"

5.【参考答案】甲公司有权解除与丙公司的委托合同。根据《民法典》第933条的规定，委托合同的双方当事人均享有任意解除权。故甲公司有权随时解除与丙公司的委托合同。甲公司行使任意解除权给丙公司造成损失的，应当对丙公司承担损害赔偿责任。

【考点】委托合同的任意解除权

【详解】《民法典》第933条规定："委托人或者受托人可以随时解除委托合同。因解除合同造成对方损失的，除不可归责于该当事人的事由外，无偿委托合同的解除方应当赔偿因解除时间不当造成的直接损失，有偿委托合同的解除方应当赔偿对方的直接损失和合同履行后可以获得的利益。"

6.【参考答案】 丙公司不能在上诉状中变更诉讼请求。二审法院不应准许丙公司变更诉讼请求，依据本案的情况，丙公司亦无法另行起诉，因为合同效力在本案中已有裁判，另行起诉将构成重复起诉。

【考点】 上诉时变更诉讼请求

【详解】 原告增减诉讼请求、变更诉讼请求应在一审过程中提出。二审程序的审理不应超出一审范围，故二审程序中原审原告不可增减、变更诉讼请求。若二审对新增或变更诉讼请求作出裁判，则剥夺了当事人在新增或变更诉讼请求部分的上诉权，会损害当事人的审级利益。

《最高人民法院关于适用〈中华人民共和国民事诉讼法〉的解释》第326条规定："在第二审程序中，原审原告增加独立的诉讼请求或者原审被告提出反诉的，第二审人民法院可以根据当事人自愿的原则就新增加的诉讼请求或者反诉进行调解；调解不成的，告知当事人另行起诉。双方当事人同意由第二审人民法院一并审理的，第二审人民法院可以一并裁判。"

7.【参考答案】 甲公司与戊的房屋买卖合同不能看作物权担保。根据《最高人民法院关于适用〈中华人民共和国民法典〉有关担保制度的解释》第68条的规定，甲公司与戊的约定能够设立具有担保物权属性的让与担保。但是，在未办理过户登记之前，戊仅基于有效的让与担保合同享有债权性质的担保，而尚不享有具有物权性质的担保。

【考点】 让与担保

【详解】《最高人民法院关于适用〈中华人民共和国民法典〉有关担保制度的解释》第68条第2款规定："债务人或者第三人与债权人约定将财产形式上转移至债权人名下，债务人不履行到期债务，财产归债权人所有的，人民法院应当认定该约定无效，但是不影响当事人有关提供担保的意思表示的效力。当事人已经完成财产权利变动的公示，债务人不履行到期债务，债权人请求对该财产享有所有权的，人民法院不予支持；债权人请求参照民法典关于担保物权的规定对财产折价或者以拍卖、变卖该财产所得的价款优先受偿的，人民法院应予支持；债务人履行债务后请求返还财产，或者请求对财产折价或者以拍卖、变卖所得的价款清偿债务的，人民法院应予支持。"

8.【参考答案】 若甲公司到期无法偿债，戊无权要求甲公司交付房屋，可以申请拍卖房屋以偿还债务。根据《最高人民法院关于审理民间借贷案件适用法律若干问题的规定》第23条的规定，出借人可以申请拍卖买卖合同标的物，以偿还债务。就拍卖所得的价款与应偿还借款本息之间的差额，借款人或者出借人有权主张返还或者补偿。

【考点】 名为买卖，实为借贷

【详解】《最高人民法院关于审理民间借贷案件适用法律若干问题的规定》第23条规定："当事人以订立买卖合同作为民间借贷合同的担保，借款到期后借款人不能还款，出借人请求履行买卖合同的，人民法院应当按照民间借贷法律关系审理。当事人根据法庭审理情况变更诉讼请求的，人民法院应当准许。按照民间借贷法律关系审理作出的判决生效后，借款人不履行生效判决确定的金钱债务，出借人可以申请拍卖买卖合同标的物，以偿还债务。就拍卖所得的价款与应偿还借款本息之间的差额，借款人或者出借人有权主张返还或者补偿。"

9.【参考答案】 甲公司无权解除与乙公司的建筑工程施工合同。根据《民法典》第525条的规定，甲公司不履行向乙公司支付到期工程价款的义务时，乙公司享有同时履行抗辩权，乙公司停工不构成违约，甲公司不享有解除权。

【考点】 同时履行抗辩权

【详解】《民法典》第525条规定："当事人互负债务，没有先后履行顺序的，应当同时履行。一方在对方履行之前有权拒绝其履行请求。一方在对方履行债务不符合约定时，有权拒绝其相应的履行请求。"

10.【参考答案】 丁公司收到破产通知后的做法，行使的是出卖人的取回权，其法律依据为《企业破产法》第39条。

【考点】 取回权

【详解】《企业破产法》第39条规定："人民法院受理破产申请时，出卖人已将买卖标的物向作为买受人的债务人发运，债务人尚未收到且未付清全部价款的，出卖人可以取回在运途中的标的物。但是，管理人可以支付全部价款，请求出卖人交付标的物。"

11.【参考答案】 有仲裁协议的当事人一方破产时，双方有财产争议的，应当依据仲裁协议申请仲裁。根据《最高人民法院关于适用〈中华人民共和国企业破产法〉若干问题的规定（三）》第8条的规定，在法院受理破产申请后，与债务人相关的民事权利义务争议，如果当事人双方就解决争议约定有明确且有效的仲裁协议，则应当按照约定通过仲裁的方式予以解决。

【考点】 破产受理前的仲裁协议效力

【详解】《最高人民法院关于适用〈中华人民共和国企业破产法〉若干问题的规定（三）》第8条规定："……当事人之间在破产申请受理前订立有仲裁条款或仲裁协议的，应当向选定的仲裁机构申请确认债权债务关系。"

12.【参考答案】 符合法定情形的，可以移送其他法院管辖。根据《最高人民法院关于适用〈中华人民共和国企业破产法〉若干问题的规定（二）》第47条的规定，具体而言：

（1）人民法院受理破产申请后，当事人提起的有关债务人的民事诉讼案件，应当由受理破产申请的人民法院管辖。

（2）受理破产申请的人民法院管辖的有关债务人的第一审民事案件，可以由上级人民法院提审，或者报请上级人民法院批准后交下级人民法院审理。

（3）受理破产申请的人民法院，如对有关债务人的海事纠纷、专利纠纷、证券市场因虚假陈述引发的民事赔偿纠纷等案件不能行使管辖权的，可以由上级人民法院指定管辖。

【考点】 破产案件的管辖

【详解】《最高人民法院关于适用〈中华人民共和国企业破产法〉若干问题的规定（二）》第47条规定："人民法院受理破产申请后，当事人提起的有关债务人的民事诉讼案件，应当依据企业破产法第二十一条的规定，由受理破产申请的人民法院管辖。受理破产申请的人民法院管辖的有关债务人的第一审民事案件，可以依据民事诉讼法第三十八条的规定，由上级人民法院提审，或者报请上级人民法院批准后交下级人民法院审理。受理破产申请的人民法院，如对有关债务人的海事纠纷、专利纠纷、证券市场因虚假陈述引发的民事赔偿纠纷等案件不能行使管辖权的，可以依据民事诉讼法第三十七条的规定，由上级人民法院指定管辖。"

13.【参考答案】（1）乙公司对甲公司的在建商品房享有优先受偿权。根据《民法典》第807条的规定，发包人未按照约定支付价款的，承包人可以催告发包人在合理期限内支付价款。建设工程的价款就该工程折价或者拍卖的价款优先受偿。

（2）根据《最高人民法院关于审理建设工程施工合同纠纷案件适用法律问题的解释（一）》第40条的规定，承包人建设工程价款优先受偿的范围依照国务院有关行政主管部门关于建设工程价款范围的规定确定，不包括因甲公司迟延履行给乙公司造成的迟延利息、违约金、损害赔偿金等。

【考点】 承包人建设工程价款优先受偿权

【详解】《民法典》第807条规定："发包人未按照约定支付价款的，承包人可以催告发包人在合理期限内支付价款。发包人逾期不支付的，除根据建设工程的性质不宜折价、拍卖外，承包人可以与发包人协议将该工程折价，也可以请求人民法院将该工程依法拍卖。建设工程的价款就该工程折价或者拍卖的价款优先受偿。"

《最高人民法院关于审理建设工程施工合同纠纷案件适用法律问题的解释（一）》第40条规定：“承包人建设工程价款优先受偿的范围依照国务院有关行政主管部门关于建设工程价款范围的规定确定。承包人就逾期支付建设工程价款的利息、违约金、损害赔偿金等主张优先受偿的，人民法院不予支持。”

14.【参考答案】根据《最高人民法院关于适用〈中华人民共和国民事诉讼法〉的解释》第247条的规定，重复起诉需满足三个要件：(1) 后诉与前诉的当事人相同；(2) 后诉与前诉的诉讼标的相同；(3) 后诉与前诉的诉讼请求相同，或者后诉的诉讼请求实质上否定前诉裁判结果。

是否构成重复起诉，需分情况讨论。本案中，虽然前诉与后诉的诉讼当事人和诉讼标的均相同，但诉讼请求不同，如果法院支持了前诉关于本金的请求，则后诉关于利息的请求不构成重复起诉；但如果法院判决驳回了前诉关于本金的请求，则后诉关于利息的请求可能构成重复起诉。

【考点】重复起诉

【详解】《最高人民法院关于适用〈中华人民共和国民事诉讼法〉的解释》第247条规定：“当事人就已经提起诉讼的事项在诉讼过程中或者裁判生效后再次起诉，同时符合下列条件的，构成重复起诉：（一）后诉与前诉的当事人相同；（二）后诉与前诉的诉讼标的相同；（三）后诉与前诉的诉讼请求相同，或者后诉的诉讼请求实质上否定前诉裁判结果。当事人重复起诉的，裁定不予受理；已经受理的，裁定驳回起诉，但法律、司法解释另有规定的除外。”

题目要点提炼

2019 年

案情：A 公司向 B 公司借款 8000 万元，借款期限尚未届至，双方签订以物抵债协议，约定将 A 公司的办公楼过户给 B 公司以抵偿债务，但未办理过户登记。A 公司的债权人 C 公司以该办公楼价值应为 1.2 亿元，以物抵债协议价格过低为由向法院提起诉讼，要求撤销该以物抵债协议。B 公司认为，A 公司还有大量财产可供偿还债务，C 公司主张撤销的理由不成立。

后 A 公司又向 D 公司借款，但 A 公司财产已无可供抵押或出质的财产，A 公司股东张三在未告知其妻子的情况下向 D 公司做了保证。D 公司认为张三的保证不足以保障 A 公司履行义务，A 公司又将一张以自己为收款人的汇票出质给 D 公司，背书“出质”字样后交付 D 公司。但出票人在汇票上记载有“不得转让”的字样。

为获得更多融资，A 公司与 E 公司签订了生产车间租赁合同。租赁合同履行期间，因某个车间有原材料及半成品尚未清点，E 公司使用了 A 公司的上述原材料及半成品。A 公司的债权人李四在要求 A 公司清偿债务的诉讼中向法院提出，A 公司与 E 公司在租赁合同履行中没有将财产清点清楚，存在财产混同，因此 A 公司与 E 公司构成人格混同，遂要求 E 公司对 A 公司所负债务承担连带清偿责任。法院根据李四的请求对 A 公司财产予以保全。

A 公司与 F 公司缔结了轮胎买卖合同，F 公司已经支付货款，但 A 公司一直没有交付轮胎。F 公司向法院提起诉讼要求 A 公司继续履行合同。后 F 公司胜诉，A 公司交付轮胎。F 公司认为 A 公司交付的轮胎质量大不如前，又向法院提出解除合同的诉讼请求，要求 A 公司返还货款并赔偿损失。

为周转资金，A 公司利用其控股地位从其全资子公司多次无偿调取资金，并统一调度所有全资子公司的资金使用，致使关联公司之间账目不清。A 公司某全资子公司的债权人 G 公司、H 公司因到期债权不能获得清偿，向法院申请对 A 公司及其所有全资子公司进行合并重整。(2019 年仿真题)

问题：

1. A 公司向 B 公司签订的以物抵债协议的效力如何？为什么？

2. 在 C 公司提起的撤销以物抵债协议的诉讼中，当事人的诉讼地位如何确定？

3. A 公司有大量财产可供偿还债务，是否构成 C 公司行使撤销权的障碍？为什么？

4. A 公司股东张三在未告知其妻子的情况下向 D 公司做了保证，该保证债务是否属于夫妻共同债务？为什么？

5. A 公司以自己为收款人的汇票对 D 公司的出质是否有效？为什么？

6. 李四认为 A 公司与 E 公司构成人格混同，应承担连带责任的主张是否成立？为什么？

7. F 公司在获得生效判决后又提出解除合同、返还货款并赔偿损失的诉讼，是否构成重复起诉？为什么？

8. G公司、H公司是否可以请求对A公司及其所有全资子公司进行合并重整？为什么？

9. 假设A公司及其所有全资子公司可以合并重整，重整程序开始后，对于相关公司已经开始的民事诉讼程序有何影响？

答题要点整理

〚参考答案及详解〛

1.【参考答案】答案一：以物抵债协议无效。因为在履行期限届满前，A公司与B公司签订的以物抵债协议属于流押协议，该协议因违反法律的效力性强制性规定而无效。

答案二：以物抵债协议未生效。根据民法通说，以物抵债协议是实践合同，以交付标的物为生效条件，本案中A公司未为B公司办理过户登记，不满足生效要件，故该以物抵债协议未生效。

答案三：以物抵债协议合法有效。因为在履行期限届满前，A公司与B公司之间的代物清偿协议的性质属于让与担保协议，该协议：（1）不违反法律、行政法规的效力性强制性规定；（2）不违背公序良俗；（3）主体具有相应的民事行为能力；（4）意思表示真实。因此合法有效。

【考点】代物清偿协议

【详解】《民法典》第401条规定："抵押权人在债务履行期限届满前，与抵押人约定债务人不履行到期债务时抵押财产归债权人所有的，只能依法就抵押财产优先受偿。"

2.【参考答案】C公司为原告，A公司为被告，B公司为无独立请求权的第三人。

【考点】债权人行使撤销权之诉的障碍

【详解】债权人提起撤销权诉讼时，只以债务人为被告，未将受益人或受让人列为第三人的，法院可以追加该受益人或受让人为第三人。

3.【参考答案】A公司有大量财产可以清偿债务，构成C公司行使撤销权的障碍。根据《民法典》第539条的规定，债权人撤销权的构成要件有四：（1）债权人对债务人有合法债权；（2）主观上，债务人具有损害债权人债权的恶意；（3）客观上，债务人实施了诈害债权的行为；（4）债务人的行为已危害债权人债权。本案中，如果能够证明债务人A公司还有大量财产可供偿还债务，说明不会危害债权人C公司的债权，故构成C公司行使撤销权的障碍，债权人C公司不得行使债权人撤销权。

【考点】债权人行使撤销权的障碍

【详解】《民法典》第539条规定："债务人以明显不合理的低价转让财产、以明显不合理的高价受让他人财产或者为他人的债务提供担保，影响债权人的债权实现，债务人的相对人知道或者应当知道该情形的，债权人可以请求人民法院撤销债务人的行为。"

4.【参考答案】不属于夫妻共同债务。因为股东张三的行为系个人行为，并非用于夫妻共同生活、共同生产经营或基于夫妻双方共同意思表示而产生的债务，故不属于夫妻共同债务。

【考点】夫妻共同债务

【详解】《民法典》第1064条规定："夫妻双方共同签名或者夫妻一方事后追认等共同意思表示所负的债务，以及夫妻一方在婚姻关系存续期间以个人名义为家庭日常生活需要所负的债务，属于夫妻共同债务。夫妻一方在婚姻关系存续期间以个人名义超出家庭日常生活需要所负的债务，不属于夫妻共同债务；但是，债权人能够证明该债务用于夫妻共同生活、共同生产经营或者基于夫妻双方共同意思表示的除外。"

5.【参考答案】A公司对D公司的出质有效，D公司的权利质权已经有效设立。根据《民法典》第440条的规定，以汇票出质的，只要求出质人A公司对汇票享有处分权，且设立权利质权并非对票据的转让，故"不得转让"字样不影响出质的效力。故A公司对D公司的出质有效，且该汇票已交付D公司，D公司的权利质权已经有效设立。

【考点】权利质权

【详解】《民法典》第440条规定："债务人或者第三人有权处分的下列权利可以出质：（一）汇票、本票、支票……"

《民法典》第441条规定："以汇票、本票、支票、债券、存款单、仓单、提单出质的，质权自权利凭证交付质权人时设立；没有权利凭证的，质权自办理出质登记时设立。法律另有规定的，依照其规定。"

6.【参考答案】A公司与E公司不构成人格混同，E公司无须承担连带责任。人格混同，是指法人与出资人出现完全混同的局面。认定公司人格与股东人格是否存在混同，最主要的表现是公司的财产与股东的财产是否混同且无法区分。但本题中，E公司并不是A公司股东，故不存在人格混同，也无须承担连带责任。

【考点】人格混同

【详解】《公司法》第23条第1款规定："公司股东滥用公司法人独立地位和股东有限责任，逃避债务，严重损害公司债权人利益的，应当对公司债务承担连带责任。"

7.【参考答案】不构成重复起诉。根据《最高人民法院关于适用〈中华人民共和国民事诉讼法〉的解释》第248条的规定，裁判发生法律效力后，发生新的事实，当事人再次提起诉讼的，人民法院应当依法受理。本案中，继续履行合同的判决生效后，A公司交付的轮胎，质量不符合合同要求，属于发生了新的事实和纠纷，F公司再次起诉不属于重复起诉，法院应当受理。

【考点】重复起诉

【详解】《最高人民法院关于适用〈中华人民共和国民事诉讼法〉的解释》第248条规定："裁判发生法律效力后，发生新的事实，当事人再次提起诉讼的，人民法院应当依法受理。"

8.【参考答案】G公司、H公司可以请求对A公司及其所有全资子公司进行合并重整。根据题干可知，A公司与其所有全资子公司已构成人格混同，应适用法人人格否认，在破产程序中，债权人可申请对A公司及其所有全资子公司进行合并重整。

【考点】人格混同；法人人格否认；关联企业实质合并破产

【详解】《全国法院破产审判工作会议纪要》第32条规定："关联企业实质合并破产的审慎适用。人民法院在审理企业破产案件时，应当尊重企业法人人格的独立性，以对关联企业成员的破产原因进行单独判断并适用单个破产程序为基本原则。当关联企业成员之间存在法人人格高度混同、区分各关联企业成员财产的成本过高、严重损害债权人公平清偿利益时，可例外适用关联企业实质合并破产方式进行审理。"

9.【参考答案】根据《企业破产法》的规定，重整程序开始后：(1) 有关债务人财产的保全措施应当解除，执行程序应当中止。(2) 已经开始而尚未终结的有关债务人的民事诉讼或者仲裁应当中止；在管理人接管债务人的财产后，该诉讼或者仲裁继续进行。

【考点】重整程序的开始

【详解】《企业破产法》第19条规定："人民法院受理破产申请后，有关债务人财产的保全措施应当解除，执行程序应当中止。"

《企业破产法》第20条规定："人民法院受理破产申请后，已经开始而尚未终结的有关债务人的民事诉讼或者仲裁应当中止；在管理人接管债务人的财产后，该诉讼或者仲裁继续进行。"

题目要点提炼

2020 年

案情：自然人股东A和B共同出资（各占50%股份）设立了甲有限责任公司（位于X市Y区）。甲公司对位于J市K区的某块土地K享有建设用地使用权，该地块所在区域正准备拆迁。乙公司（位于M市N区）是华儒公司（位于P市Q区）的全资子公司，主营房地产开发业务。

A、B以个人名义找到乙公司，欲以K地块的土地使用权与乙公司合作开发房地产。双方约定：（1）乙公司为本项目运营的商事载体，负责处理拆迁等事宜，乙公司可自主决定融资方式；（2）A和B以K土地使用权出资，并应将K土地使用权转移至乙公司名下，以便项目实施；（3）项目完成后，乙公司应将全部开发房产的40%分予A、B（每人20%）；（4）为担保合同的履行，乙公司需向A、B分别转让20%的股权，但A、B不参与乙公司的经营管理，A、B分得房产后应将股权无偿转回乙公司名下；（5）如因合同履行发生诉讼，应由被告所在地法院管辖。协议签订后，乙公司对其股权结构进行了变更，并办理了工商登记。乙公司变更后的股权结构为A、B各占20%，华儒公司占60%。

乙公司为推动项目开展，进行了以下行为：（1）乙公司与丙公司签订了融资租赁合同，租赁丙公司价值2000万元的铲车2辆，但未办理登记。（2）乙公司以其全部动产（包括前述2辆铲车）为担保，向丁公司设立了动产浮动抵押，并办理了抵押登记，获得丁公司借款2亿元。应丁公司要求，自然人C、D向丁公司提供了保证担保。（3）乙公司与戊信托公司签订信托合同，以其一项专利技术依法提供了质押担保。应戊公司要求，自然人E提供了保证担保，自然人F以其价值1500万元的房屋提供抵押担保并办理房屋抵押登记，但E、F彼此不知情。（4）在经营过程之中，乙公司将融资租赁所得2辆铲车以1950万元出卖给自然人G。在使用过程中，由于铲车存在质量问题和设计缺陷，致工人受伤，G一直与乙公司交涉。

乙公司为扩大其在本地的影响力，积极响应《民法典》关于营利法人社会责任的规定，承诺每年向"青少年成长基金会"捐款1000万元，获得媒体公开报道。

楼盘建成后，乙公司陆续对外销售已建成的房屋，销售比例达15%。自然人H购房后发现房屋实际面积、房型设计、容积率、配套设施等与广告宣传有很大差距，H与乙公司多次沟通无果，准备诉讼维权。

乙公司大规模融资及对外销售房屋的行为引起A、B的警惕，A、B向法院起诉乙公司违约，并诉请法院撤销乙公司与购房人之间的房屋买卖合同。诉讼过程中，A、B撤回起诉，法院准许。

后乙公司经营不佳、无力偿债，A、B向法院申请对乙公司进行重整，并主张对40%房产的取回权。（2020年仿真题）

问题：

1. 甲公司的债权人能否直接请求A、B承担连带责任？为什么？

2. 乙公司按约定办理完股权的变更登记后，A和B能否取得乙公司股权？

3. 丁公司对2辆铲车的浮动抵押权能否对抗买受人G？为什么？乙公司到期

无法偿还借款，丁公司应如何行使其担保权？丁公司若起诉，当事人的诉讼地位应如何确定？

4. 若乙公司未对戊公司偿还到期债务，戊公司可向谁主张权利？为什么？F为了自己的房屋不被执行，替乙公司偿还了债务，F能否向E主张权利？为什么？

5. 由于铲车存在质量问题和设计缺陷致工人受伤，G应当向谁主张权利？为什么？

6. 乙公司是否有权撤销对“青少年成长基金会”的捐赠？为什么？乙公司的债权人是否有权诉请撤销乙公司对“青少年成长基金会”的捐赠？为什么？

7. H所购房屋的实际面积、房型设计、容积率、配套设施等与广告宣传有很大差距，可以主张何种权利？能否依据《消费者权益保护法》的规定主张3倍赔偿？为什么？

8. 如H在诉讼中申请对房屋质量进行鉴定，鉴定应如何进行？如乙公司对该鉴定意见有异议，法院应如何处理？如乙公司就鉴定意见质证，申请专家辅助人出庭，法院应如何处理？

9. 乙公司出售房屋是否构成对A、B的违约？为什么？A、B诉请撤销乙公司缔结的房屋买卖合同的主张能否成立？为什么？A、B诉请乙公司按约交付40%的房产，哪一（哪些）法院享有管辖权？为什么？

10. 乙公司开始重整程序后，A、B是否对40%房产享有取回权？为什么？

答题要点整理

〖参考答案及详解〗

1.【参考答案】可以。因为A、B直接将甲公司财产作为个人财产加以处分，导致控制股东A、B与甲公司构成“基于财产混同的人格混同”，即滥用法人的独立地位和股东有限责任损害债权人利益，甲公司的债权人可以直接请求A和B承担连带责任。

【考点】人格混同；法人人格否认；连带责任

【详解】《民法典》第83条第2款规定：“营利法人的出资人不得滥用法人独立地位和出资人有限责任损害法人债权人的利益；滥用法人独立地位和出资人有限责任，逃避债务，严重损害法人债权人的利益的，应当对法人债务承担连带责任。”

2.【参考答案】乙公司按约定办理完股权的变更登记后，A和B不能取得乙公司的股权。乙公司在形式上将其股权分别转让给A和B，以担保乙公司对A、B债务的履行，属于让与担保，而非股权转让；根据《最高人民法院关于适用〈中华人民共和国民法典〉有关担保制度的解释》第68条第1、2款的规定，虽已完成让与担保财产权利变动的公示，但A、B并未取得相应的股权。

【考点】让与担保

【详解】《最高人民法院关于适用〈中华人民共和国民法典〉有关担保制度的解释》第68条第1、2款规定：“债务人或者第三人与债权人约定将财产形式上转移至债权人名下，债务人不履行到期债务，债权人有权对财产折价或者以拍卖、变卖该财产所得价款偿还债务的，人民法院应当认定该约定有效。当事人已经完成财产权利变动的公示，债务人不履行到期债务，债权人请求参照民法典关于担保物权的有关规定就该财产优先受偿的，人民法院应予支持。债务人或者第三人与债权人约定将财产形式上转移至债权人名下，债务人不履行到期债务，财产归债权人所有的，人民法院应当认定该约定无效，但是不影响当事人有关提供担保的意思表示的效力。当事人已经完成财产权利变动的公示，债务人不履行到期债务，债权人请求对该财产享有所有权的，人民法院不予支持；债权人请求参照民法典关于担保物权的规定对财产折价或者以拍卖、变卖该财产所得的价款优先受偿的，人民法院应予支持；债务人履行债务后请求返还财产，或者请求对财产折价或者以拍卖、变卖所得的价款清偿债务的，人民法院应予支持。”

3.【参考答案】（1）丁公司已登记的动产浮动抵押权能够对抗买受人G。乙公司主营业务为房地产开发，出让铲车不属于正常的经营活动，因此G并非正常经营活动中的买受人，根据《民法典》第404条的规定，丁公司对2辆铲车的浮动抵押权仍可对抗买受人G。

（2）丁公司的债权有乙公司为其设立的动产浮动抵押和自然人C、D提供的保证，属于混合担保。由于未约定丁公司行使担保权利的顺序与份额，根据《民法典》第392条的规定，乙公司到期无法偿还借款，丁公司应首先实现对乙公司的动产浮动抵押权，如果动产浮动抵押权无法满足丁公司的债权实现，C、D仅对乙公司财产依法强制执行后仍不能履行的部分承担保证责任。

（3）C、D与丁公司未约定保证方式，根据《民法典》第686条第2款的规定，应当认定为一般保证。根据《最高人民法院关于适用〈中华人民共和国民法典〉有关担保制度的解释》第26条的规定，一般保证中，债权人以债务人为被告提起诉讼的，人民法院应予受理。债权人未就主合同纠纷提起诉讼或者申请仲裁，仅起诉一般保证人的，人民法院应当驳回起诉。据此，丁公司可以仅以乙公司为被告起诉，或者以乙公司和C、D其中一人或两人为被告起诉，但不得仅以C、D其中一人或两人为被告起诉。

【考点】抵押财产转让；正常经营买受人规则；混合担保的实现顺位；原告和被告地位的确定

【详解】《民法典》第404条规定：“以动产抵押的，不得对抗正常经营活动中已经支付合理价款并取得抵押财产的买受人。”

《民法典》第392条规定："被担保的债权既有物的担保又有人的担保的，债务人不履行到期债务或者发生当事人约定的实现担保物权的情形，债权人应当按照约定实现债权；没有约定或者约定不明确，债务人自己提供物的担保的，债权人应当先就该物的担保实现债权；第三人提供物的担保的，债权人可以就物的担保实现债权，也可以请求保证人承担保证责任。提供担保的第三人承担担保责任后，有权向债务人追偿。"

《民法典》第686条第2款规定："当事人在保证合同中对保证方式没有约定或者约定不明确的，按照一般保证承担保证责任。"

《最高人民法院关于适用〈中华人民共和国民法典〉有关担保制度的解释》第26条规定："一般保证中，债权人以债务人为被告提起诉讼的，人民法院应予受理。债权人未就主合同纠纷提起诉讼或者申请仲裁，仅起诉一般保证人的，人民法院应当驳回起诉。一般保证中，债权人一并起诉债务人和保证人的，人民法院可以受理，但是在作出判决时，除有民法典第六百八十七条第二款但书规定的情形外，应当在判决书主文中明确，保证人仅对债务人财产依法强制执行后仍不能履行的部分承担保证责任。债权人未对债务人的财产申请保全，或者保全的债务人的财产足以清偿债务，债权人申请对一般保证人的财产进行保全的，人民法院不予准许。"

4.【参考答案】(1) 戊公司可以要求乙公司履行还款义务，先实现乙公司提供的质权，不足部分可以要求E或F承担担保责任。E、F承担担保责任后，有权向乙公司追偿。

(2) F不能向E主张权利。对于戊公司的债权，乙公司提供质押担保，E提供保证担保，F提供抵押担保，成立共同担保。由于E、F彼此不知情，即双方未对相互追偿作出约定且未约定承担连带共同担保，根据《最高人民法院关于适用〈中华人民共和国民法典〉有关担保制度的解释》第13条第3款的规定，F只享有对乙公司的追偿权，对E没有追偿权。

【考点】违约责任；混合共同担保

【详解】《民法典》第392条规定："被担保的债权既有物的担保又有人的担保的，债务人不履行到期债务或者发生当事人约定的实现担保物权的情形，债权人应当按照约定实现债权；没有约定或者约定不明确，债务人自己提供物的担保的，债权人应当先就该物的担保实现债权；第三人提供物的担保的，债权人可以就物的担保实现债权，也可以请求保证人承担保证责任。提供担保的第三人承担担保责任后，有权向债务人追偿。"

《最高人民法院关于适用〈中华人民共和国民法典〉有关担保制度的解释》第13条规定："同一债务有两个以上第三人提供担保，担保人之间约定相互追偿及分担份额，承担了担保责任的担保人请求其他担保人按照约定分担份额的，人民法院应予支持；担保人之间约定承担连带共同担保，或者约定相互追偿但是未约定分担份额的，各担保人按照比例分担向债务人不能追偿的部分。同一债务有两个以上第三人提供担保，担保人之间未对相互追偿作出约定且未约定承担连带共同担保，但是各担保人在同一份合同书上签字、盖章或者按指印，承担了担保责任的担保人请求其他担保人按照比例分担向债务人不能追偿部分的，人民法院应予支持。除前两款规定的情形外，承担了担保责任的担保人请求其他担保人分担向债务人不能追偿部分的，人民法院不予支持。"

5.【参考答案】G既可以向乙公司主张违约责任，也可以向铲车的生产者或销售者主张侵权责任。由于铲车存在产品质量问题，基于乙公司与G之间的铲车买卖合同，G有权请求乙公司承担违约责任。铲车存在产品质量问题和设计缺陷致工人受伤，构成《民法典》侵权责任编规定的产品责任，G有权向铲车的生产者或者销售者主张侵权责任。

【考点】物的瑕疵担保责任；产品责任

【详解】《民法典》第617条规定："出卖人交付的标的物不符合质量要求的，买受人可以依据本法第五百八十二条至第五百八十四条的规定请求承担违约责任。”

《民法典》第1203条规定：“因产品存在缺陷造成他人损害的，被侵权人可以向产品的生产者请求赔偿，也可以向产品的销售者请求赔偿。产品缺陷由生产者造成的，销售者赔偿后，有权向生产者追偿。因销售者的过错使产品存在缺陷的，生产者赔偿后，有权向销售者追偿。”

6.【参考答案】（1）乙公司不得撤销对“青少年成长基金会”的捐赠。因为该捐款属于具有公益性质的赠与合同，根据《民法典》第658条的规定乙公司不得任意撤销。

（2）乙公司的债权人无权诉请撤销乙公司对“青少年成长基金会”的捐赠。楼盘建成后，乙公司仅出售了15%的房产，剩余85%的房产均作为乙公司对外负债的责任财产，乙公司的无偿捐款行为并未影响乙公司的债权人债权的实现，故乙公司的债权人不能行使撤销权。

【考点】赠与人的任意撤销权；债权人撤销权

【详解】《民法典》第658条规定：“赠与人在赠与财产的权利转移之前可以撤销赠与。经过公证的赠与合同或者依法不得撤销的具有救灾、扶贫、助残等公益、道德义务性质的赠与合同，不适用前款规定。”

《民法典》第538条规定：“债务人以放弃其债权、放弃债权担保、无偿转让财产等方式无偿处分财产权益，或者恶意延长其到期债权的履行期限，影响债权人的债权实现的，债权人可以请求人民法院撤销债务人的行为。”

7.【参考答案】（1）H有权请求乙公司承担违约责任。H所购房屋的实际面积、房型设计、容积率、配套设施等与广告宣传有很大差距，根据《最高人民法院关于审理商品房买卖合同纠纷案件适用法律若干问题的解释》第3条的规定，商品房的销售广告所作的说明和允诺具体确定的，亦应当为合同内容，当事人违反的，应当承担违约责任。

（2）答案一：H有权主张3倍赔偿。乙公司在售房时作虚假宣传，构成欺诈，H以生活消费为目的购买商品房，属于《消费者权益保护法》上的“消费者”，故有权依照《消费者权益保护法》的规定主张3倍赔偿。

答案二：H无权主张3倍赔偿。商品房并非普通商品，由于房屋价值巨大，房屋价值3倍的惩罚性赔偿责任与乙公司实施的一般欺诈行为之间严重不相称，因此不宜支持H的3倍赔偿请求。

【考点】商品房买卖合同；惩罚性赔偿

【详解】《最高人民法院关于审理商品房买卖合同纠纷案件适用法律若干问题的解释》第3条规定：“商品房的销售广告和宣传资料为要约邀请，但是出卖人就商品房开发规划范围内的房屋及相关设施所作的说明和允诺具体确定，并对商品房买卖合同的订立以及房屋价格的确定有重大影响的，构成要约。该说明和允诺即使未载入商品房买卖合同，亦应当为合同内容，当事人违反的，应当承担违约责任。”

《消费者权益保护法》第55条第1款规定：“经营者提供商品或者服务有欺诈行为的，应当按照消费者的要求增加赔偿其受到的损失，增加赔偿的金额为消费者购买商品的价款或者接受服务的费用的三倍；增加赔偿的金额不足五百元的，为五百元。法律另有规定的，依照其规定。”

8.【参考答案】（1）如H在诉讼中申请对房屋质量进行鉴定，根据《最高人民法院关于民事诉讼证据的若干规定》第31~35条的规定，应按照如下程序进行：①H应在法院指定的期限内申请鉴定，并预交鉴定费用；②法院准许H申请，应当由H与乙公司协商确定鉴定人，若协商不成，则由法院指定；③确定鉴定人之后，法院应当出具鉴定委托书，载明鉴定事项等内容；④鉴定人在鉴定开始之前应签署鉴定承诺书；⑤法院应组织乙公司与H对鉴定材料进行质证；⑥鉴定人应在期限内完成鉴定并提交鉴定书。

（2）如乙公司对该鉴定意见有异议，根据《最高人民法院关于民事诉讼证据的若干规定》第37、38条的规定，乙公司应当在法院指定的期间内以书面形式提出。对于当事人的异议，法院应当要求鉴定人作出解释、说明或者补充。人民法院认为有必要的，可以要求鉴定人对当事人未提出异议的内容进行解释、说明或者补充。当事人在收到鉴定人的书面答复后仍有异议的，法院应当通知有异议的当事人预交鉴定人的出庭费用，并通知鉴定人出庭。有异议的当事人不预交鉴定人的出庭费用的，视为放弃异议。

（3）根据《最高人民法院关于适用〈中华人民共和国民事诉讼法〉的解释》第122、123条的规定，如乙公司就鉴定意见质证，申请专家辅助人出庭的，法院应对乙公司的申请书进行审查；法院可以对出庭的专家辅助人进行询问；经法庭准许，H和乙公司可以对出庭的专家辅助人进行询问；专家辅助人在法庭上就专业问题提出的意见，视为当事人的陈述；专家辅助人不得参与专业问题之外的法庭审理活动。

【考点】鉴定意见；专家辅助人

【详解】（1）《最高人民法院关于民事诉讼证据的若干规定》第31条规定："当事人申请鉴定，应当在人民法院指定期间内提出，并预交鉴定费用。逾期不提出申请或者不预交鉴定费用的，视为放弃申请。对需要鉴定的待证事实负有举证责任的当事人，在人民法院指定期间内无正当理由不提出鉴定申请或者不预交鉴定费用，或者拒不提供相关材料，致使待证事实无法查明的，应当承担举证不能的法律后果。"《最高人民法院关于民事诉讼证据的若干规定》第32条规定："人民法院准许鉴定申请的，应当组织双方当事人协商确定具备相应资格的鉴定人。当事人协商不成的，由人民法院指定。人民法院依职权委托鉴定的，可以在询问当事人的意见后，指定具备相应资格的鉴定人。人民法院在确定鉴定人后应当出具委托书，委托书中应当载明鉴定事项、鉴定范围、鉴定目的和鉴定期限。"《最高人民法院关于民事诉讼证据的若干规定》第33条规定："鉴定开始之前，人民法院应当要求鉴定人签署承诺书。承诺书中应当载明鉴定人保证客观、公正、诚实地进行鉴定，保证出庭作证，如作虚假鉴定应当承担法律责任等内容。鉴定人故意作虚假鉴定的，人民法院应当责令其退还鉴定费用，并根据情节，依照民事诉讼法第一百一十一条的规定进行处罚。"《最高人民法院关于民事诉讼证据的若干规定》第34条规定："人民法院应当组织当事人对鉴定材料进行质证。未经质证的材料，不得作为鉴定的根据。经人民法院准许，鉴定人可以调取证据、勘验物证和现场、询问当事人或者证人。"《最高人民法院关于民事诉讼证据的若干规定》第35条规定："鉴定人应当在人民法院确定的期限内完成鉴定，并提交鉴定书。鉴定人无正当理由未按期提交鉴定书的，当事人可以申请人民法院另行委托鉴定人进行鉴定。人民法院准许的，原鉴定人已经收取的鉴定费用应当退还；拒不退还的，依照本规定第八十一条第二款的规定处理。"

（2）《最高人民法院关于民事诉讼证据的若干规定》第37条规定："人民法院收到鉴定书后，应当及时将副本送交当事人。当事人对鉴定书的内容有异议的，应当在人民法院指定期间内以书面方式提出。对于当事人的异议，人民法院应当要求鉴定人作出解释、说明或者补充。人民法院认为有必要的，可以要求鉴定人对当事人未提出异议的内容进行解释、说明或者补充。"《最高人民法院关于民事诉讼证据的若干规定》第38条规定："当事人在收到鉴定人的书面答复后仍有异议的，人民法院应当根据《诉讼费用交纳办法》第十一条的规定，通知有异议的当事人预交鉴定人出庭费用，并通知鉴定人出庭。有异议的当事人不预交鉴定人出庭费用的，视为放弃异议。双方当事人对鉴定意见均有异议的，分摊预交鉴定人出庭费用。"

（3）《最高人民法院关于适用〈中华人民共和国民事诉讼法〉的解释》第122条规定："当事人可以依照民事诉讼法第八十二条的规定，在举证期限届满前申请一至二名具有专门知识的人出庭，代表当事人对鉴定意见进行质证，或者对案件事实所涉及的专业问题提出意见。具有专门知识的人在法庭上就专业问题提出的意见，视为当事人的陈述。人民法院准许当事人申请的，相关费用由提出申请的当事人负担。"《最高人民法院关于适用〈中华人民共和国民事诉讼法〉的解释》第123条规定："人民法院可以对出庭的具有专门知识的人进行询问。经法庭准许，当事人可以对出庭的具有专门知识的人进行询问，当事人各自申请的具有专门知识的人可以就案件中的有关问题进行对质。具有专门知识的人不得参与专业问题之外的法庭审理活动。"

9.【参考答案】（1）乙公司出售房屋对A、B不构成违约。第一，乙公司与A、B并未约定乙公司负有不得向他人出售房屋的合同义务；第二，乙公司向他人出售的房屋，销售比例仅占15%，该销售行为不影响乙公司按约定应向A、B转让40%房产合同义务的履行。

（2）A、B诉请撤销乙公司缔结的房屋买卖合同的主张不能成立。乙公司以合理价格出售房屋，未导致乙公司责任财产减少，不会影响A、B对乙公司债权的实现，根据《民法典》第539条的规定，A、B不享有债权人撤销权，无权诉请法院撤销乙公司缔结的房屋买卖合同。

（3）A、B诉请乙公司按约交付40%的房产，应当由被告住所地法院管辖，即M市N区法院管辖。本案中，第一，A、B与乙公司签订的是房地产合作开发合同，不适用专属管辖；第二，双方书面约定了发生纠纷由被告住所地法院管辖，且上述约定不违反级别管辖和专属管辖的规定，属于有效的协议管辖。综上，本案应当依照协议管辖中的约定，由被告住所地的M市N区法院管辖。

【考点】违约责任；债权人撤销权；协议管辖

【详解】《民法典》第539条规定："债务人以明显不合理的低价转让财产、以明显不合理的高价受让他人财产或者为他人的债务提供担保，影响债权人的债权实现，债务人的相对人知道或者应当知道该情形的，债权人可以请求人民法院撤销债务人的行为。"

《最高人民法院关于适用〈中华人民共和国民事诉讼法〉的解释》第28条规定："民事诉讼法第三十四条第一项规定的不动产纠纷是指因不动产的权利确认、分割、相邻关系等引起的物权纠纷。农村土地承包经营合同纠纷、房屋租赁合同纠纷、建设工程施工合同纠纷、政策性房屋买卖合同纠纷，按照不动产纠纷确定管辖。不动产已登记的，以不动产登记簿记载的所在地为不动产所在地；不动产未登记的，以不动产实际所在地为不动产所在地。"

10.【参考答案】乙公司开始重整程序后，A、B对40%房产不享有取回权。根据《企业破产法》第38条的规定，人民法院受理破产申请后，债务人占有的不属于债务人的财产，该财产的权利人可以通过管理人取回。本案中，该40%的房产为乙公司原始取得，尚未办理所有权变更登记给A、B，故A、B不享有所有权，仅享有要求乙公司按约定交付的请求权。综上，房产应属于债务人的财产，A、B不能主张该40%的房产的取回权。

【考点】债务人财产

【详解】《企业破产法》第38条规定："人民法院受理破产申请后，债务人占有的不属于债务人的财产，该财产的权利人可以通过管理人取回。但是，本法另有规定的除外。"

2021年

题目要点提炼

案情：枫桥公司（位于A市B区）以抵债方式收回一栋价值10亿元的二十层写字楼，命名为枫叶写字楼（位于C市D区）。枫桥公司将第19、20层留作自用，其余楼层对外出租。

恒通公司（位于E市F区）是一家拥有多个金融牌照的金融集团公司，旗下有从事融资租赁业务的甲公司（全资子公司）、从事保理业务的乙公司（控股子公司）和从事典当业务的丙公司（参股子公司）。甲、乙、丙三家公司与枫桥公司约定：（1）分别承租枫叶写字楼第16、17、18层，月租金30万元，租金按季度支付；（2）试租1年，租赁期限届满如无其他约定，自动续租2年，租期自2020年1月15日起算；（3）办公区的墙体等“硬装”不可更改，能拆卸的“软装”可以根据需求变动；（4）若因合同履行发生纠纷，由A市B区法院管辖。恒通公司为甲、乙、丙三家公司的租金支付提供连带责任保证，并出具了《担保函》。

承租期间，甲公司承租的第16层空调设备损坏，枫叶写字楼物业多次维修仍未修好，甲公司只好垫资60万元自行维修，并向枫桥公司明确表示会从下一季度的租金中扣除维修费，枫桥公司表示拒绝。2020年4月16日，甲公司向枫桥公司支付30万元。枫桥公司诉至法院，要求甲公司支付第二季度租金90万元及利息，恒通公司承担连带保证责任。甲公司主张，已支付的30万元是租金，剩余60万元租金与其垫付的维修费抵销，因此并未拖欠租金。枫桥公司不认可，主张甲公司支付的30万元是清偿双方之间另一个买卖合同的货款。法院审理后，判决甲公司向枫桥公司支付租金90万元及利息，恒通公司承担连带清偿责任；恒通公司清偿债务后，可以向甲公司追偿。

乙公司的客户丁某来乙公司洽谈生意，将车停在枫叶写字楼的地上停车场。适逢大风天气，一棵树被风刮倒砸坏了丁某的汽车，造成车辆损失5000元。在此之前，多名租户曾多次向枫叶写字楼物业反映过树木可能倾倒的情况，枫叶写字楼物业未予处理。因发生此意外，丁某未与乙公司顺利签约，乙公司丧失了与丁某签订5000万元保理合同的机会。

丙公司认为办公楼内部的装修风格与其经营理念不符，与枫桥公司协商想要重新装修，枫桥公司拒绝。多次沟通无果，丙公司遂将第18层整体转租给他人，并决定试租期到期后不再续租。

枫叶写字楼经营不善，屡遭投诉，枫桥公司遂于2021年1月2日将枫叶写字楼整体转让给峰塔公司。甲公司主张对枫叶写字楼第16层行使优先购买权。在此之前，枫桥公司已经将甲公司、丙公司诉至法院。（2021年仿真题）

问题：

1. 枫桥公司起诉甲公司和恒通公司要求支付租金，应由哪个法院管辖？为什么？

2. 关于甲公司支付的30万元是否属于租金，应由谁承担证明责任？为什么？若法官对该主张无法形成自由心证，应当如何处理？

3. 甲公司主张以垫付的60万元维修费抵销租金，属于抗辩还是反诉？法院应当如何处理？

4. 恒通公司承担保证责任后，能否依据该判决书直接申请强制执行甲公司的财产？为什么？

5. 丁某就遭受到的损害，可以向谁主张赔偿责任？为什么？

6. 丁某未与乙公司顺利签约，乙公司能否就该损失主张赔偿？为什么？

7. 丙公司将枫叶写字楼第18层整体转租给他人的行为是否有效？为什么？

8. 枫桥公司将枫叶写字楼整体转让给峰塔公司，甲公司等租户的租赁合同是否受影响？为什么？

9. 甲公司可否主张对枫叶写字楼第16层行使优先购买权？为什么？

10. 恒通公司是否对甲公司、丙公司的租金支付承担连带保证责任？为什么？

答题要点整理

〚参考答案及详解〛

1.【参考答案】枫桥公司起诉要求支付租金，本案为房屋租赁合同纠纷，根据《最高人民法院关于适用〈中华人民共和国民事诉讼法〉的解释》第28条的规定，应按照不动产纠纷确定管辖法院，由房屋所在地C市D区法院专属管辖。双方约定由A市B区法院管辖，因与专属管辖规定相抵触而无效。

【考点】专属管辖

【详解】《最高人民法院关于适用〈中华人民共和国民事诉讼法〉的解释》第28条规定："民事诉讼法第三十四条第一项规定的不动产纠纷是指因不动产的权利确认、分割、相邻关系等引起的物权纠纷。农村土地承包经营合同纠纷、房屋租赁合同纠纷、建设工程施工合同纠纷、政策性房屋买卖合同纠纷，按照不动产纠纷确定管辖。不动产已登记的，以不动产登记簿记载的所在地为不动产所在地；不动产未登记的，以不动产实际所在地为不动产所在地。"

2.【参考答案】（1）关于甲公司支付的30万元是否属于租金，应由甲公司承担证明责任。根据《最高人民法院关于适用〈中华人民共和国民事诉讼法〉的解释》第90条的规定，甲公司主张支付的30万元是租金，应由主张者甲公司承担证明责任。

（2）若法官对该主张无法形成自由心证，应认定甲公司支付的30万元不属于租金。根据《民法典》第560条第1款的规定，债务人对同一债权人负担的数项债务种类相同，债务人的给付不足以清偿全部债务的，除当事人另有约定外，由债务人在清偿时指定其履行的债务。本案中，法官对该主张无法形成自由心证，即意味着甲公司不能举证证明其指定清偿的是哪一债务，此时应由负有举证证明责任的当事人甲公司承担败诉风险等不利的后果，故法官应认定甲公司支付的30万元不属于租金。

【考点】证明责任的分配

【详解】（1）《最高人民法院关于适用〈中华人民共和国民事诉讼法〉的解释》第90条规定："当事人对自己提出的诉讼请求所依据的事实或者反驳对方诉讼请求所依据的事实，应当提供证据加以证明，但法律另有规定的除外。在作出判决前，当事人未能提供证据或者证据不足以证明其事实主张的，由负有举证证明责任的当事人承担不利的后果。"

（2）《民法典》第560条规定："债务人对同一债权人负担的数项债务种类相同，债务人的给付不足以清偿全部债务的，除当事人另有约定外，由债务人在清偿时指定其履行的债务。债务人未作指定的，应当优先履行已经到期的债务；数项债务均到期的，优先履行对债权人缺乏担保或者担保最少的债务；均无担保或者担保相等的，优先履行债务人负担较重的债务；负担相同的，按照债务到期的先后顺序履行；到期时间相同的，按照债务比例履行。"

3.【参考答案】答案一：（1）属于反诉。本案的本诉为枫桥公司与甲公司关于租金给付的租赁纠纷，诉讼过程中甲公司提出以60万元的维修费抵销租金，该主张与本诉之间存在牵连关系，且脱离于给付租金的本诉，构成独立的诉，故法院应认定甲公司的主张构成反诉。（2）法院应告知甲公司以起诉的方式提出抵销请求，两案具有牵连性，应将抵销的反诉请求与本诉请求合并审理后作出判决，有关诉讼抵销的反诉判决具有既判力。若法院判决枫桥公司的诉讼请求不成立，反诉不会因为本诉的不成立而不成立。

答案二：（1）属于抗辩。（2）若法院判决枫桥公司的诉讼请求不成立，则甲公司的抵销主张亦不成立，抵销不会发生；若法院判决支持枫桥公司的诉讼请求，应在裁判理由中阐释是否适用抵销，因我国欠缺法律规定，判决的既判力无法及于抵销。

【考点】反诉与抗辩的区别

【详解】《全国法院民商事审判工作会议纪要》第43条规定："抵销权既可以通知的方式行使，也可以提出抗辩或者提起反诉的方式行使。抵销的意思表示自到达对方时生效，抵销一经生效，其效力溯及自抵销条件成就之时，双方互负的债务在同等数额内消灭。双方互负的债务数额，是截至抵销条件成就之时各自负有的包括主债务、利息、违约金、赔偿金等在内的全部债务数额。行使抵销权一方享有的债权不足以抵销全部债务数额，当事人对抵销顺序又没有特别约定的，应当根据实现债权的费用、利息、主债务的顺序进行抵销。”

4.【参考答案】答案一：恒通公司可以依据判决书直接申请强制执行甲公司的财产。法院判决主文明确“恒通公司清偿债务后，可以向甲公司追偿”，该项权利义务主体明确，给付内容明确，具有既判力和执行力，恒通公司承担保证责任后可以依据该判决书申请执行甲公司的财产。

答案二：恒通公司不能依据判决书直接申请强制执行甲公司的财产。因为枫桥公司将恒通公司和甲公司一并起诉，共同诉讼在理论上只解决债权人和债务人之间的纠纷，并不解决债务人内部的关系，因此，追偿权人恒通公司并非权利人或权利承受人，其无权作为申请执行人直接申请执行；且本案的执行标的并未明确，被执行人的义务范围也不确定，这都导致本案的执行根据不明确，不具有可执行性。

【考点】执行开始的方式；民事判决的法律效力

【详解】《最高人民法院关于适用〈中华人民共和国民事诉讼法〉的解释》第461条规定：“当事人申请人民法院执行的生效法律文书应当具备下列条件：（一）权利义务主体明确；（二）给付内容明确。法律文书确定继续履行合同的，应当明确继续履行的具体内容。”

5.【参考答案】丁某可以向枫桥公司主张赔偿责任。根据《民法典》第1257条的规定，因林木折断、倾倒造成他人损害时，林木的所有人或管理人须承担过错推定责任。本题中，林木的管理人枫桥公司未及时采取合理、必要的措施防止林木倾倒，对丁某的损害存在过错，因此需对丁某遭受的损害承担赔偿责任。

【考点】林木折断、倾倒或果实坠落损害责任

【详解】《民法典》第1257条规定：“因林木折断、倾倒或者果实坠落等造成他人损害，林木的所有人或者管理人不能证明自己没有过错的，应当承担侵权责任。”

6.【参考答案】乙公司不能就未成功缔约的损失主张赔偿。

（1）丁某没有违反诚信原则，丁某也不存在过错，故乙公司不得向丁某主张缔约过失责任，且该损失也不属于缔约损失的赔偿范围。

（2）枫桥公司未及时采取措施防止林木倾倒与乙公司未签订合同遭受损失之间不具有相当因果关系，乙公司未与丁某成功签约的损失属于纯粹经济损失，乙公司无权向枫桥公司主张侵权损害赔偿责任。

【考点】缔约过失责任；林木折断、倾倒或果实坠落损害责任

【详解】《民法典》第500条规定：“当事人在订立合同过程中有下列情形之一，造成对方损失的，应当承担赔偿责任：（一）假借订立合同，恶意进行磋商；（二）故意隐瞒与订立合同有关的重要事实或者提供虚假情况；（三）有其他违背诚信原则的行为。”

7.【参考答案】丙公司将枫叶写字楼第18层整体转租给他人的行为有效。根据《民法典》第716条的规定，丙公司有权将第18层整体转租给他人，转租合同有效，但未经出租人枫桥公司同意，枫桥公司可以行使法定解除权解除转租合同。

【考点】租赁合同；违法转租

【详解】《民法典》第716条规定：“承租人经出租人同意，可以将租赁物转租给第三人。承租人转租的，承租人与出租人之间的租赁合同继续有效；第三人造成租赁物损失的，承租人应当赔偿损失。承租人未经出租人同意转租的，出租人可以解除合同。”

8.【参考答案】枫桥公司将枫叶写字楼整体转让给峰塔公司，不影响甲公司等租户的租赁合同的效

力。根据《民法典》第725条的规定，租赁物在承租人按照租赁合同占有期限内发生所有权变动的，不影响租赁合同的效力。

【考点】买卖不破租赁

【详解】《民法典》第725条规定："租赁物在承租人按照租赁合同占有期限内发生所有权变动的，不影响租赁合同的效力。"

9.【参考答案】答案一：甲公司可以就第16层行使优先购买权。根据《民法典》第726条的规定，出租人出卖租赁房屋时，承租人享有优先购买权。枫叶写字楼各层是可分的，在功能上相互独立，因此，甲公司有权就其承租的第16层主张优先购买权。

答案二：甲公司不能就第16层行使优先购买权。出租人枫桥公司出卖整栋大楼，作为承租人的甲公司仅主张购买第16层，其所提出的条件并不属于同等条件。因此，甲公司不享有优先购买权。

【考点】租赁合同；承租人的优先购买权

【详解】《民法典》第726条规定："出租人出卖租赁房屋的，应当在出卖之前的合理期限内通知承租人，承租人享有以同等条件优先购买的权利；但是，房屋按份共有人行使优先购买权或者出租人将房屋出卖给近亲属的除外。出租人履行通知义务后，承租人在十五日内未明确表示购买的，视为承租人放弃优先购买权。"

《最高人民法院关于承租部分房屋的承租人在出租人整体出卖房屋时是否享有优先购买权的复函》规定："……从房屋使用功能上看，如果承租人承租的部分房屋与房屋的其他部分是可分的、使用功能可相对独立的，则承租人的优先购买权应仅及于其承租的部分房屋；如果承租人的部分房屋与房屋的其他部分是不可分的、使用功能整体性较明显的，则其对出租人所卖全部房屋享有优先购买权……"

10.【参考答案】（1）恒通公司需要对甲公司的租金支付承担连带保证责任。根据《最高人民法院关于适用〈中华人民共和国民法典〉有关担保制度的解释》第8条的规定，公司为其全资子公司开展经营活动提供担保，应当承担担保责任。甲公司为恒通公司的全资子公司，故恒通公司需要对甲公司的租金支付承担连带保证责任。

（2）答案一：恒通公司无须对丙公司的租金支付承担连带保证责任。丙公司为恒通公司的参股子公司，根据《公司法》第15条的规定，公司向其他企业投资或者为他人提供担保，按照公司章程的规定，由董事会或者股东会决议。本案中，恒通公司未经公司内部决议即为丙公司提供担保，担保合同无效，恒通公司无须承担连带保证责任。

答案二：恒通公司需要对丙公司的租金支付承担连带保证责任。恒通公司持有多个金融牌照，属于金融机构，根据《最高人民法院关于适用〈中华人民共和国民法典〉有关担保制度的解释》第8条的规定，金融机构开立保函或者担保公司提供担保的，是否履行公司内部决议程序不影响担保合同的效力，因此，恒通公司出具的《担保函》有效，其需要依《担保函》对丙公司的租金支付承担连带保证责任。

【考点】保证合同；公司对外担保

【详解】《最高人民法院关于适用〈中华人民共和国民法典〉有关担保制度的解释》第8条规定："有下列情形之一，公司以其未依照公司法关于公司对外担保的规定作出决议为由主张不承担担保责任的，人民法院不予支持：（一）金融机构开立保函或者担保公司提供担保；（二）公司为其全资子公司开展经营活动提供担保；（三）担保合同系由单独或者共同持有公司三分之二以上对担保事项有表决权的股东签字同意。上市公司对外提供担保，不适用前款第二项、第三项的规定。"

《公司法》第15条第1款规定："公司向其他企业投资或者为他人提供担保，按照公司章程的规定，由董事会或者股东会决议；公司章程对投资或者担保的总额及单项投资或者担保的数额有限额规定的，不得超过规定的限额。"

题目要点提炼

2022 年

案情：2021 年 1 月，A 市 B 区的甲公司因扩大经营需要，拟发行公司债券融资。甲公司股东李某也是 C 市 E 区乙公司的大股东兼法定代表人，他找到 C 市 D 区丙公司的总经理吴某，请丙公司帮忙购买甲公司债券。

2021 年 4 月，甲公司债券（3 年期，年利率 8%）正式发行。4 月 5 日，甲公司与丙公司在 A 市 B 区签订《债券认购及回购协议》，约定丙公司认购甲公司 5000 万元债券；甲公司允诺 1 年后以 5500 万元进行回购，如逾期未回购，甲公司向丙公司支付 1000 万元的违约金。合同还载明：“因本合同产生的一切纠纷，均应提交甲公司所在地的 A 市 B 区法院解决。”

4 月 8 日，李某代表乙公司与丙公司在 C 市 D 区签订《担保合同》，约定乙公司为甲公司的回购义务及违约责任等提供“充分且完全的担保”。该担保合同载明：“因本合同发生的纠纷，双方应友好协商，协商无法解决的，应提交 C 仲裁委员会解决。”在签约前，丙公司询问李某是否获得了股东会的同意，李某向丙公司提供了一份微信群聊天记录，显示李某曾就担保一事征求乙公司其他两位股东张某、孙某意见，二人均微信回复“无异议”。

同日，李某个人应丙公司请求就甲公司回购义务向丙公司提供担保，并明确约定担保方式为：丙公司曾向李某个人借款 3000 万元，将于 2021 年 7 月 31 日到期；到期后，丙公司可以暂不返还该借款，以此作为李某为甲公司回购义务的担保。2021 年 7 月 31 日，丙公司未向李某支付该笔借款。

2022 年 4 月，回购日期届至，甲公司未履行回购义务。丙公司沟通无果，遂向 A 市 B 区法院起诉甲公司、乙公司，提出诉讼请求如下：第一，甲公司履行回购义务并支付违约金 1000 万元；第二，乙公司对甲公司上述义务承担连带责任。甲公司在答辩期间提交答辩状，认为违约金过高，请求法院予以减少。乙公司在答辩期间也提交了答辩状，未提出管辖权异议，但在开庭中提出，担保合同中存在仲裁协议，A 市 B 区法院对案件无管辖权。乙公司股东张某、孙某知悉该诉讼的消息后，向法院表示，依照公司章程，公司对外担保应经过股东会决议，乙公司为甲公司提供的保证，仅为李某个人的意思，未经公司股东会决议，应为无效。李某则表示，虽未召开股东会，但通过微信聊天征求过张某和孙某的意见，他们均未表示反对，并提供了一份三人微信聊天记录截图的纸质打印件，并表示因为手机更换，只能提供当时聊天记录截图的纸质打印版。丙公司另行向 C 市 D 区法院起诉李某，请求确认李某对其的 3000 万元债权已因承担担保责任而消灭。

后丙公司发现，乙公司本身已无有价值的财产，但其全资控股了主营建筑业务的丁公司。丙公司认为，丁公司长期与乙公司混用财务人员、其他工作人员和工作场所，账目不清，其财产无法与乙公司财产相区分，应与乙公司承担连带责任。丁公司承揽的戊公司的建设工程已竣工验收，但戊公司尚未按合同约定时间支付 1000 万元价款，因此丙公司希望丁、戊两公司一并承担责任。（2022 年仿真题）

根据以上事实，请回答下列问题：

1. 根据丙公司的诉讼请求一，甲公司是否应当履行回购义务？为什么？如甲公司主张该回购安排违反了债权人平等受偿的原则，应为无效，甲公司的主张是否合理？为什么？

2. 根据丙公司的诉讼请求一，甲公司是否应当支付违约金？为什么？关于甲公司请求法院予以减少违约金的主张能否得到法院支持？为什么？

3. 张某和孙某提出乙公司担保合同无效的主张是否成立？为什么？

4. 根据丙公司的诉讼请求二，乙公司应当承担何种担保责任？为什么？

5. 请具体分析李某向丙公司提供的担保的性质。

6. 关于乙公司在开庭过程中提出的管辖权异议，法院应当如何处理？

7. 在丙公司提起的诉讼中，张某和孙某是否有权提出乙公司保证合同无效的主张和证据？为什么？

8. 打印的微信聊天记录截图的证据能力和证明力如何？说明理由。

9. 关于丙公司对李某提起的诉讼，法院应当如何处理？

10. 丙公司是否有权要求丁公司承担连带责任？为什么？

11. 如法院判决支持了丙公司对乙公司的诉讼请求，丙公司在执行过程中，申请法院追加丁、戊两公司作为被执行人，法院应当如何处理？如法院裁定追加，丁、戊两公司不同意追加，有何救济措施？

答题要点整理

〖参考答案及详解〗

1.【参考答案】（1）甲公司应当履行回购义务。因为《债券认购及回购协议》并未违反法律的强制性规定，也不存在其他效力瑕疵事由，是有效的，且回购日期届至后甲公司未履行回购义务，丙公司有权依据协议请求履行。

（2）甲公司的主张不合理。因为回购安排并未涉及破产程序，违反债权人平等受偿原则并非协议中回购内容的无效事由，因此甲公司的主张并不合理。

【考点】合同的效力

【详解】协议中关于债券回购的相关内容旨在通过回购的方式确保丙公司的债券债权的实现，代表了双方当事人之间的真实意思，且不存在违反法律强制性规定的情形，即不存在效力瑕疵，是有效的。本题中，回购日期届至，甲公司未履行回购义务，丙公司有权依据协议请求甲公司履行回购义务。

对于涉及违反债权人平等受偿原则是否为回购安排的无效事由，债权人平等受偿原则在破产程序中具有重要意义，但是本题并未提及破产，未涉及破产程序，违反债权人平等受偿原则并非回购合同内容的无效事由，因此甲公司的主张并不合理。

2.【参考答案】（1）甲公司应当支付违约金。因为《债券认购及回购协议》中的违约金条款并无效力瑕疵，是有效的，且回购日期届至后甲公司未履行回购义务，甲公司应当支付违约金。

（2）甲公司能够得到法院支持。因为当事人约定的1000万元违约金明显高于甲公司迟延履行回购义务所造成的损失，符合申请违约金酌减的构成要件，甲公司有权请求法院减少违约金。

【考点】违约金责任

【详解】《民法典》第585条第2款规定，约定的违约金低于造成的损失的，人民法院或者仲裁机构可以根据当事人的请求予以增加；约定的违约金过分高于造成的损失的，人民法院或者仲裁机构可以根据当事人的请求予以适当减少。该条款明确规定了当事人请求酌减违约金的前提条件是“约定的违约金过分高于造成的损失”。本题中，甲公司应当按照协议的约定以5500万元进行回购，该债务属于典型的金钱之债，甲公司逾期未履行所造成的主要损失就是该数额金钱所能获得的利息，考虑到当事人约定的违约金数额为1000万元，且丙公司起诉时甲公司刚陷入履行迟延，丙公司所遭受的损失必然远小于1000万元，违约金的数额显然过分高于造成的损失，符合违约金酌减的前提条件，因此甲公司请求减少违约金的主张可以得到法院支持。

3.【参考答案】不成立。有限公司全体股东书面一致同意可以不召开股东会作出决议，李某通过微信询问其他两位股东意见并得到回复时，乙公司即形成了同意担保的股东会决议。因此，李某作为法定代表人代表乙公司签订《担保合同》系有权担保，担保有效，张某和孙某的主张不能成立。

【考点】公司担保；股东会通讯表决

【详解】《公司法》第15条第1款规定：“公司向其他企业投资或者为他人提供担保，按照公司章程的规定，由董事会或者股东会决议；公司章程对投资或者担保的总额及单项投资或者担保的数额有限额规定的，不得超过规定的限额。”《公司法》第59条第3款规定：“对本条第一款所列事项股东以书面形式一致表示同意的，可以不召开股东会会议，直接作出决定，并由全体股东在决定文件上签名或者盖章。”因此，李某在微信群中向其他两位股东征求意见，其他两位股东同意，符合不召开股东会直接作出决议的情形。

4.【参考答案】观点一：乙公司应当按照一般保证承担担保责任。因为乙公司为甲公司的回购义务及违约责任等提供“充分且完全的担保”，这一表述并未明确指明保证的类型，属于约定不明，应按照一般保证承担担保责任。

观点二：乙公司应当按照连带责任保证承担担保责任。因为乙公司为甲公司的回购义务及违约责任等提供“充分且完全的担保”，其中并不具有债务人应当先承担责任的意思，结合双方都是商事公司的因素，应解释为连带责任保证，如此更符合商事交易中当事人的担保需求。

【考点】保证合同

【详解】观点一的法律依据为《民法典》第686条第2款规定，当事人在保证合同中对保证方式没有约定或者约定不明确的，按照一般保证承担保证责任。

观点二的法律依据为《最高人民法院关于适用〈中华人民共和国民法典〉有关担保制度的解释》第25条规定，当事人在保证合同中约定了保证人在债务人不能履行债务或者无力偿还债务时才承担保证责任等类似内容，具有债务人应当先承担责任的意思表示的，人民法院应当将其认定为一般保证。当事人在保证合同中约定了保证人在债务人不履行债务或者未偿还债务时即承担保证责任、无条件承担保证责任等类似内容，不具有债务人应当先承担责任的意思表示的，人民法院应当将其认定为连带责任保证。

5.【参考答案】属于非典型担保。因为李某所提供的担保，其实现方式是：甲公司逾期不履行回购义务时，用李某对丙公司的债权折抵丙公司对甲公司的债权。这一担保方式并非现行法上的担保物权，属于非典型担保。

【考点】非典型担保

【详解】题干所述担保方式，在性质上属于履行期满前所达成的以物抵债协议，其具有一定的担保功能，但并非《民法典》明确规定为担保物权的情形，因此李某所提供的担保在性质上属于非典型担保。

6.【参考答案】法院应当对管辖权异议不予审查，继续审理案件。虽然乙公司和丙公司约定有仲裁条款，法院对该担保合同纠纷本无管辖权，但丙公司向法院起诉后，乙公司并未在法庭首次开庭前提出异议，法院获得案件管辖权。乙公司逾期提出管辖权异议，法院应不予审查，继续审理案件。

【考点】起诉和立案登记；法院对管辖权异议的处理

【详解】《最高人民法院关于适用〈中华人民共和国民法典〉有关担保制度的解释》第21条第1款规定，主合同或者担保合同约定了仲裁条款的，人民法院对约定仲裁条款的合同当事人之间的纠纷无管辖权。《最高人民法院关于适用〈中华人民共和国民事诉讼法〉的解释》第216条第1款规定，在人民法院首次开庭前，被告以有书面仲裁协议为由对受理民事案件提出异议的，人民法院应当进行审查。

7.【参考答案】无权提出。主张和举证均属于当事人的诉讼行为，而张某和孙某只是乙公司的股东，不是丙公司起诉甲公司和乙公司一案的当事人。

【考点】当事人的诉讼权利和诉讼义务

【详解】当事人以获取有利判决为目的的诉讼行为可以分为申请、主张与举证三类。申请是指当事人要求法院作出一定行为的行为。主张是指当事人陈述法律效果或事实的行为，分为法律上的主张与事实上的主张。举证是为了证明事实上主张的行为。张某和孙某是乙公司的股东，不属于本案当事人，无权在诉讼中提出乙公司保证合同无效的主张和证据。

8.【参考答案】微信聊天记录属于电子数据，具有证据能力和证明力。微信聊天记录截图的打印件可视为电子数据的原件，符合客观性要求；其与股东张某和孙某对担保无异议的待证事实具有关联性；其取得方式并不存在侵犯他人合法权益、违反法律禁止性规定或者严重违背公序良俗的情形，符合合法性要求。因李某无法提供作为微信聊天记录原始载体的手机予以比对，若张某、孙某认为有疑点提出异议，微信聊天记录截图打印件不能单独认定案件事实，其证明力需要补强。

【考点】民事证据的特征；民事证据的证明力；电子数据

【详解】证据能力，是指特定的证据材料所具有的作为认定事实的资格。一般应结合证据的客观性、关联性和合法性予以判断。《最高人民法院关于适用〈中华人民共和国民事诉讼法〉的解释》第116条第2款规定，电子数据是指通过电子邮件、电子数据交换、网上聊天记录、博客、微博客、手机短信、电子签名、域名等形成或者存储在电子介质中的信息。据此，微信聊天记录属于电子数据。《最高人民法院关于民事诉讼证据的若干规定》第15条第2款规定，当事人以电子数据作为证据的，应当提供原件。电子数据的制作者制作的与原件一致的副本，或者直接来源于电子数据的打印件或其他可以显示、识别的输出介质，视为电子数据的原件。据此，微信聊天记录截图打印件可视为电子数据的原件，符合客观性的要求。微信聊天记录截图的内容可以直接证明股东张某和孙某对担保事项无异议，与待证事实有关联性。《最高人民法院关于适用〈中华人民共和国民事诉讼法〉的解释》第106条规定，对以严重侵害他人合法权益、违反法律禁止性规定或者严重违背公序良俗的方法形成或者获取的证据，不得作为认定案件事实的根据。据此，微信聊天记录截图打印件的取得方式并不存在上述可认定非法证据的情形，符合合法性要求。综上，微信聊天记录截图打印件具有证据能力。

民事证据的证明力，是指民事证据对案件事实认定的影响力。证明力主要涉及大小、强弱、是否需要补强等问题。《最高人民法院关于民事诉讼证据的若干规定》第90条第4项规定，存有疑点的视听资料、电子数据，不能单独作为认定案件事实的根据。据此，李某无法提供作为微信聊天记录原始载体的手机予以对比，若张某、孙某认为有疑点提出异议，其不能单独认定案件事实，证明力需要予以补强。

9.【参考答案】法院应告知丙公司向A市B区法院起诉。丙公司坚持起诉，裁定不予受理；若立案后才发现，应将案件裁定移送A市B区法院管辖。一方面，本案不存在重复起诉、禁诉期等起诉消极条件涉及的情形；另一方面，从起诉的积极条件看，丙公司曾向李某个人借款3000万元，丙公司起诉请求确认李某对其3000万元债权已因承担担保责任而消灭，原告丙公司是与本案有直接利害关系的法人，属于适格原告；被告为李某，符合被告明确的要求；丙公司也提出了具体的诉讼请求和理由；但丙公司向C市D区法院起诉，该法院对案件并无管辖权。本案与丙公司起诉甲公司和乙公司一案因“基于同一事实”而具有牵连性，可由A市B区法院管辖。且涉及综合判定甲公司、乙公司和李某的责任承担，若由两个法院分别审理，可能出现重复救济或者矛盾判决问题。

【考点】起诉和立案登记（起诉的条件）、诉的合并

【详解】可以合并的诉讼应“基于同一事实”发生，各个单纯之诉所依据的事实关系或法律关系应有牵连，具有一致性或者重叠性。丙公司先后提起的两个诉讼，均由甲公司未回购债券这一事实而引发，两个案件具有牵连性，可由同一个法院管辖。且两案均涉及甲公司、乙公司和李某的具体责任承担，若由两个法院分别审理，可能出现重复救济或者矛盾判决问题。《最高人民法院关于适用〈中华人民共和国民事诉讼法〉的解释》第211条规定，对本院没有管辖权的案件，告知原告向有管辖权的人民法院起诉；原告坚持起诉的，裁定不予受理；立案后发现本院没有管辖权的，应当将案件移送有管辖权的人民法院。据此，C市D区法院应告知丙公司向A市B区法院起诉。丙公司坚持起诉，裁定不予受理；法院立案后发现没有管辖权，应当裁定移送A市B区法院管辖。

10.【参考答案】有权。丁公司系乙公司全资子公司，且丁公司与乙公司之间存在基于财产混同的人格混同，构成一人公司的反向法人人格否认的情形。因此就乙公司对丙公司的担保责任，丙公司有权主张丁公司承担连带责任。

【考点】一人公司法人人格否认

【详解】《公司法》第23条第3款规定：“只有一个股东的公司，股东不能证明公司财产独立于股东自己的财产的，应当对公司债务承担连带责任。”

11.【参考答案】答案一：法院应裁定驳回追加丁公司的申请。因为法律并未规定股东被执行时，可追加一人公司作为被执行人。如法院裁定追加，而丁公司不同意被追加，可向执行法院提起执行异议

之诉。

法院应裁定驳回追加戊公司的申请。因为本案被执行人是乙公司而非丁公司，而戊公司是丁公司的债务人，申请追加戊公司作为被执行人不符合代位执行的条件。如法院裁定追加，而戊公司不同意被追加，可向执行法院提出异议。

答案二：法院可裁定追加丁公司为被执行人。因乙公司和丁公司财产混同，应承担连带责任。虽然我国法律并未确立反向法人人格否认制度，但司法实践中法院对此予以认可。即股东作为被执行人时，可追加一人公司作为被执行人。如丁公司不同意被追加，可向执行法院提起执行异议之诉。

法院应裁定冻结丁公司对戊公司的债权，通知戊公司向丙公司履行。因为丁公司被追加为被执行人，其对戊公司享有到期债权，债权人丙公司可申请对戊公司代位执行。如戊公司不同意被追加，可向执行法院提出异议。

【考点】执行程序中的一般性制度（执行承担）；代位执行

【详解】《最高人民法院关于民事执行中变更、追加当事人若干问题的规定》第20条规定，作为被执行人的一人有限责任公司，财产不足以清偿生效法律文书确定的债务，股东不能证明公司财产独立于自己的财产，申请执行人申请变更、追加该股东为被执行人，对公司债务承担连带责任的，人民法院应予支持。

《最高人民法院关于适用〈中华人民共和国民事诉讼法〉的解释》第499条第1款规定，人民法院执行被执行人对他人的到期债权，可以作出冻结债权的裁定，并通知该他人向申请执行人履行。

对丁公司和戊公司的救济措施：《最高人民法院关于民事执行中变更、追加当事人若干问题的规定》第32条规定，被申请人或申请人对执行法院依据本规定第14条第2款、第17条至第21条规定作出的变更、追加裁定或驳回申请裁定不服的，可以自裁定书送达之日起15日内，向执行法院提起执行异议之诉。据此，丁公司不服法院裁定，可提起执行异议之诉予以救济。《最高人民法院关于适用〈中华人民共和国民事诉讼法〉的解释》第499条规定，人民法院执行被执行人对他人的到期债权，可以作出冻结债权的裁定，并通知该他人向申请执行人履行。该他人对到期债权有异议，申请执行人请求对异议部分强制执行的，人民法院不予支持。利害关系人对到期债权有异议的，人民法院应当按照《民事诉讼法》第238条规定处理。对生效法律文书确定的到期债权，该他人予以否认的，人民法院不予支持。据此，戊公司不服法院裁定，可向执行法院提出异议。

题目要点提炼

2023年

案情：2023年3月，乙公司以甲公司为被告向西河市法院提起诉讼，要求解除与甲公司的《设备买卖合同》并要求其承担相应责任。

西河市法院受理后，向甲公司送达了起诉状副本，甲公司应诉答辩，诉讼中甲公司一直反对解除合同。

法庭审理过程中，乙公司发现甲公司实际上并没有什么财产，胜诉也无实质意义，于是申请撤诉，法院在未征得甲公司同意的情况下即裁定准予撤诉。

一个月后，乙公司再次向西河市法院起诉甲公司、王某和李某，提出诉讼请求如下：

（1）要求甲公司继续履行《设备买卖合同》，一次性支付全部剩余价款60万元，赔偿迟延履行损失。同时要求甲公司的股东王某、王某的配偶李某承担连带责任。

（2）要求甲公司支付培训费用20万元，赔偿迟延履行损失。同时要求王某、李某承担连带责任。

诉讼过程中，甲公司向法院提出以下抗辩：

（1）西河市法院没有管辖权，此案应由自己所在地的东山市法院管辖。因为设备已经完成安装，无法拆除，应属于不动产，协议管辖无效，西河市法院没有管辖权。

（2）《设备买卖合同》约定的管辖法院是西河市法院，但是《培训合同》并未约定管辖法院，而合同履行地与被告住所地都是东山市法院，因此西河市法院对培训合同纠纷没有管辖权。

（3）《设备买卖合同》和《培训合同》没有实质关联，法院不能合并审理。

（4）乙公司的起诉状副本已经送达甲公司，故在第一次起诉时，甲公司与乙公司的《设备买卖合同》已经解除，乙公司第二次起诉要求履行合同不成立，且乙公司并非适格原告。

王某同意甲公司的抗辩，承认自己对《设备买卖合同》承担连带保证责任，但主张自己不应对《培训合同》承担连带责任。

李某同意甲公司的抗辩，但认为自己在两份合同中都没有签字，不应当承担连带责任，自己不是适格被告。

法院查明的事实如下：

王某于2017年设立甲公司，且是甲公司唯一股东。后王某与李某结婚，婚后李某进入甲公司，担任甲公司的财务负责人。

2022年2月，为了扩大经营，甲公司与乙公司签订《设备买卖合同》，甲公司购买乙公司价值200万元的生产设备，先支付100万元，其余100万元分10期支付，每个月支付10万元，12月底前全部完成付款。合同约定如发生纠纷由西河市法院管辖。同时王某为该买卖合同提供担保，表示："若甲公司不能清偿款项，王某无条件承担担保责任。"

甲公司支付了四个月价款后，第五个月并未按期付款，后乙公司了解到甲公司停止付款是因为所购设备无法正常使用。经查，设备不能运转的原因是甲公司工人不熟悉机器操作流程导致操作失误。针对此种情况，乙公司提出为甲公司员工进行培训的建议，后双方协商达成《培训合同》，约定乙公司为甲公司提供设备使用培训，乙公司到甲公司所在的东山市培训，培训费20万元，甲公司于2022年12月底前付清。甲公司如约参加培训，但到12月底并未支付培训费。

乙公司反复催告甲公司支付设备价款和培训费，甲公司不予配合，只在2023年1月给乙公司转账15万元，注明“履行合同款”，乙公司询问这笔款项是哪一笔价款，甲公司并未回应。

在诉讼过程中，乙公司提出了保全申请，申请查封A房屋。法院经审查发现，2021年王某曾与丁公司签订A房屋买卖合同，约定购房价款为600万元，A房屋面积为150平方米，在当地属于高端住宅。王某支付了400万元首付款，剩余房款在丙银行办理了按揭贷款，以A房屋作抵押，并为丙银行办理了抵押权预告登记。2022年1月，房屋建成，丁公司办理了所有权首次登记。乙公司申请保全时，房屋尚未过户给王某，且查明王某是故意拖延不办过户。于是法院作出准予查封A房屋的裁定，但由于王某没有取得房屋所有权，无法进行查封登记，法院只进行了公告。法院还查明，王某曾经转移甲公司的财产用于A房屋的装修等。

后A房屋被乙公司申请强制执行，丙银行提出异议，认为该房屋有自己的抵押预告登记，不能被执行。王某的律师也提出抗辩，认为该房屋属于王某的唯一住房（法院查证属实）。（2023年仿真题）

问题：

1. 乙公司第一次起诉后申请撤诉，法院未经甲公司同意即裁定准许是否合法？

2. 结合民事诉讼法关于管辖、当事人、诉讼请求、诉的合并等原理，分析法院应当如何处理甲公司、李某、王某的各项异议？

3. 乙公司要求王某、李某对《设备买卖合同》债务承担连带责任的请求，能否得到支持？

4. 乙公司要求王某、李某对《培训合同》债务承担连带责任的请求，能否得到支持？

5. 乙公司要求甲公司一次性支付剩余的60万元以及承担迟延履行的赔偿责任的主张，能否得到支持？

6. 乙公司要求甲公司支付20万元培训费以及承担迟延履行的赔偿责任的主张，能否得到支持？

7. 法院查封A房屋的行为是否生效？

8. 丙银行对于A房屋的执行异议，法院是否应当支持？

9. A房屋是王某的唯一住房，且丙银行未办理抵押权登记，对丙银行的优先受偿权是否有影响？

答题要点整理

〖参考答案及详解〗

1.【参考答案】合法。乙公司在法庭审理过程中申请撤诉，如果在法庭辩论终结前提出，此时法院无须征求被告甲公司的意见；如果在法庭辩论终结后提出，法院应征求被告的意见，但撤诉的决定权掌握在法院手中，撤诉并非只有被告同意才能适用。

【考点】撤诉

【详解】《最高人民法院关于适用〈中华人民共和国民事诉讼法〉的解释》第238条规定："当事人申请撤诉或者依法可以按撤诉处理的案件，如果当事人有违反法律的行为需要依法处理的，人民法院可以不准许撤诉或者不按撤诉处理。法庭辩论终结后原告申请撤诉，被告不同意的，人民法院可以不予准许。"

2.【参考答案】（1）甲公司提出的抗辩均不成立，西河市法院应继续审理案件：

第一，《设备买卖合同》是动产买卖合同，设备已经安装不能拆除不影响合同性质，并非不动产专属管辖。设备买卖合同中对管辖法院作出约定，且不违反级别管辖和专属管辖，因此管辖协议有效。

第二，培训协议是基于《设备买卖合同》而订立，其合同目的也受到《设备买卖合同》影响，两者具有牵连性，西河市法院基于牵连管辖获得案件管辖权。

第三，虽然只有《设备买卖合同》中约定了管辖协议，但是根据诉的合并理论，合并的诉讼标的部分存在管辖协议的，法院应当按照管辖协议确定全案管辖，西河市法院可以将《设备买卖合同》与《培训合同》两个诉合并审理。

第四，乙公司撤诉后并没有在第二次起诉前再向甲公司主张过解除意思表示，故合同尚未解除，甲公司主张《设备买卖合同》已解除的主张不能成立，《设备买卖合同》应自再次起诉的起诉状副本送达甲公司时解除。另外，原告撤诉或者人民法院按撤诉处理后，原告以同一诉讼请求再次起诉的，人民法院应予受理。乙公司再次起诉不属于后诉实质否认前诉，不构成重复起诉。乙公司是发生争议的《设备买卖合同》的主体，其与本案有直接利害关系，属于适格原告。

（2）王某对《培训合同》不承担连带责任的抗辩不成立。根据《公司法》第23条第3款的规定，只有一个股东的公司，股东不能证明公司财产独立于股东自己的财产的，应当对公司债务承担连带责任。王某是甲公司唯一的股东，且王某有转移公司财产归个人使用的情形，构成法人人格否认，故应当对公司债务承担连带责任。

（3）李某的抗辩不成立。李某虽然并非《设备买卖合同》和《培训合同》的签约主体，但两个合同所负之债均为夫妻共同债务，李某应承担连带责任，属于适格被告。

【考点】管辖；适格当事人；诉的合并

【详解】《最高人民法院关于适用〈中华人民共和国民事诉讼法〉的解释》第28条规定："民事诉讼法第三十四条第一项规定的不动产纠纷是指因不动产的权利确认、分割、相邻关系等引起的物权纠纷。农村土地承包经营合同纠纷、房屋租赁合同纠纷、建设工程施工合同纠纷、政策性房屋买卖合同纠纷，按照不动产纠纷确定管辖。不动产已登记的，以不动产登记簿记载的所在地为不动产所在地；不动产未登记的，以不动产实际所在地为不动产所在地。"

《最高人民法院关于适用〈中华人民共和国民事诉讼法〉的解释》第18条规定："合同约定履行地点的，以约定的履行地点为合同履行地。合同对履行地点没有约定或者约定不明确，争议标的为给付货币的，接收货币一方所在地为合同履行地；交付不动产的，不动产所在地为合同履行地；其他标的，履行义务一方所在地为合同履行地。即时结清的合同，交易行为地为合同履行地。合同没有实际履行，当事人双方住所地都不在合同约定的履行地的，由被告住所地人民法院管辖。"

牵连管辖，又称为合并管辖，是指对于某一案件有管辖权的法院，虽然对于另一案件本来没有管辖权，但由于有管辖权的案件与另一案件有牵连关系，从而获得另一案件的管辖权。

诉的合并是指法院将两个或两个以上彼此之间有牵连的诉合并到一个诉讼程序中审理和裁判，意义在于提高诉讼的效率，防止在相互关联的问题上作出相互矛盾的裁判。

《最高人民法院关于适用〈中华人民共和国民法典〉合同编通则若干问题的解释》第54条规定："当事人一方未通知对方，直接以提起诉讼的方式主张解除合同，撤诉后再次起诉主张解除合同，人民法院经审理支持该主张的，合同自再次起诉的起诉状副本送达对方时解除。但是，当事人一方撤诉后又通知对方解除合同且该通知已经到达对方的除外。"《最高人民法院关于适用〈中华人民共和国民事诉讼法〉的解释》第214条规定："原告撤诉或者人民法院按撤诉处理后，原告以同一诉讼请求再次起诉的，人民法院应予受理。原告撤诉或者按撤诉处理的离婚案件，没有新情况、新理由，六个月内又起诉的，比照民事诉讼法第一百二十七条第七项的规定不予受理。"

3.【参考答案】（1）乙公司要求王某对《设备买卖合同》承担连带责任的请求可以得到支持。尽管王某与乙公司并未明确约定保证的形式，但王某在诉讼中承认自己承担连带保证责任，构成对相对方诉讼请求的承认，王某应对设备剩余价款承担连带责任。

（2）乙公司要求李某对《设备买卖合同》承担连带责任的请求可以得到支持。因为王某是甲公司的唯一股东，李某是甲公司的财务负责人，王某对甲公司签订的《设备买卖合同》承担连带保证责任，属于用于夫妻共同生产经营的情形，应认定为夫妻共同债务，李某应对《设备买卖合同》承担连带责任。

【考点】保证合同；夫妻共同债务

【详解】对于王某是否应承担连带责任，王某关于"若甲公司不能清偿款项，王某无条件承担担保责任"的表述属于保证方式约定不明的情形，应依据《民法典》第686条第2款推定为一般保证。但是在诉讼过程中，王某承认自己对《设备买卖合同》承担连带保证责任，这一行为构成对相对方诉讼请求的承认，在学理上属于认诺，因此乙公司要求王某对《设备买卖合同》承担连带责任的请求可以得到支持。

对于李某是否应承担连带责任，《民法典》第1064条规定："夫妻双方共同签名或者夫妻一方事后追认等共同意思表示所负的债务，以及夫妻一方在婚姻关系存续期间以个人名义为家庭日常生活需要所负的债务，属于夫妻共同债务。夫妻一方在婚姻关系存续期间以个人名义超出家庭日常生活需要所负的债务，不属于夫妻共同债务；但是，债权人能够证明该债务用于夫妻共同生活、共同生产经营或者基于夫妻双方共同意思表示的除外。"甲公司是设备的买受人，王某是该公司的唯一股东，李某是该公司的财务负责人。据此可知，甲公司是由王某与李某共同生产经营的，王某为《设备买卖合同》提供担保，该连带保证债务是用于共同生产经营的，属于夫妻共同债务，因此李某须对该债务承担连带责任。

4.【参考答案】乙公司要求王某、李某对《培训合同》债务承担连带责任的请求能够得到支持。王某作为甲公司的唯一股东，转移甲公司的财产用于A房屋的装修，存在财产混同的情形，依据法人人格否认规则，王某应对甲公司在《培训合同》中的债务承担连带责任。同时，这一债务属于用于夫妻共同生产经营的情形，应认定为夫妻共同债务，李某应对《培训合同》承担连带责任。

【考点】法人人格否认；夫妻共同债务

【详解】《培训合同》虽然与《设备买卖合同》具有紧密关联，但二者并不是主从关系，《培训合同》并非《设备买卖合同》的从合同，王某为《设备买卖合同》提供连带保证并不意味着其也为《培训合同》提供了相同的担保。

《民法典》第83条第2款规定："营利法人的出资人不得滥用法人独立地位和出资人有限责任损害法人债权人的利益；滥用法人独立地位和出资人有限责任，逃避债务，严重损害法人债权人的利益的，应当对法人债务承担连带责任。"《公司法》第23条规定："公司股东滥用公司法人独立地位和股东有限责任，逃避债务，严重损害公司债权人利益的，应当对公司债务承担连带责任。股东利用其控制的两个以上公司实施前款规定行为的，各公司应当对任一公司的债务承担连带责任。只有一个股东的公司，股东不能证明公司财产独立于股东自己的财产的，应当对公司债务承担连带责任。”本题中，结合王某曾经转移甲公司的财产用于A房屋的装修以及甲公司是王某的一人公司可知，王某与甲公司之间存在财产混同，此时应否认甲公司的独立人格，要求股东王某对甲公司的债务承担连带责任。李某对《培训合同》承担连带责任则是基于这一合同债务构成王某与李某的夫妻共同债务。

5.【参考答案】能够得到支持。乙公司第一次起诉解除合同后又申请撤诉，《设备买卖合同》尚未解除，分期付款的买卖合同中甲公司未支付价款达到总价款的1/5，剩余60万元价款乙公司可要求甲公司一次性付清剩余价款。同时，甲公司两个合同的支付义务均已届履行期，陷入履行迟延，构成违约，乙公司有权请求甲公司继续履行并承担迟延履行的违约责任。

【考点】合同解除；违约责任

【详解】《民法典》第565条第2款规定：“当事人一方未通知对方，直接以提起诉讼或者申请仲裁的方式依法主张解除合同，人民法院或者仲裁机构确认该主张的，合同自起诉状副本或者仲裁申请书副本送达对方时解除。”《最高人民法院关于适用〈中华人民共和国民法典〉合同编通则若干问题的解释》第54条规定：“当事人一方未通知对方，直接以提起诉讼的方式主张解除合同，撤诉后再次起诉主张解除合同，人民法院经审理支持该主张的，合同自再次起诉的起诉状副本送达对方时解除。但是，当事人一方撤诉后又通知对方解除合同且该通知已经到达对方的除外。”据此可知，当事人起诉解除后又申请撤诉的，不发生解除的法律效力。

《民法典》第634条规定：“分期付款的买受人未支付到期价款的数额达到全部价款的五分之一，经催告后在合理期限内仍未支付到期价款的，出卖人可以请求买受人支付全部价款或者解除合同。出卖人解除合同的，可以向买受人请求支付该标的物的使用费。”

《民法典》第577条规定：“当事人一方不履行合同义务或者履行合同义务不符合约定的，应当承担继续履行、采取补救措施或者赔偿损失等违约责任。”

6.【参考答案】（1）乙公司要求甲公司支付20万元培训费只能支持5万元。甲公司基于《设备买卖合同》和《培训合同》对乙公司负有两笔金钱之债，2023年1月甲公司给乙公司转账的15万元备注不清，应视为未指定。两笔款项均已到期，《设备买卖合同》的款项由王某提供了连带责任保证，《培训合同》的款项没有担保，应优先履行对债权人缺乏担保或者担保最少的债务，据此，15万元应视为对《培训合同》的履行，故乙公司请求甲公司支付20万元的主张只能支持5万元。

（2）乙公司要求甲公司承担迟延履行的赔偿责任可以得到支持。根据《培训合同》，甲公司在履行期届满时并未支付，陷入迟延履行，构成违约，乙公司有权请求甲公司承担迟延履行的违约责任。

【考点】履行的抵充；违约责任

【详解】《民法典》第560条规定：“债务人对同一债权人负担的数项债务种类相同，债务人的给付不足以清偿全部债务的，除当事人另有约定外，由债务人在清偿时指定其履行的债务。债务人未作指定的，应当优先履行已经到期的债务；数项债务均到期的，优先履行对债权人缺乏担保或者担保最少的债务；均无担保或者担保相等的，优先履行债务人负担较重的债务；负担相同的，按照债务到期的先后顺序履行；到期时间相同的，按照债务比例履行。”

7.【参考答案】生效。虽然王某未办理所有权登记，但是法院已作出有效的裁定作为查封依据，且对A房屋采取了发布公告的查封措施，未查封登记不影响查封的效力。

【考点】保全的措施

【详解】《最高人民法院关于人民法院民事执行中查封、扣押、冻结财产的规定》第7条规定：“查封不动产的，人民法院应当张贴封条或者公告，并可以提取保存有关财产权证照。查封、扣押、冻结已登记的不动产、特定动产及其他财产权，应当通知有关登记机关办理登记手续。未办理登记手续的，不得对抗其他已经办理了登记手续的查封、扣押、冻结行为。”第8条规定：“查封尚未进行权属登记的建筑物时，人民法院应当通知其管理人或者该建筑物的实际占有人，并在显著位置张贴公告。”

8.【参考答案】不应支持。A房屋已经办理所有权首次登记，王某故意拖延不办过户导致无法办理抵押权正式登记，抵押权预告登记并未失效，丙银行对A房屋享有抵押权。但抵押权是优先受偿权，不能对抗强制执行措施，因此丙银行对A房屋的执行异议法院不应支持。

【考点】执行异议；抵押权预告登记

【详解】《最高人民法院关于人民法院办理执行异议和复议案件若干问题的规定》第24条规定：“对案外人提出的排除执行异议，人民法院应当审查下列内容：（一）案外人是否系权利人；（二）该权利的合法性与真实性；（三）该权利能否排除执行。”

《最高人民法院关于适用〈中华人民共和国民法典〉有关担保制度的解释》第52条第1款规定：“当事人办理抵押预告登记后，预告登记权利人请求就抵押财产优先受偿，经审查存在尚未办理建筑物所有权首次登记、预告登记的财产与办理建筑物所有权首次登记时的财产不一致、抵押预告登记已经失效等情形，导致不具备办理抵押登记条件的，人民法院不予支持；经审查已经办理建筑物所有权首次登记，且不存在预告登记失效等情形的，人民法院应予支持，并应当认定抵押权自预告登记之日起设立。”

9.【参考答案】（1）A房屋是王某的唯一住房对丙银行的优先受偿权不会产生影响。因为A房屋虽然是王某的唯一住房，但该房是面积为150平方米的高端住宅，属于超过被执行人及其所扶养家属最低生活标准所必需的居住房屋，法院可对A房屋予以执行。

（2）丙银行未办理抵押权登记对丙银行的优先受偿权不会产生影响。A房屋已经办理了所有权首次登记，但王某未办理过户登记，因此抵押权预告登记未失效，此时应认定丙银行已经取得A房屋的抵押权，且抵押权的实现条件已经成就，丙银行有权就A房屋优先受偿。

【考点】执行措施；抵押权预告登记

【详解】关于唯一住房，《民事诉讼法》第255条规定：“被执行人未按执行通知履行法律文书确定的义务，人民法院有权查封、扣押、冻结、拍卖、变卖被执行人应当履行义务部分的财产。但应当保留被执行人及其所扶养家属的生活必需品。采取前款措施，人民法院应当作出裁定。”据此，基于执行中兼顾被执行人合法权益原则，对于被执行人及其所抚养家属的生活必需品，法院不能将其列入执行标的。但是，《最高人民法院关于人民法院民事执行中查封、扣押、冻结财产的规定》第5条规定：“对于超过被执行人及其所扶养家属生活所必需的房屋和生活用品，人民法院根据申请执行人的申请，在保障被执行人及其所扶养家属最低生活标准所必需的居住房屋和普通生活必需品后，可予以执行。”据此，A房屋虽为王某的唯一住房，但该房是面积为150平方米的高端住宅，属于超过被执行人及其所扶养家属生活所必需的房屋，王某的律师提出唯一住房的抗辩对丙银行的优先受偿权不会产生影响。

关于丙银行未办理抵押权登记对丙银行优先受偿权的影响，参考上述第8问的分析。

题目要点提炼

2024年

案情： 甲公司位于A市，法定代表人张龙。因建筑工程项目需要，资金紧张，张龙向其姐姐张凤商议借款事宜。张凤是乙公司（上市公司）的法定代表人和控股股东。

张凤联系朋友李丽，李丽同意出借资金，但要求乙公司提供担保。张凤表示，乙公司以公司名义对外提供担保需要经过公司内部决议，并履行信息披露等程序，较为复杂。为规避上市公司的审查流程，李丽表示，可以由甲公司、张凤、乙公司与李丽签订借款协议，不签订担保合同。张凤将上述情况写入《工作备忘》，一式两份，由张凤和李丽各持一份。随后，李丽作为出借人，与甲公司（张龙代表）、张凤、乙公司（张凤代表）签订了《借款合同》，约定由甲公司、张凤、乙公司共同向李丽借款1500万元，借款到期后由借款人连带偿还。李丽按约出借1500万元，资金由甲公司实际使用。

借款到期后，甲公司未能偿还借款。乙公司的法定代表人发生变更，不再是张凤。李丽仅起诉了乙公司，要求乙公司偿还借款。乙公司抗辩称：（1）张凤的行为未经乙公司内部决策程序，乙公司对此不知情；（2）乙公司并未实际使用该笔借款；（3）李丽持有的《工作备忘》可以还原事实真相，法院可以向李丽调查取证。

另甲公司承揽了丙公司开发建设的A市某小区项目，双方订立了《建设工程施工合同》，丙公司欠付甲公司工程款2000万元。甲公司与丙公司商议，双方签订《抵债协议一》，约定丙公司将其开发的位于A市某小区7号楼、8号楼、9号楼，用以抵偿2000万元工程款。

李丽得知此事后，找到张龙，与张龙商议以7号楼、8号楼抵偿甲公司对李丽的1500万元债务。甲公司与李丽签订《抵债协议二》，写明上述抵债事由，丙公司在协议底部盖章，并注明会协助办理房屋变更手续，直接将房屋过户给李丽。后丙公司一直未履行房屋变更手续，甲公司多次催告未果。李丽起诉丙公司，要求丙公司将7号楼、8号楼过户给她。丙公司抗辩称：（1）《抵债协议二》签订后，房屋变更手续一直未办理，因此合同未生效；（2）李丽不是适格的原告。

此外，涉案的7号楼、8号楼、9号楼已被甲公司和丙公司抵押给了中华银行，中华银行对该不动产享有抵押权。（2024年仿真题）

问题：

1. 李丽和乙公司签订的《借款合同》性质为何？李丽能否要求乙公司承担还款责任？

2. 乙公司能否追究张凤的法律责任？

3. 李丽能否要求甲公司和张凤承担连带还款责任？

4. 李丽只向法院起诉了乙公司，法院是否应当追加其他债务人为共同被告？

5. 乙公司申请法院调取张凤和李丽保存的《工作备忘》，应适用什么证据规则？

6. 甲公司与丙公司订立的《抵债协议一》的性质和效力为何？

7. 李丽向法院起诉要求甲公司和丙公司向其过户7号楼和8号楼，有管辖权的法院如何确定？

8. 若 2023 年 12 月，法院判决甲公司、丙公司配合李丽办理过户手续。涉案房屋的抵押权人中华银行认为该判决损害了自身权益，欲于 2024 年 3 月提起第三人撤销之诉，法院是否应当受理？

答题要点整理

〖参考答案及详解〗

1.【参考答案】 李丽与乙公司签订的《借款合同》名为借款，实为担保，李丽为债权人，甲公司为债务人，张凤和乙公司为保证人。乙公司作为上市公司，对外担保需要按照公司章程的规定，由董事会或者股东会决议，并履行信息披露等法定程序。张凤作为乙公司的法定代表人，违反公司对外担保决议程序的规定，超越权限代表公司与李丽订立担保合同，李丽对此知情即非善意相对人，因此担保合同对乙公司无效，乙公司无需承担担保责任。

【考点】 名为借贷，实为担保；上市公司对外担保

【详解】《公司法》第15条规定："公司向其他企业投资或者为他人提供担保，按照公司章程的规定，由董事会或者股东会决议；公司章程对投资或者担保的总额及单项投资或者担保的数额有限额规定的，不得超过规定的限额。公司为公司股东或者实际控制人提供担保的，应当经股东会决议。前款规定的股东或者受前款规定的实际控制人支配的股东，不得参加前款规定事项的表决。该项表决由出席会议的其他股东所持表决权的过半数通过。"

《最高人民法院关于适用〈中华人民共和国民法典〉有关担保制度的解释》第7条规定："公司的法定代表人违反公司法关于公司对外担保决议程序的规定，超越权限代表公司与相对人订立担保合同，人民法院应当依照民法典第六十一条和第五百零四条等规定处理：（一）相对人善意的，担保合同对公司发生效力；相对人请求公司承担担保责任的，人民法院应予支持。（二）相对人非善意的，担保合同对公司不发生效力；相对人请求公司承担赔偿责任的，参照适用本解释第十七条的有关规定。法定代表人超越权限提供担保造成公司损失，公司请求法定代表人承担赔偿责任的，人民法院应予支持。第一款所称善意，是指相对人在订立担保合同时不知道且不应当知道法定代表人超越权限。相对人有证据证明已对公司决议进行了合理审查，人民法院应当认定其构成善意，但是公司有证据证明相对人知道或者应当知道决议系伪造、变造的除外。"

2.【参考答案】 乙公司有权追究张凤的法律责任。公司法定代表人对公司负有忠实义务，张凤作为乙公司的法定代表人，未经公司内部决策程序，擅自以公司名义对外签订担保合同，属于越权担保，违反了法律和公司章程的规定，给公司造成损失，应当承担赔偿责任。因此，乙公司有权要求张凤向公司承担赔偿责任。

【考点】 董监高忠实义务

【详解】《公司法》第180条规定："董事、监事、高级管理人员对公司负有忠实义务，应当采取措施避免自身利益与公司利益冲突，不得利用职权牟取不正当利益。董事、监事、高级管理人员对公司负有勤勉义务，执行职务应当为公司的最大利益尽到管理者通常应有的合理注意。公司的控股股东、实际控制人不担任公司董事但实际执行公司事务的，适用前两款规定。"《公司法》第188条规定："董事、监事、高级管理人员执行职务违反法律、行政法规或者公司章程的规定，给公司造成损失的，应当承担赔偿责任。"

3.【参考答案】 李丽可以要求甲公司和张凤承担连带还款责任，但有顺序要求。《借款合同》仅约定借款到期后由借款人连带偿还，视为约定不明确，即应按照一般保证承担保证责任。甲公司作为该笔借款的债务人，应当承担还款责任。张凤作为一般保证人，享有先诉抗辩权。李丽应当先要求甲公司承担责任，张凤仅对甲公司财产依法强制执行后仍不能履行的部分承担保证责任。

【考点】 一般保证的责任承担顺序

【详解】《民法典》第686条第2款规定："当事人在保证合同中对保证方式没有约定或者约定不明确的，按照一般保证承担保证责任。"《民法典》第687条规定："当事人在保证合同中约定，债务人不能履

行债务时，由保证人承担保证责任的，为一般保证。一般保证的保证人在主合同纠纷未经审判或者仲裁，并就债务人财产依法强制执行仍不能履行债务前，有权拒绝向债权人承担保证责任，但是有下列情形之一的除外：（一）债务人下落不明，且无财产可供执行；（二）人民法院已经受理债务人破产案件；（三）债权人有证据证明债务人的财产不足以履行全部债务或者丧失履行债务能力；（四）保证人书面表示放弃本款规定的权利。”

4.【参考答案】应当追加甲公司作为共同被告，但是不能直接追加张凤为共同被告。甲公司为《借款合同》的债务人，张凤和乙公司为一般保证人。在一般保证中，债权人仅起诉保证人的，法院应当通知被保证人作为共同被告参加诉讼。因此，李丽只起诉一般保证人乙公司的，法院应当追加债务人甲公司作为共同被告。是否追加一般保证人张凤取决于债权人李丽的选择，法院不能直接追加张凤为共同被告。

【考点】保证合同的被告

【详解】《最高人民法院关于适用〈中华人民共和国民事诉讼法〉的解释》第66条规定：“因保证合同纠纷提起的诉讼，债权人向保证人和被保证人一并主张权利的，人民法院应当将保证人和被保证人列为共同被告。保证合同约定为一般保证，债权人仅起诉保证人的，人民法院应当通知被保证人作为共同被告参加诉讼；债权人仅起诉被保证人的，可以只列被保证人为被告。”

《最高人民法院关于适用〈中华人民共和国民法典〉有关担保制度的解释》第26条第1款规定：“一般保证中，债权人以债务人为被告提起诉讼的，人民法院应予受理。债权人未就主合同纠纷提起诉讼或者申请仲裁，仅起诉一般保证人的，人民法院应当驳回起诉。”

5.【参考答案】《最高人民法院关于适用〈中华人民共和国民事诉讼法〉的解释》第112条规定：“书证在对方当事人控制之下的，承担举证证明责任的当事人可以在举证期限届满前书面申请人民法院责令对方当事人提交。申请理由成立的，人民法院应当责令对方当事人提交，因提交书证所产生的费用，由申请人负担。对方当事人无正当理由拒不提交的，人民法院可以认定申请人所主张的书证内容为真实。”本案中，《工作备忘》作为案件关键证据，由李丽和张凤持有，乙公司可以依据上述规定，向法院申请责令李丽提交，如果李丽拒不提交，且无正当理由，法院可以推定乙公司的主张成立。

【考点】证据的调取收集

【详解】《最高人民法院关于民事诉讼证据的若干规定》第45条规定：“当事人根据《最高人民法院关于适用〈中华人民共和国民事诉讼法〉的解释》第一百一十二条的规定申请人民法院责令对方当事人提交书证的，申请书应当载明所申请提交的书证名称或者内容、需要以该书证证明的事实及事实的重要性、对方当事人控制该书证的根据以及应当提交该书证的理由。对方当事人否认控制书证的，人民法院应当根据法律规定、习惯等因素，结合案件的事实、证据，对于书证是否在对方当事人控制之下的事实作出综合判断。”

6.【参考答案】《抵债协议一》属于在债务履行期限届满后达成的以物抵债协议，甲公司与丙公司意思表示真实，协议内容不违反法律、行政法规的强制性规定，不违反公序良俗，不存在影响合同效力的情形，因此《抵债协议一》自当事人意思表示一致时生效。

【考点】以物抵债

【详解】《最高人民法院关于适用〈中华人民共和国民法典〉合同编通则若干问题的解释》第27条第1款规定：“债务人或者第三人与债权人在债务履行期限届满后达成以物抵债协议，不存在影响合同效力情形的，人民法院应当认定该协议自当事人意思表示一致时生效。”

7.【参考答案】A市某小区7号楼、8号楼所在地法院有管辖权。因不动产纠纷提起的诉讼，由不动产所在地人民法院管辖。本案中，李丽向法院起诉要求甲公司和丙公司向其过户7号楼和8号楼，涉及不动产物权变动，属于不动产纠纷。因此，李丽应当向不动产所在地，即A市某小区7号楼、8号楼不动产所在地法院提起诉讼。

【考点】 专属管辖

【详解】《民事诉讼法》第34条规定："下列案件，由本条规定的人民法院专属管辖：（一）因不动产纠纷提起的诉讼，由不动产所在地人民法院管辖；（二）因港口作业中发生纠纷提起的诉讼，由港口所在地人民法院管辖；（三）因继承遗产纠纷提起的诉讼，由被继承人死亡时住所地或者主要遗产所在地人民法院管辖。"

8.【参考答案】 应当受理。因不能归责于本人的事由未参加诉讼，但有证据证明发生法律效力的判决、裁定、调解书的部分或者全部内容错误，损害其民事权益的第三人，可以自知道或者应当知道其民事权益受到损害之日起6个月内，向作出该判决、裁定、调解书的人民法院提起诉讼。本案中，中华银行对7号楼、8号楼、9号楼享有抵押权，法院判决丙公司将7号楼、8号楼过户给李丽，可能影响中华银行抵押权的实现，损害其民事权益。因此，中华银行作为与案件有法律上利害关系的第三人，可以提起第三人撤销之诉，中华银行在2024年3月提起第三人撤销之诉，未超过法定期限，法院应当受理。

【考点】 第三人撤销之诉

【详解】《民事诉讼法》第59条规定："对当事人双方的诉讼标的，第三人认为有独立请求权的，有权提起诉讼。对当事人双方的诉讼标的，第三人虽然没有独立请求权，但案件处理结果同他有法律上的利害关系的，可以申请参加诉讼，或者由人民法院通知他参加诉讼。人民法院判决承担民事责任的第三人，有当事人的诉讼权利义务。前两款规定的第三人，因不能归责于本人的事由未参加诉讼，但有证据证明发生法律效力的判决、裁定、调解书的部分或者全部内容错误，损害其民事权益的，可以自知道或者应当知道其民事权益受到损害之日起六个月内，向作出该判决、裁定、调解书的人民法院提起诉讼。人民法院经审理，诉讼请求成立的，应当改变或者撤销原判决、裁定、调解书；诉讼请求不成立的，驳回诉讼请求。"

民事诉讼法与仲裁制度

2013年

题目要点提炼

案情：孙某与钱某合伙经营一家五金店，后因经营理念不合，孙某唆使赵龙、赵虎兄弟寻衅将钱某打伤，钱某花费医疗费2万元，营养费3000元，交通费2000元。钱某委托李律师向甲县法院起诉赵家兄弟，要求其赔偿经济损失2.5万元，精神损失5000元，并提供了医院诊断书、处方、出租车票、发票、目击者周某的书面证言等证据。甲县法院适用简易程序审理本案。二被告没有提供证据，庭审中承认将钱某打伤，但对赔偿金额提出异议。甲县法院最终支持了钱某的所有主张。

二被告不服，向乙市中院提起上诉，并向该法院承认，二人是受孙某唆使。钱某要求追加孙某为共同被告，赔偿损失，并要求退伙析产。乙市中院经过审查，认定孙某是必须参加诉讼的当事人，遂通知孙某参加调解。后各方达成调解协议，钱某放弃精神损害赔偿，孙某即时向钱某支付赔偿金1.5万元，赵家兄弟在7日内向钱某支付赔偿金1万元，孙某和钱某同意继续合伙经营。乙市中院制作调解书送达各方后结案。（2013/四/七）

问题：

1. 请结合本案，简要概括钱某的起诉状或法院的一审判决书的结构和内容。（起诉状或一审判决书择一作答；二者均答时，评判排列在先者）

2. 如果乙市中院调解无效，应当如何处理？

3. 如果甲县法院重审本案，应当在程序上注意哪些特殊事项？

4. 近年来，随着社会转型的深入，社会管理领域面临许多挑战，通过人民调解、行政调解、司法调解和民事诉讼等多种渠道化解社会矛盾纠纷成为社会治理的必然选择；同时，司法改革以满足人民群众的司法需求为根本出发点，让有理有据的人打得赢官司，让公平正义通过司法渠道得到彰显。请结合本案和社会发展情况，试述调解和审判在转型时期的关系。

答题要点整理

〖参考答案及详解〗

1.【参考答案】(1) 起诉状。钱某起诉状的主要结构包括首部、正文和尾部。首部包括标题（民事起诉状）和当事人的基本情况；正文包括诉讼请求（医疗费2万元，营养费3000元，交通费2000元）、事实和理由、证据和证据来源（医院诊断书、处方、出租车票、发票、目击者周某的书面证言等证据）；尾部为落款、附项、日期等内容。

(2) 判决书。一审判决书分为首部、正文、尾部三部分。

首部。要求写明：①标题、文书编号。②当事人的基本情况。③诉讼代理人的情况。④案由、审判组织和审判方式。

正文。这部分包括事实、理由、判决结果三项内容：①事实。一审判决书应写明当事人的诉讼请求、争议的事实和理由、法院认定的事实及证据三方面。②理由。包括判决的理由和适用的法律两方面内容。③判决结果。必须体现"以事实为根据，以法律为准绳"的原则。

尾部。一审判决书要写清楚以下内容：①诉讼费用的负担。②交代上诉权、上诉期间、上诉法院名称。③合议庭组成人员或独任审判员署名。④判决日期。⑤加盖"本件与原本核对无异"的印章。⑥书记员署名。

【考点】法律文书写作

【详解】法律文书题虽近几年未考查，但有备无患，考生仍应适当了解。

2.【参考答案】根据《民事诉讼法》第177条及《最高人民法院关于适用〈中华人民共和国民事诉讼法〉的解释》第325、326条的规定，如果乙市中院调解无效，应裁定将该案发回一审法院重审，因为一审法院遗漏了应该参加诉讼的当事人，且该当事人为必要共同被告。

【考点】调解无效的处理

【详解】《民事诉讼法》第177条第1款规定："第二审人民法院对上诉案件，经过审理，按照下列情形，分别处理：……（四）原判决遗漏当事人或者违法缺席判决等严重违反法定程序的，裁定撤销原判决，发回原审人民法院重审。"

《最高人民法院关于适用〈中华人民共和国民事诉讼法〉的解释》第325条规定："必须参加诉讼的当事人或者有独立请求权的第三人，在第一审程序中未参加诉讼，第二审人民法院可以根据当事人自愿的原则予以调解；调解不成的，发回重审。"

《最高人民法院关于适用〈中华人民共和国民事诉讼法〉的解释》第326条规定："在第二审程序中，原审原告增加独立的诉讼请求或者原审被告提出反诉的，第二审人民法院可以根据当事人自愿的原则就新增加的诉讼请求或者反诉进行调解；调解不成的，告知当事人另行起诉。双方当事人同意由第二审人民法院一并审理的，第二审人民法院可以一并裁判。"

3.【参考答案】根据《民事诉讼法》第41条第3款的规定，发回重审的案件，应当另行组成合议庭。根据《民事诉讼法》第177条第2款的规定，原审人民法院对发回重审的案件作出判决后，当事人上诉的，二审人民法院不得再次发回重审。根据《最高人民法院关于适用〈中华人民共和国民事诉讼法〉的解释》第257条的规定，发回重审的案件不适用简易程序。

【考点】发回重审案件的处理

【详解】《民事诉讼法》第41条第3款规定："发回重审的案件，原审人民法院应当按照第一审程序另行组成合议庭。"

《民事诉讼法》第177条第2款规定："原审人民法院对发回重审的案件作出判决后，当事人提起上诉的，第二审人民法院不得再次发回重审。”

《最高人民法院关于适用〈中华人民共和国民事诉讼法〉的解释》第257条规定：“下列案件，不适用简易程序：（一）起诉时被告下落不明的；（二）发回重审的；（三）当事人一方人数众多的；（四）适用审判监督程序的；（五）涉及国家利益、社会公共利益的；（六）第三人起诉请求改变或者撤销生效判决、裁定、调解书的；（七）其他不宜适用简易程序的案件。”

4.【参考答案】我国民事诉讼法中同时规定了调解与审判程序，将二者并行作为法院行使民事审判权的方式。调解与审判作为两种不同的程序，在审判中都起着十分重要的作用。实践中正确地处理调解与裁判的关系，合理地运用这两种方式，对于解决纠纷、定分止争有着十分重要的意义。

目前，在司法实践中，调解制度发挥了很大作用，但是强制调解、久调不决、排斥调解的现象也时有发生，这从理论上说是由于我国调审合一诉讼模式的弊端造成的，从实践上说是由于一些法官没有正确地处理好调解与审判的关系造成的。要正确地处理调解与审判的关系，归根结底还是要在理论上给调解制度予以准确定位，在审判中正确运用调解制度。

审判与调解从总体上来说是相互依存、相互补充的，但二者各有其优点。调解制度具有简单快捷、利于双方认可处理结果，使矛盾得到较为彻底的化解等优点，这使得调解在许多方面能够弥补审判的不足，从而促进司法公正、提高诉讼效率。

转型时期处理调解与判决的总体做法应当是调解优先、注重调解，尽量做好调解工作。但也要注意，调解并非审理案件的必经程序，对于一些不能或不宜调解的案件，以及经一段时间调解没有达成协议的案件要及时判决。

具体来说，对于以下纠纷，要注重调解：（1）婚姻家庭纠纷。这类纠纷由于当事人多为家庭成员，互相有一定的感情基础，调解工作相对容易展开。另外，通过调解对当事人进行说服教育，比起强制性判决更利于解决纠纷。（2）当事人争议不大的纠纷。（3）当事人调解意愿较强的纠纷。（4）由于一方或双方对法律法规理解不当引起的纠纷。对于此类纠纷，通过调解过程，向当事人阐明法律的相关规定，可以使其懂得法律规定的权利义务关系，更有利于定分止争。

但是，对于以下案件，不应调解或应及时作出判决：（1）特别程序、督促程序、公示催告程序、破产还债程序案件，婚姻关系、身份关系确认案件，以及其他依案件性质不能进行调解的民事案件。（2）当事人明确表示不愿接受调解的。（3）当事人以拖延诉讼时间为目的要求调解的。（4）对于本身没有达成调解协议之希望的案件，或经过一段时间调解没有达成调解协议的案件，也应少调解并及时作出判决，以防止久调不决之现象的发生。

【考点】调解与审判的关系

题目要点提炼

2014 年

案情：赵文、赵武、赵军系亲兄弟，其父赵祖斌于 2013 年 1 月去世，除了留有一个元代青花瓷盘外，没有其他遗产。该青花瓷盘在赵军手中，赵文、赵武要求将该瓷盘变卖，变卖款由兄弟三人平均分配。赵军不同意。2013 年 3 月，赵文、赵武到某省甲县法院（赵军居住地和该瓷盘所在地）起诉赵军，要求分割父亲赵祖斌的遗产。经甲县法院调解，赵文、赵武与赵军达成调解协议：赵祖斌留下的青花瓷盘归赵军所有，赵军分别向赵文、赵武支付人民币 20 万元。该款项分 2 期支付：2013 年 6 月各支付 5 万元、2013 年 9 月各支付 15 万元。

但至 2013 年 10 月，赵军未向赵文、赵武支付上述款项。赵文、赵武于 2013 年 10 月向甲县法院申请强制执行。经法院调查，赵军可供执行的款项有其在银行的存款 10 万元，可供执行的其他财产折价为 8 万元，另外赵军手中还有一把名家制作的紫砂壶，市场价值大约 5 万元。赵军声称其父亲留下的那个元代青花瓷盘被卖了，所得款项 50 万元做生意亏掉了。法院全力调查也未发现赵军还有其他的款项和财产。法院将赵军的上述款项冻结，扣押了赵军可供执行的财产和赵军手中的那把紫砂壶。

2013 年 11 月，赵文、赵武与赵军拟达成执行和解协议：2013 年 12 月 30 日之前，赵军将其在银行的存款 10 万元支付给赵文，将可供执行财产折价 8 万元与价值 5 万元的紫砂壶交付给赵武。赵军欠赵文、赵武的剩余债务予以免除。

此时，出现了以下情况：①赵军的朋友李有福向甲县法院报告，声称赵军手中的那把紫砂壶是自己借给赵军的，紫砂壶的所有权是自己的。②赵祖斌的朋友张益友向甲县法院声称，赵祖斌留下的那个元代青花瓷盘是他让赵祖斌保存的，所有权是自己的。自己是在一周之前（2013 年 11 月 1 日）才知道赵祖斌已经去世以及赵文、赵武与赵军进行诉讼的事。③赵军的同事钱进军向甲县法院声称，赵军欠其 5 万元。同时，钱进军还向法院出示了公证机构制作的债权文书执行证书，该债权文书所记载的钱进军对赵军享有的债权是 5 万元，债权到期日是 2013 年 9 月 30 日。（2014/四/六）

问题：

1. 在不考虑李有福、张益友、钱进军提出的问题的情况下，如果赵文、赵武与赵军达成了执行和解协议，将产生什么法律后果？（考生可以就和解协议履行的情况作出假设）

2. 根据案情，李有福如果要对案中所提到的紫砂壶主张权利，在民事诉讼制度的框架下，其可以采取什么方式？采取相关方式时，应当符合什么条件？（考生可以就李有福采取的方式可能出现的后果作出假设）

3. 根据案情，张益友如果要对那个元代青花瓷盘所涉及的权益主张权利，在民事诉讼制度的框架下，其可以采取什么方式？采取该方式时，应当符合什么条件？

4. 根据案情，钱进军如果要对赵军主张 5 万元债权，在民事诉讼制度的框架下，其可以采取什么方式？为什么？

答题要点整理

〖参考答案及详解〗

1.【参考答案】如果赵文、赵武与赵军达成了执行和解协议，将产生的法律后果是：

（1）和解协议达成后，执行程序中止。

（2）如果在执行和解履行期内赵军履行了和解协议，执行程序终结，调解书视为执行完毕。

（3）如果在执行期届满后，赵军没有履行执行和解协议，赵文、赵武可以申请恢复执行，执行将以调解书作为根据，执行和解协议失效。如果赵军履行了执行和解协议的一部分，执行时应当对该部分予以扣除。

【考点】执行和解协议

【详解】该问实际上考查当事人在执行程序中达成和解协议后可能出现的法律后果，因此，分为两个方面：一方面是和解协议由当事人自觉履行完毕后产生终结执行程序的后果；另一方面，如果申请人因受胁迫与被执行人达成和解协议，或者达成和解协议后不履行或者不完全履行，则法院可以根据另一方当事人的申请恢复对原生效法律文书的执行。

《最高人民法院关于适用〈中华人民共和国民事诉讼法〉的解释》第464条规定："申请执行人与被执行人达成和解协议后请求中止执行或者撤回执行申请的，人民法院可以裁定中止执行或者终结执行。"

《最高人民法院关于适用〈中华人民共和国民事诉讼法〉的解释》第465条规定："一方当事人不履行或者不完全履行在执行中双方自愿达成的和解协议，对方当事人申请执行原生效法律文书的，人民法院应当恢复执行，但和解协议已履行的部分应当扣除。和解协议已经履行完毕的，人民法院不予恢复执行。"

2.【参考答案】李有福如果要对案中所提到的紫砂壶主张权利，在赵文、赵武与赵军的案件已经进入了执行阶段的情况下，在民事诉讼制度的框架下，其可以采取的方式是：

第一，提出对执行标的的异议。提出异议应当以书面的形式向甲县法院提出。

第二，如果法院裁定驳回了李有福的执行标的异议，李有福可以提出案外人异议之诉。提出案外人异议之诉应当符合的条件是：（1）起诉的时间应当在收到执行法院对执行标的异议作出驳回裁定后15日内；（2）管辖法院为执行法院，即甲县法院；（3）李有福作为原告，赵文、赵武作为被告，如果赵军反对李有福的主张，赵军为共同被告。

【考点】案外人异议

【详解】该问题考查案外人异议及其提出以及法院对案外人异议的处理，正确回答本题的关键在于需注意到案外人李有福主张实体权利所针对的紫砂壶是作为执行根据的调解书所未确定的财产，因此，无论法院是否支持李有福的异议，可能引起的都是异议之诉。

《最高人民法院关于适用〈中华人民共和国民事诉讼法〉的解释》第303条规定："案外人提起执行异议之诉，除符合民事诉讼法第一百二十二条规定外，还应当具备下列条件：（一）案外人的执行异议申请已经被人民法院裁定驳回；（二）有明确的排除对执行标的执行的诉讼请求，且诉讼请求与原判决、裁定无关；（三）自执行异议裁定送达之日起十五日内提起。人民法院应当在收到起诉状之日起十五日内决定是否立案。"

《最高人民法院关于适用〈中华人民共和国民事诉讼法〉的解释》第305条规定："案外人提起执行异议之诉的，以申请执行人为被告。被执行人反对案外人异议的，被执行人为共同被告；被执行人不反对案外人异议的，可以列被执行人为第三人。"

3.【参考答案】张益友如果要对那个元代青花瓷盘所涉及的权益主张权利，在赵文、赵武与赵军的案件已经进入了执行阶段的情况下，在民事诉讼制度的框架下，其可以提出第三人撤销之诉；张益友提出第三人撤销之诉应当符合的条件是：(1) 张益友作为原告，赵文、赵武、赵军作为被告；(2) 向作出调解书的法院即甲县法院提出诉讼；(3) 应当在2013年11月1日之后的6个月内提出。

【考点】 第三人撤销之诉

【详解】 该问题考查第三人撤销之诉，因为本题中赵文、赵武与赵军达成调解协议：赵祖斌留下的青花瓷盘归赵军所有，损害了张益友的实体权利。

《最高人民法院关于适用〈中华人民共和国民事诉讼法〉的解释》第290条规定："第三人对已经发生法律效力的判决、裁定、调解书提起撤销之诉的，应当自知道或者应当知道其民事权益受到损害之日起六个月内，向作出生效判决、裁定、调解书的人民法院提出，并应当提供存在下列情形的证据材料：(一) 因不能归责于本人的事由未参加诉讼；(二) 发生法律效力的判决、裁定、调解书的全部或者部分内容错误；(三) 发生法律效力的判决、裁定、调解书内容错误损害其民事权益。"

4. 【参考答案】 钱进军如果要对其对赵军所享有的那5万元债权主张权利，在赵文、赵武与赵军的案件已经进入了执行阶段的情况下，在民事诉讼制度的框架下，其可以申请参与分配。因为其符合申请参与分配的条件。按照《民事诉讼法》的规定，参与分配的条件包括：第一，被执行人的财产无法清偿所有债权，本案中赵军的财产不足以清偿其所有的债务。第二，被执行人为自然人或其他组织，而非法人，本案中赵军为自然人。第三，有多个申请人对同一被申请人享有债权，本案中有三个申请人对赵军享有债权。第四，申请人必须取得生效的执行根据，本案中钱进军有经过公证的债权文书作为执行根据。第五，参与分配的债权只限于金钱债权，本案中钱进军对赵军享有的就是金钱债权。第六，参与分配必须发生在执行程序开始后，被执行人的财产清偿完毕之前，本案情形与此相符。

【考点】 参与分配

【详解】 该问题考查参与分配的条件。正确回答本题的关键在于需注意到作为被执行人的赵军不能清偿全部债权人的债权，而且钱进军已经取得对赵军的5万元的金钱债权执行根据，有权通过参与分配的方式公平受偿以实现自己的债权。

《最高人民法院关于适用〈中华人民共和国民事诉讼法〉的解释》第506条规定："被执行人为公民或者其他组织，在执行程序开始后，被执行人的其他已经取得执行依据的债权人发现被执行人的财产不能清偿所有债权的，可以向人民法院申请参与分配。对人民法院查封、扣押、冻结的财产有优先权、担保物权的债权人，可以直接申请参与分配，主张优先受偿权。"

2015年

题目要点提炼

案情：杨之元开设古玩店，因收购藏品等所需巨额周转资金，即以号称“镇店之宝”的一块雕有观音图像的翡翠（下称翡翠观音）作为抵押物，向胜洋小额贷款公司（简称胜洋公司）贷款200万元，但翡翠观音仍然置于杨之元店里。后，古玩店经营不佳，进入亏损状态，无力如期偿还贷款。胜洋公司遂向法院起诉杨之元。

法院经过审理，确认抵押贷款合同有效，杨之元确实无力还贷，遂判决翡翠观音归胜洋公司所有，以抵偿200万元贷款及利息。判决生效后，杨之元未在期限内履行该判决。胜洋公司遂向法院申请强制执行。

在执行过程中，案外人商玉良向法院提出执行异议，声称该翡翠观音属于自己，杨之元无权抵押。并称：当初杨之元开设古玩店，需要有“镇店之宝”装点门面，经杨之元再三请求，商玉良才将自己的翡翠观音借其使用半年（杨之元为此还支付了6万元的借用费），并约定杨之元不得处分该翡翠观音，如造成损失，商玉良有权索赔。

法院经审查，认为商玉良提出的执行异议所提出的事实没有充分的证据，遂裁定驳回商玉良的异议。（2015/四/四）

问题：

1. 执行异议被裁定驳回后，商玉良是否可以提出执行异议之诉？为什么？

2. 如商玉良认为作为法院执行根据的判决有错，可以采取哪两种途径保护自己的合法权益？

3. 与第2问“两种途径”相关的两种民事诉讼制度（或程序）在适用程序上有何特点？

4. 商玉良可否同时采用上述两种制度（或程序）维护自己的权益？为什么？

答题要点整理

〖参考答案及详解〗

1.【参考答案】商玉良不可以提出执行异议之诉。因为商玉良主张被抵押的翡翠观音属自己所有，即法院将翡翠观音用以抵偿杨之元的债务的判决是错误的，该执行异议与原判决有关，不能提起执行异议之诉。

【考点】案外人执行异议被驳回后的救济

【详解】案外人执行异议被法院裁定驳回后，案外人究竟是通过提出执行异议之诉的方式还是通过申请再审的方式寻求救济，应当取决于案外人异议的标的与生效法律文书的关系。正确解答本题的关键在于考生需要注意到，在本案的生效判决中，已经将翡翠观音直接判归胜洋公司所有，以抵偿200万元贷款及利息，因此，商玉良作为案外人提出的执行异议被法院裁定驳回后，其只能通过申请再审的方式寻求救济，而不可以提出执行异议之诉。

2.【参考答案】商玉良可以根据《民事诉讼法》第59条第3款规定，提起第三人撤销之诉；或根据《民事诉讼法》第238条规定，以案外人身份申请再审。

【考点】第三人撤销之诉与案外人申请再审

【详解】在本案中，商玉良主张其是判决所涉及的翡翠观音的所有权人，就判决所涉及的翡翠观音，商玉良是有独立请求权的第三人，其认为作为法院执行根据的判决有错，损害了其民事权益。商玉良可以通过两种途径保护其合法权益：第一，商玉良有权提起第三人撤销之诉；第二，商玉良在执行程序中提出案外人执行异议，如果其执行异议被法院裁定驳回，其有权向生效判决的作出法院申请再审。

《民事诉讼法》第59条第3款规定："前两款规定的第三人，因不能归责于本人的事由未参加诉讼，但有证据证明发生法律效力的判决、裁定、调解书的部分或者全部内容错误，损害其民事权益的，可以自知道或者应当知道其民事权益受到损害之日起六个月内，向作出该判决、裁定、调解书的人民法院提起诉讼。人民法院经审理，诉讼请求成立的，应当改变或者撤销原判决、裁定、调解书；诉讼请求不成立的，驳回诉讼请求。"

《民事诉讼法》第238条规定："执行过程中，案外人对执行标的提出书面异议的，人民法院应当自收到书面异议之日起十五日内审查，理由成立的，裁定中止对该标的的执行；理由不成立的，裁定驳回。案外人、当事人对裁定不服，认为原判决、裁定错误的，依照审判监督程序办理；与原判决、裁定无关的，可以自裁定送达之日起十五日内向人民法院提起诉讼。"

3.【参考答案】（1）第三人撤销之诉在适用上的特点：

①诉讼主体：有权提起第三人撤销之诉的须是当事人以外的第三人，该第三人应当具备诉的利益，即其民事权益受到了原案判决书的损害。商玉良是原告，杨之元和胜洋公司是被告。

②诉讼客体：损害了第三人民事权益的发生法律效力的判决书。

③提起诉讼的期限、条件与受理法院：期限是自知道或应当知道其民事权益受到损害之日起6个月内。条件为：因不能归责于本人的事由未参加诉讼；发生法律效力的判决的全部或者部分内容错误；判决书内容错误，损害其民事权益。受诉法院为作出生效判决的人民法院。

（2）案外人申请再审程序的特点：

①适用一审程序进行再审的，得追加案外人为当事人；适用二审程序进行再审的，可以进行调解，调解不成的，应撤销原判决，发回重审，并在重审中追加案外人为当事人。

②其他程序内容与通常的再审程序基本相同。

【考点】第三人撤销之诉与案外人申请再审的特点

【详解】该题直接考查考生对第三人撤销之诉制度与案外人执行异议被法院裁定驳回后案外人申请再

审制度的特点，这两种制度均是对受生效判决损害其民事权益的第三人的事后救济制度，但是两者存在很大的区别，第三人撤销之诉是以提起诉讼的方式，通过两审终审的正常诉讼程序寻求救济；而执行异议被法院裁定驳回后案外人申请再审，是通过审判监督程序寻求救济。

4.【参考答案】商玉良不可以同时适用上述两种民事诉讼制度（或程序）。

第三人提起撤销之诉后，未中止生效判决、裁定、调解书执行的，执行法院对第三人提出的执行异议，应予审查。第三人不服驳回执行异议裁定，申请对原判决、裁定、调解书再审的，人民法院不予受理。

案外人对人民法院驳回其执行异议裁定不服，认为原判决、裁定、调解书内容错误损害其合法权益的，应当申请再审，提起第三人撤销之诉的，人民法院不予受理。

【考点】第三人撤销之诉与案外人申请再审的适用

【详解】该题考查考生对第三人撤销之诉与案外人申请再审适用的特点，由于两种制度均是对因不能归责于本人或者其诉讼代理人的原因未参加诉讼的第三人予以事后救济的制度，立法赋予第三人选择权，即第三人有权选择其中一种方式寻求救济。

《最高人民法院关于适用〈中华人民共和国民事诉讼法〉的解释》第301条规定："第三人提起撤销之诉后，未中止生效判决、裁定、调解书执行的，执行法院对第三人依照民事诉讼法第二百三十四条规定提出的执行异议，应予审查。第三人不服驳回执行异议裁定，申请对原判决、裁定、调解书再审的，人民法院不予受理。案外人对人民法院驳回其执行异议裁定不服，认为原判决、裁定、调解书内容错误损害其合法权益的，应当根据民事诉讼法第二百三十四条规定申请再审，提起第三人撤销之诉的，人民法院不予受理。"

题目要点提炼

2016 年

案情：陈某转让一辆中巴车给王某但未办过户。王某为了运营，与明星汽运公司签订合同，明确挂靠该公司，王某每月向该公司交纳500元，该公司为王某代交规费、代办各种运营手续、保险等。明星汽运公司依约代王某向鸿运保险公司支付了该车的交强险费用。

2015年5月，王某所雇司机华某驾驶该中巴车致行人李某受伤，交警大队认定中巴车一方负全责，并出具事故认定书。但华某认为该事故认定书有问题，提出虽肇事车辆车速过快，但李某横穿马路没有走人行横道，对事故发生也负有责任。因赔偿问题协商无果，李某将王某和其他相关利害关系人诉至F省N市J县法院，要求王某、相关利害关系人向其赔付治疗费、误工费、交通费、护理费等费用。被告王某委托N市甲律师事务所刘律师担任诉讼代理人。

案件审理中，王某提出其与明星汽运公司存在挂靠关系、明星汽运公司代王某向保险公司交纳了该车的交强险费用、交通事故发生时李某横穿马路没走人行横道等事实；李某陈述了自己受伤、治疗、误工、请他人护理等事实。诉讼中，各利害关系人对上述事实看法不一。李某为支持自己的主张，向法院提交了因误工被扣误工费、为就医而支付交通费、请他人护理而支付护理费的书面证据。但李某声称治疗的相关诊断书、处方、药费和治疗费的发票等不慎丢失，其向医院收集这些证据遭拒绝。李某向法院提出书面申请，请求法院调查收集该证据，J县法院拒绝。

在诉讼中，李某向J县法院主张自己共花治疗费36650元，误工费、交通费、护理费共计12000元。被告方仅认可治疗费用15000元。J县法院对案件作出判决，在治疗费方面支持了15000元。双方当事人都未上诉。

一审判决生效一个月后，李某聘请N市甲律师事务所张律师收集证据、代理本案的再审，并商定实行风险代理收费，约定按协议标的额的35%收取律师费。经律师说服，医院就李某治伤的相关诊断书、处方、药费和治疗费的支付情况出具了证明，李某据此向法院申请再审，法院受理了李某的再审申请并裁定再审。

再审中，李某提出增加赔付精神损失费的诉讼请求，并要求张律师一定坚持该意见，律师将其写入诉状。（2016/四/六）

问题：

1. 本案的被告是谁？简要说明理由。

2. 就本案相关事实，由谁承担证明责任？简要说明理由。

3. 交警大队出具的事故认定书，是否当然就具有证明力？简要说明理由。

4. 李某可以向哪个（些）法院申请再审？其申请再审所依据的理由应当是什么？

5. 再审法院应当按照什么程序对案件进行再审？再审法院对李某增加的再审请求，应当如何处理？简要说明理由。

6. 根据律师执业规范，评价甲律师事务所及律师的执业行为，并简要说明理由。

答题要点整理

〚参考答案及详解〛

1.【参考答案】本案被告得以原告的主张来加以确定：若原告主张挂靠单位和被挂靠单位承担责任的，王某、明星汽运公司、鸿运保险公司为共同被告。

理由：《民法典》第1210条规定："当事人之间已经以买卖或者其他方式转让并交付机动车但是未办理登记，发生交通事故造成损害，属于该机动车一方责任的，由受让人承担赔偿责任。"《机动车交通事故责任强制保险条例》第21条规定："被保险机动车发生道路交通事故造成本车人员、被保险人以外的受害人人身伤亡、财产损失的，由保险公司依法在机动车交通事故责任强制保险责任限额范围内予以赔偿。道路交通事故的损失是由受害人故意造成的，保险公司不予赔偿。"明星汽运公司为王某从事中巴车运营的被挂靠单位，《最高人民法院关于适用〈中华人民共和国民事诉讼法〉的解释》第54条规定："以挂靠形式从事民事活动，当事人请求由挂靠人和被挂靠人依法承担民事责任的，该挂靠人和被挂靠人为共同诉讼人。"原告不主张挂靠单位承担责任的，王某、鸿运保险公司为共同被告。

【考点】当事人

【详解】若原告主张有挂靠关系的当事人为被告，则被告是王某、明星汽运公司和鸿运保险公司。理由是：《最高人民法院关于适用〈中华人民共和国民事诉讼法〉的解释》第57条规定："提供劳务一方因劳务造成他人损害，受害人提起诉讼的，以接受劳务一方为被告。"华某为王某所雇佣的司机，为提供劳务一方，因提供劳务造成他人损害的，在民事诉讼法中，应当以接受劳务一方即王某为被告。同时，根据前述《民法典》第1210条、《机动车交通事故责任强制保险条例》第21条和《最高人民法院关于适用〈中华人民共和国民事诉讼法〉的解释》第54条的规定，本案中王某与明星汽运公司签订合同，明确挂靠关系，故两者应为共同被告。若原告不主张挂靠单位承担责任的，王某、鸿运保险公司为共同被告。

2.【参考答案】王某与明星汽运公司存在挂靠关系的事实由王某承担证明责任；明星汽运公司依约代王某向鸿运保险公司交纳了该车的强制保险费用的事实由王某承担证明责任；交通事故发生时李某横穿马路没走人行横道的事实，由王某承担证明责任；李某受伤状况、治疗状况、误工状况、请他人护理状况等事实，由李某承担证明责任。理由：诉讼中，在通常情况下，谁主张事实支持自己的权利主张，由谁来承担自己所主张事实的证明责任。本案上述事实，不存在特殊情况的情形，因此由相对应的事实主张者承担证明责任。

【考点】证明责任

【详解】原告李某就本案中巴车的侵权行为所造成的损害结果以及侵权行为与损害结果之间的因果关系承担举证责任。被告王某就与明星汽运公司的挂靠关系的事实，以及明星汽运公司依约定向鸿运保险公司交纳强制保险费用，就李某因为横穿马路对事故发生也有责任承担举证责任。本案属于普通侵权案件，双方的证明责任以自己提出的诉讼请求承担举证责任。

3.【参考答案】交警大队出具的事故认定书，不当然具有证明力。理由：在诉讼中，交警大队出具的事故认定书只是证据的一种，其所证明的事实与案件其他证据所证明的事实是否一致，以及法院是否确信该事故认定书所确认的事实，法院有权根据案件的综合情况予以判断，即该事故认定书的证明力由法院判断后确定。

【考点】证据证明力

【详解】交警大队出具的事故认定书，并不当然具有证明力。理由是：根据《最高人民法院关于适用〈中华人民共和国民事诉讼法〉的解释》第114条的规定："国家机关或者其他依法具有社会管理职能的组织，在其职权范围内制作的文书所记载的事项推定为真实，但有相反证据足以推翻的除外。必要时，人民法院可以要求制作文书的机关或者组织对文书的真实性予以说明。”在本案中所出具的交通事故认定书，也只是证据的一种，需要对其进行证据的认定，以考查其真实性、可靠性与科学性。交警大队认定中巴车一方负全责，但华某认为该事故认定书有问题，主张受害人李某横穿马路没有走人行横道，对事故发生也负有责任。如果华某就该事实主张能够提供足以推翻事故认定书结论的证据，则法院可以改变事故认定结论。因而，交警大队出具的事故认定书，并不当然具有证明力。

4.【参考答案】李某可以向F省N市中级人民法院申请再审。根据《最高人民法院关于适用〈中华人民共和国民事诉讼法〉的解释》，再审案件原则上向原审法院的上级法院提出。本案不存在向原审法院申请再审的法定事由。再审的理由为：对审理案件需要的主要证据，当事人因客观原因不能自行收集，书面申请人民法院调查收集，人民法院未调查收集；有新的证据，足以推翻原判决。

【考点】再审申请

【详解】李某可以向J县法院的上一级人民法院，即F省N市中级人民法院申请再审。理由是：《民事诉讼法》第210条规定：“当事人对已经发生法律效力的判决、裁定，认为有错误的，可以向上一级人民法院申请再审；当事人一方人数众多或者当事人双方为公民的案件，也可以向原审人民法院申请再审。当事人申请再审的，不停止判决、裁定的执行。”本案中，双方当事人既不存在人数众多的情况，也不存在双方当事人都为公民的情形，因而应当向原作出生效判决的J县法院的上一级人民法院申请再审，而不能向J县法院申请再审。

李某申请再审所依据的理由应当是：《民事诉讼法》第211条规定：“当事人的申请符合下列情形之一的，人民法院应当再审……（五）对审理案件需要的主要证据，当事人因客观原因不能自行收集，书面申请人民法院调查收集，人民法院未调查收集的……”本案中，对于证明损害数额的主要证据，原告因客观原因无法自行收集，在一审中书面申请人民法院调取证据，遭拒绝。此外，一审判决生效后，当事人有新的证据，足以推翻原判决、裁定的，当事人申请再审的，人民法院亦应当再审。

5.【参考答案】再审法院应当按照第二审程序对案件进行再审。因为受理并裁定对案件进行再审的是原审法院的上级法院，应当适用第二审程序对案件进行再审。

再审法院对李某增加的要求被告支付精神损失费的再审请求不予受理；且该请求也不属于可以另行起诉的情形，再审法院也不可告知其另行起诉。

【考点】再审程序

【详解】《最高人民法院关于适用〈中华人民共和国民事诉讼法〉审判监督程序若干问题的解释》第18条规定：“上一级人民法院经审查认为申请再审事由成立的，一般由本院提审。最高人民法院、高级人民法院也可以指定与原审人民法院同级的其他人民法院再审，或者指令原审人民法院再审。”《民事诉讼法》第218条第1款规定：“人民法院按照审判监督程序再审的案件，发生法律效力的判决、裁定是由第一审法院作出的，按照第一审程序审理，所作的判决、裁定，当事人可以上诉；发生法律效力的判决、裁定是由第二审法院作出的，按照第二审程序审理，所作的判决、裁定，是发生法律效力的判决、裁定；上级人民法院按照审判监督程序提审的，按照第二审程序审理，所作的判决、裁定是发生法律效力的判决、裁定。”

再审法院对于李某增加的要求赔偿精神损失费的诉讼请求，不予审理。符合另案诉讼条件的，告知当事人可以另行起诉。理由是：《最高人民法院关于适用〈中华人民共和国民事诉讼法〉的解释》第403条第1款规定：“人民法院审理再审案件应当围绕再审请求进行。当事人的再审请求超出原审诉讼请求的，不予审理；符合另案诉讼条件的，告知当事人可以另行起诉。”

6.【参考答案】（1）可以适用风险代理，但风险代理收费按规定不得高于30%；（2）甲律所张律师担任李某的申诉代理人，违反《律师执业行为规范（试行）》规定；（3）李某增加诉讼请求不符合有关规定（理由如前），律师应指出而未能指出，有违“以事实为根据、以法律为准绳”的执业原则及勤勉尽责义务的要求。

【考点】 律师及律师事务所执业规范

【详解】（1）甲律师事务所与律师的执业不合理。《律师服务收费管理办法》第 13 条规定：“实行风险代理收费，律师事务所应当与委托人签订风险代理收费合同，约定双方应承担的风险责任、收费方式、收费数额或比例。实行风险代理收费，最高收费金额不得高于收费合同约定标的额的 30%。”本案中，张律师与当事人李某约定按协议标的额的 35% 收取律师费，已经超出法定 30% 的最高收费率，因此是不合理的。(2)《律师执业行为规范（试行）》第 51 条规定：“有下列情形之一的，律师及律师事务所不得与当事人建立或维持委托关系……（五）在民事诉讼、行政诉讼、仲裁案件中，同一律师事务所的不同律师同时担任争议双方当事人的代理人，或者本所或其工作人员为一方当事人，本所其他律师担任对方当事人的代理人的……”本案中，被告王某委托的刘律师与原告李某委托的张律师均从业于甲律师事务所，违反了相关规定，故不合理。(3) 李某在再审中增加诉讼请求不符合有关要求，律师应当指出而未指出，违反了律师执业原则与勤勉尽责义务的要求。

题目要点提炼

2017 年

案情：2013 年 5 月，居住在 S 市二河县的郝志强、迟丽华夫妻将二人共有的位于 S 市三江区的三层楼房出租给包童新居住，协议是以郝志强的名义签订的。2015 年 3 月，住所地在 S 市四海区的温茂昌从该楼房底下路过，被三层掉下的窗户玻璃砸伤，花费医疗费 8500 元。

就温茂昌受伤赔偿问题，利害关系人有关说法是：包童新承认当时自己开了窗户，但没想到玻璃会掉下，应属窗户质量问题，自己不应承担责任；郝志强认为窗户质量没有问题，如果不是包童新使用不当，窗户玻璃不会掉下；此外，温茂昌受伤是在该楼房院子内，作为路人的温茂昌不应未经楼房主人或使用权人同意擅自进入院子里，也有责任；温茂昌认为自己是为了躲避路上的车辆而走到该楼房旁边的，不知道这个区域已属个人私宅的范围。为此，温茂昌将郝志强和包童新诉至法院，要求他们赔偿医疗费用。

法院受理案件后，向被告郝志强、包童新送达了起诉状副本等文件。在起诉状、答辩状中，原告和被告都坚持协商过程中自己的理由。开庭审理 5 天前，法院送达人员将郝志强和包童新的传票都交给包童新，告其将传票转交给郝志强。开庭时，温茂昌、包童新按时到庭，郝志强迟迟未到庭。法庭询问包童新是否将出庭传票交给了郝志强，包童新表示 4 天之前就交了。法院据此在郝志强没有出庭的情况下对案件进行审理并作出了判决，判决郝志强与包童新共同承担赔偿责任：郝志强赔偿 4000 元，包童新赔偿 4500 元，两人相互承担连带责任。

一审判决送达后，郝志强不服，在上诉期内提起上诉，认为一审审理程序上存在瑕疵，要求二审法院将案件发回重审。包童新、温茂昌没有提起上诉。（2017/四/六）

问题：

1. 哪些（个）法院对本案享有管辖权？为什么？

2. 本案的当事人确定是否正确？为什么？

3. 本案涉及的相关案件事实应由谁承担证明责任？

4. 一审案件的审理在程序上有哪些瑕疵？二审法院对此应当如何处理？

答题要点整理

〖参考答案及详解〗

1.【参考答案】 S市三江区法院和S市二河县法院对本案有管辖权。《民事诉讼法》第29条规定，因侵权行为提起的诉讼，由侵权行为地或者被告住所地法院管辖。S市三江区法院为侵权行为地和被告包童新住所地，S市二河县法院为被告郝志强住所地。

【考点】 特殊地域管辖

【详解】 本案是由基层人民法院管辖的第一审普通民事案件，不存在其他级别人民法院管辖的特殊情形，因此由基层人民法院管辖。《民事诉讼法》第29条规定："因侵权行为提起的诉讼，由侵权行为地或者被告住所地人民法院管辖。"本案是因侵权行为提起的诉讼，由侵权行为地三江区人民法院或被告住所地二河县人民法院管辖。综上，三江区基层人民法院或二河县基层人民法院对本案有管辖权。

2.【参考答案】 本案一审当事人的确定不完全正确（或部分正确，或部分错误）：

（1）温茂昌作为原告，郝志强、包童新作为被告正确，遗漏迟丽华为被告错误。温茂昌是受害人，与案件的处理结果有直接的利害关系，作为原告，正确。

（2）《民法典》第1253条规定，建筑物、构筑物或者其他设施及其搁置物、悬挂物发生脱落、坠落造成他人损害，所有人、管理人或者使用人不能证明自己没有过错的，应当承担侵权责任。郝志强为楼房所有人，包童新为楼房使用人，作为被告，正确。

（3）迟丽华作为楼房的所有人之一，没有列为被告，错误。

【考点】 共同诉讼人

【详解】 本案为建筑物发生脱落、坠落造成他人损害的侵权案件，《民法典》第1253条规定："建筑物、构筑物或者其他设施及其搁置物、悬挂物发生脱落、坠落造成他人损害，所有人、管理人或者使用人不能证明自己没有过错的，应当承担侵权责任。所有人、管理人或者使用人赔偿后，有其他责任人的，有权向其他责任人追偿。"位于S市三江区的三层楼房为郝志强、迟丽华夫妻共有，二人为房屋所有人；原告温茂昌被三层掉下的窗户玻璃砸伤时，该房屋为房屋租赁人包童新现实使用。在该侵权责任法律关系中，本案应由房屋所有人郝志强、迟丽华以及现实使用人包童新共同承担侵权责任，但本案原告温茂昌起诉郝志强、包童新，法院仅将郝志强、包童新列为被告，遗漏了当事人迟丽华，因此本案当事人确定错误。

3.【参考答案】（1）郝志强为该楼所有人、包童新为该楼使用人的事实、该楼三层掉下的窗户玻璃砸伤温茂昌的事实、温茂昌受伤状况的事实、温茂昌治伤花费医疗费8500元的事实等，由温茂昌承担证明责任。

（2）包童新认为窗户质量存在问题的事实，由包童新承担证明责任。

（3）包童新使用窗户不当的事实、温茂昌未经楼房的主人或使用权人的同意擅自进到楼房的院子里的事实，由郝志强承担证明责任。

【考点】 证明责任

【详解】 根据前述《民法典》第1253条，建筑物、构筑物脱落、坠落致人损害，由所有人、管理人或者使用人承担无过错责任。本案中应当由被告郝志强和包童新对自己无过错承担证明责任。

4.【参考答案】（1）一审案件的审理存在如下瑕疵：第一，遗漏被告迟丽华：迟丽华作为楼房所有人之一，应当作为被告参加诉讼。第二，一审法院通过包童新向郝志强送达开庭传票没有法律根据，属于违法行为；法院未依法向郝志强送达开庭传票，进而导致案件缺席判决，不符合作出缺席判决的条件，并严重限制了郝志强辩论权的行使。

（2）遗漏当事人、违法缺席判决、严重限制当事人辩论权的行使，都属于程序上严重违法、案件应当发回重审的行为，因此，二审法院应当裁定发回重审。

【考点】一审程序；上诉案件的裁判

【详解】1. 一审审理上的瑕疵：

（1）遗漏被告迟丽华，作为房屋所有人之一，应当作为被告参加诉讼。

（2）传票送达方式错误。本案中，法院将传票交给包童新并让其转交给另一被告郝志强。法律对转交送达有其适用条件，《民事诉讼法》第92条规定："受送达人是军人的，通过其所在部队团以上单位的政治机关转交。"《民事诉讼法》第93条规定："受送达人被监禁的，通过其所在监所转交。受送达人被采取强制性教育措施的，通过其所在强制性教育机构转交。"被告郝志强并不符合上述条件，包童新也并非可以转交送达的主体，不能视为有效送达。

（3）缺席判决错误。《民事诉讼法》第147条规定："被告经传票传唤，无正当理由拒不到庭的，或者未经法庭许可中途退庭的，可以缺席判决。"本案中，法院在传票送达方式上存在错误，尽管当庭询问包童新，仍不能视为有效送达。法院在未对被告完成传票送达的情况下对被告郝志强进行缺席判决，属于违法缺席判决，同时严重限制了郝志强的辩论权的行使。

2. 二审法院的处理：

二审法院应当撤销原判，发回重审。《民事诉讼法》第177条第1款规定："第二审人民法院对上诉案件，经过审理，按照下列情形，分别处理：……（四）原判决遗漏当事人或者违法缺席判决等严重违反法定程序的，裁定撤销原判决，发回原审人民法院重审。"本案中，一审法院遗漏当事人，违法缺席判决，严重限制当事人辩论权的行使，属于程序上严重违法，应当发回重审的行为，故应当撤销原判，发回重审。

行政法与
行政诉讼法

2015 年

题目要点提炼

案情：某公司系转制成立的有限责任公司，股东 15 人。全体股东通过的公司章程规定，董事长为法定代表人。对董事长产生及变更办法，章程未作规定。股东会议选举甲、乙、丙、丁四人担任公司董事并组成董事会，董事会选举甲为董事长。

后乙、丙、丁三人组织召开临时股东会议，会议通过罢免甲董事长职务并解除其董事，选举乙为董事长的决议。乙向区工商分局递交法定代表人变更登记申请，经多次补正后该局受理其申请。

其后，该局以乙递交的申请，缺少修改后明确董事长变更办法的公司章程和公司法定代表人签署的变更登记申请书等材料，不符合法律、法规规定为由，作出登记驳回通知书。

乙、丙、丁三人向市工商局提出复议申请，市工商局经复议后认定三人提出的变更登记申请不符合受理条件，分局作出的登记驳回通知错误，决定予以撤销。

三人遂向法院起诉，并向法院提交了公司的章程、经过公证的临时股东会决议。(2015/四/六)

问题：(节录)

1. 如市工商局维持了区工商分局的行政行为，请确定本案中的原告和被告，并说明理由。

2. 如何确定本案的审理和裁判对象？如市工商局在行政复议中维持区工商分局的行为，有何不同？

3. 法院接到起诉状决定是否立案时通常面临哪些情况？如何处理？

4.《行政诉讼法》对一审法院宣判有何要求？

答题要点整理

〖参考答案及详解〗

1.【参考答案】乙、丙、丁为原告，被告为市工商局和区工商分局。

(1) 本案中，针对区工商分局的决定，乙、丙、丁申请复议。如市工商局作出维持决定，根据《行政诉讼法》第26条第2款规定，复议机关维持原行政行为的，作出原行政行为的行政机关和行政复议机关是共同被告，故市工商局和区工商分局为共同被告。

(2)《行政诉讼法》第25条第1款规定，行政行为的相对人以及其他与行政行为有利害关系的公民、法人或者其他组织，有权提起诉讼。故乙、丙、丁为原告。

【考点】行政诉讼原告和被告

【详解】《行政诉讼法》第25条规定："行政行为的相对人以及其他与行政行为有利害关系的公民、法人或者其他组织，有权提起诉讼。有权提起诉讼的公民死亡，其近亲属可以提起诉讼。有权提起诉讼的法人或者其他组织终止，承受其权利的法人或者其他组织可以提起诉讼。人民检察院在履行职责中发现生态环境和资源保护、食品药品安全、国有财产保护、国有土地使用权出让等领域负有监督管理职责的行政机关违法行使职权或者不作为，致使国家利益或者社会公共利益受到侵害的，应当向行政机关提出检察建议，督促其依法履行职责。行政机关不依法履行职责的，人民检察院依法向人民法院提起诉讼。"

《行政诉讼法》第26条规定："公民、法人或者其他组织直接向人民法院提起诉讼的，作出行政行为的行政机关是被告。经复议的案件，复议机关决定维持原行政行为的，作出原行政行为的行政机关和复议机关是共同被告；复议机关改变原行政行为的，复议机关是被告。复议机关在法定期限内未作出复议决定，公民、法人或者其他组织起诉原行政行为的，作出原行政行为的行政机关是被告；起诉复议机关不作为的，复议机关是被告。两个以上行政机关作出同一行政行为的，共同作出行政行为的行政机关是共同被告。行政机关委托的组织所作的行政行为，委托的行政机关是被告。行政机关被撤销或者职权变更的，继续行使其职权的行政机关是被告。"

2.【参考答案】(1) 本案的审理和裁判对象是市工商局撤销区工商分局通知的行为。

(2) 如果市工商局维持了区工商分局的行为，那么原行政行为（登记驳回通知书）和复议决定（撤销决定）均为案件的审理对象，法院应一并作出裁判。

【考点】行政诉讼的审理对象；行政诉讼举证责任

【详解】《行政诉讼法》第79条规定："复议机关与作出原行政行为的行政机关为共同被告的案件，人民法院应当对复议决定和原行政行为一并作出裁判。"

《最高人民法院关于适用〈中华人民共和国行政诉讼法〉的解释》第135条第1、2款规定："复议机关决定维持原行政行为的，人民法院应当在审查原行政行为合法性的同时，一并审查复议决定的合法性。作出原行政行为的行政机关和复议机关对原行政行为合法性共同承担举证责任，可以由其中一个机关实施举证行为。复议机关对复议决定的合法性承担举证责任。"

《最高人民法院关于适用〈中华人民共和国行政诉讼法〉的解释》第136条第1款规定："人民法院对原行政行为作出判决的同时，应当对复议决定一并作出相应判决。"

3.【参考答案】接到起诉状时，对符合法定起诉条件的，应当登记立案。当场不能判定的，应当接收起诉状，出具注明收到日期的书面凭证，并在7日内决定是否立案；不符合起诉条件的，作出不予立案的裁定；如起诉状内容欠缺或有其他错误的，应给予指导和释明，并一次性告知当事人需要补正的内容。不得未经指导和释明即以起诉不符合条件为由不接收起诉状。

【考点】行政诉讼立案程序

【详解】《行政诉讼法》第51条规定："人民法院在接到起诉状时对符合本法规定的起诉条件的，应当登记立案。对当场不能判定是否符合本法规定的起诉条件的，应当接收起诉状，出具注明收到日期的书面凭证，并在七日内决定是否立案。不符合起诉条件的，作出不予立案的裁定。裁定书应当载明不予立案的理由。原告对裁定不服的，可以提起上诉。起诉状内容欠缺或者有其他错误的，应当给予指导和释明，并一次性告知当事人需要补正的内容。不得未经指导和释明即以起诉不符合条件为由不接收起诉状。对于不接收起诉状、接收起诉状后不出具书面凭证，以及不一次性告知当事人需要补正的起诉状内容的，当事人可以向上级人民法院投诉，上级人民法院应当责令改正，并对直接负责的主管人员和其他直接责任人员依法给予处分。"

4.【参考答案】一律公开宣告判决。当庭宣判的，应当在10日内发送判决书；定期宣判的，宣判后立即发送判决书。宣判时，必须告知当事人上诉权利、上诉期限和上诉的法院。

【考点】行政诉讼宣判

【详解】《行政诉讼法》第80条规定："人民法院对公开审理和不公开审理的案件，一律公开宣告判决。当庭宣判的，应当在十日内发送判决书；定期宣判的，宣判后立即发给判决书。宣告判决时，必须告知当事人上诉权利、上诉期限和上诉的人民法院。"

题目要点提炼

2016 年

材料一（案情）：孙某与村委会达成在该村采砂的协议，期限为5年。孙某向甲市乙县国土资源局申请采矿许可，该局向孙某发放采矿许可证，载明采矿的有效期为2年，至2015年10月20日止。

2015年10月15日，乙县国土资源局通知孙某，根据甲市国土资源局日前发布的《严禁在自然保护区采砂的规定》，采矿许可证到期后不再延续，被许可人应立即停止采砂行为，撤回采砂设施和设备。

孙某以与村委会协议未到期、投资未收回为由继续开采，并于2015年10月28日向乙县国土资源局申请延续采矿许可证的有效期。该局通知其许可证已失效，无法续期。

2015年11月20日，乙县国土资源局接到举报，得知孙某仍在采砂，以孙某未经批准非法采砂，违反《矿产资源法》为由，发出《责令停止违法行为通知书》，要求其停止违法行为。孙某向法院起诉请求撤销通知书，一并请求对《严禁在自然保护区采砂的规定》进行审查。

孙某为了解《严禁在自然保护区采砂的规定》内容，向甲市国土资源局提出政府信息公开申请。

材料二：涉及公民、法人或其他组织权利和义务的规范性文件，按照政府信息公开要求和程序予以公布。推行行政执法公示制度。推进政务公开信息化，加强互联网政务信息数据服务平台和便民服务平台建设。（摘自《中共中央关于全面推进依法治国若干重大问题的决定》）（2016/四/七）

问题：

（一）结合材料一回答以下问题：

1.《行政许可法》对被许可人申请延续行政许可有效期有何要求？行政许可机关接到申请后应如何处理？

2. 孙某一并审查的请求是否符合要求？根据有关规定，原告在行政诉讼中提出一并请求审查行政规范性文件的具体要求是什么？

3. 行政诉讼中，如法院经审查认为规范性文件不合法，应如何处理？

4. 对《责令停止违法行为通知书》的性质作出判断，并简要比较行政处罚与行政强制措施的不同点。

（二）结合材料一和材料二作答（要求观点明确，逻辑清晰、说理充分、文字通畅；总字数不得少于500字）：

谈谈政府信息公开的意义和作用，以及处理公开与不公开关系的看法。

答题要点整理

〖参考答案及详解〗

（一）1.【参考答案】（1）被许可人需要延续依法取得的行政许可的有效期的，应在该许可有效期届满30日前向作出许可决定的行政机关提出申请。但法律、法规、规章另有规定的，从其规定。

（2）行政机关接到申请后，应根据被许可人的申请，在该许可有效期届满前作出是否准予延续的决定；逾期未作出决定的，视为准予延续。

【考点】行政许可的延续

【详解】《行政许可法》第50条规定："被许可人需要延续依法取得的行政许可的有效期的，应当在该行政许可有效期届满三十日前向作出行政许可决定的行政机关提出申请。但是，法律、法规、规章另有规定的，依照其规定。行政机关应当根据被许可人的申请，在该行政许可有效期届满前作出是否准予延续的决定；逾期未作决定的，视为准予延续。"

我国行政许可有效期的延展实行对申请人有利的默示批准制度，但孙某于2015年10月28日才向乙县国土资源局申请延续采矿许可证的有效期，已经超过提前30日的法定期限。

2.【参考答案】（1）本案中，因《严禁在自然保护区采砂的规定》并非被诉行政行为（责令停止违法行为通知）作出的依据，孙某的请求不成立。

（2）根据《行政诉讼法》第53条和司法解释的规定，原告在行政诉讼中一并请求审查规范性文件需要符合下列要求：一是该规范性文件为国务院部门和地方政府及其部门制定的规范性文件，但不含规章；二是该规范性文件是被诉行政行为作出的依据；三是应在第一审开庭审理前提出；有正当理由的，也可以在法庭调查中提出。

【考点】对规范性文件附带审查的具体要求

【详解】《行政诉讼法》第53条规定："公民、法人或者其他组织认为行政行为所依据的国务院部门和地方人民政府及其部门制定的规范性文件不合法，在对行政行为提起诉讼时，可以一并请求对该规范性文件进行审查。前款规定的规范性文件不含规章。"可知，原告对行政行为提起诉讼时，有权请求人民法院一并审查规章以下的行政规范性文件。但该规范性文件须是被诉行政行为（责令停止违法行为通知）作出的依据。由所给材料可知，被诉行政行为是乙县国土资源局发出《责令停止违法行为通知书》的行为，而作出该行政行为的依据是《矿产资源法》，而非《严禁在自然保护区采砂的规定》，因此孙某一并请求对《严禁在自然保护区采砂的规定》进行审查不符合要求。

《最高人民法院关于适用〈中华人民共和国行政诉讼法〉的解释》第146条规定："公民、法人或者其他组织请求人民法院一并审查行政诉讼法第五十三条规定的规范性文件，应当在第一审开庭审理前提出；有正当理由的，也可以在法庭调查中提出。"

3.【参考答案】法院不作为认定被诉行政行为合法的依据，并在裁判理由中予以阐明。作出生效裁判的法院应当向规范性文件的制定机关提出处理建议，并可以抄送制定机关的同级政府、上一级行政机关、监察机关以及规范性文件的备案机关。

【考点】法院对规范性文件的审查处理

【详解】《行政诉讼法》第64条规定："人民法院在审理行政案件中，经审查认为本法第五十三条规定的规范性文件不合法的，不作为认定行政行为合法的依据，并向制定机关提出处理建议。"

《最高人民法院关于适用〈中华人民共和国行政诉讼法〉的解释》第149条第1款规定："人民法院经审查认为行政行为所依据的规范性文件合法的，应当作为认定行政行为合法的依据；经审查认为规范性文件不合法的，不作为人民法院认定行政行为合法的依据，并在裁判理由中予以阐明。作出生效裁判的人民法院应当向规范性文件的制定机关提出处理建议，并可以抄送制定机关的同级人民政府、上一级行政机关、监察机关以及规范性文件的备案机关。”

4.【参考答案】 本案中，《责令停止违法行为通知书》在于制止孙某的违法行为，不具有制裁性质，归于行政强制措施更为恰当。行政处罚和行政强制措施不同主要体现在下列方面：一是目的不同。行政处罚的目的是制裁性，给予违法者制裁是本质特征；行政强制措施主要目的在于制止性和预防性，即在行政管理中制止违法行为、防止证据损毁、避免危害发生、控制危险扩大等。二是阶段不同。行政处罚是对违法行为查处作出的处理决定，常发生在行政程序终了之时；行政强制措施是对人身自由、财物等实施的暂时性限制、控制措施，常发生在行政程序前端。三是表现形式不同。行政处罚主要有警告、罚款、没收违法所得、责令停产停业、暂扣或吊销许可证、执照、行政拘留等；行政强制措施主要有限制公民自由、查封、扣押、冻结等。

【考点】 行政强制措施的判定及与行政处罚的区别

【详解】 本案中，《责令停止违法行为通知书》的内容是要求孙某停止继续采砂的违法行为，其目的在于制止违法行为、防止危险扩大，是一种临时性的限制性措施，并非对孙某违法采砂行为作出的处罚。在制止孙某的违法行为之后，乙县国土资源局通过对孙某违法行为依法调查，可对其造成的损失或者非法获利作出行政处罚，如罚款、没收违法所得等。

（二）【参考答案】 政府信息公开的主要意义、作用有以下几点：

第一，充分发挥政府信息的效用、服务于社会与公众。政府信息，尤其是一些权威的统计资料原本就是一种公共产品，取之于社会，本应再服务于社会、回馈社会。

第二，使相对人了解政府运作、行政行为的背景资料，增加沟通与认同，减少对抗，构建和谐社会。

第三，保障公众行使对政府和国家管理活动的知情权、了解权，为其进一步行使参与权、监督权提供了信息保障。同时，为新闻媒体的监督提供了物质依据。知情权是我国公民基本权利的一项应有内容。要充分实现公民的知情权，就必须建立政府信息公开制度予以保障。

第四，提高政府工作的透明度，打造阳光政府。将政府的活动置于公众的监督之下，可以有效推进行政的公正、廉洁，防止腐败、防止权钱交易。阳光是最好的防腐剂，政府应当是一个“玻璃窗、玻璃门”，老百姓推得开、看得透。

处理政府信息公开与不公开关系，应当坚持“以公开为常态，不公开为例外”。一方面，除了少数涉及国家秘密、个人隐私和商业秘密的信息之外，政府信息应当普遍公开；另一方面，即使是那些部分涉及国家秘密、个人隐私和商业秘密的信息，也可以将这些内容分割后，将不涉密的其他部分予以公开。

【考点】 政府信息公开

【详解】 材料一的案件涉及行政规范性文件的公开，材料二中《中共中央关于全面推进依法治国若干重大问题的决定》也提出了政府信息公开的要求。按照决定的要求和《政府信息公开条例》的规定，甲市国土资源局应当向孙某公开《严禁在自然保护区采砂的规定》这一规范性文件。

2017 年

题目要点提炼

案情：某省盐业公司从外省盐厂购进300吨工业盐运回本地，当地市盐务管理局认为购进工业盐的行为涉嫌违法，遂对该批工业盐予以先行登记保存，并将《先行登记保存通知书》送达该公司。其后，市盐务管理局经听证、集体讨论后，认定该公司未办理工业盐准运证从省外购进工业盐，违反了省政府制定的《盐业管理办法》第20条，决定没收该公司违法购进的工业盐，并处罚款15万元。公司不服处罚决定，向市政府申请行政复议。市政府维持市盐务管理局的处罚决定。公司不服向法院起诉。

材料一：

1.《盐业管理条例》①（国务院1990年3月2日第51号令发布，自发布之日起施行）

第24条　运输部门应当将盐列为重要运输物资，对食用盐和指令性计划的纯碱、烧碱用盐的运输应当重点保证。

2.《盐业管理办法》（2003年6月29日省人民政府发布，2009年3月20日修正）

第20条　盐的运销站发运盐产品实行准运证制度。在途及运输期间必须货、单、证同行。无单、无证的，运输部门不得承运，购盐单位不得入库。

材料二：2016年4月22日，国务院发布的《盐业体制改革方案》指出，要推进盐业体制改革，实现盐业资源有效配置，进一步释放市场活力，取消食盐产销区域限制。要改革食盐生产批发区域限制。取消食盐定点生产企业只能销售给指定批发企业的规定，允许生产企业进入流通和销售领域，自主确定生产销售数量并建立销售渠道，以自有品牌开展跨区域经营，实现产销一体，或者委托有食盐批发资质的企业代理销售。要改革工业盐运销管理。取消各地自行设立的两碱工业盐备案制和准运证制度，取消对小工业盐及盐产品进入市场的各类限制，放开小工业盐及盐产品市场和价格。

材料三：2017年6月13日，李克强总理在全国深化简政放权放管结合优化服务改革电视电话会议上的讲话强调，我们推动的“放管服”改革、转变政府职能是一个系统的整体，首先要在“放”上下更大功夫，进一步做好简政放权的“减法”，又要在创新政府管理上破难题，善于做加强监管的“加法”和优化服务的“乘法”。如果说做好简化行政审批、减税降费等“减法”是革自己的命，是壮士断腕，那么做好强监管“加法”和优服务“乘法”，也是啃政府职能转变的“硬骨头”。放宽市场准入，可以促进公平竞争、防止垄断，也能为更好的“管”和更优的“服”创造条件。（2017/四/七）

问题：

（一）请根据案情、材料一和相关法律规定，回答下列问题：

1. 请简答行政机关适用先行登记保存的条件和程序。

2.《行政处罚法》对市盐务管理局举行听证的主持人的要求是什么？

---

① 本法现已失效，考生需根据旧法作答。——编者注

3. 市盐务管理局以某公司未办理工业盐准运证从省外购进工业盐构成违法的理由是否成立？为什么？

4. 如何确定本案的被告？为什么？

（二）请基于案情，结合材料二、材料三和相关法律作答（要求观点明确，说理充分，文字通畅，字数不少于400字）：

谈谈深化简政放权放管结合优质服务改革，对推进政府职能转变，建设法治政府的意义。

答题要点整理

〖参考答案及详解〗

（一）**1.【参考答案】**根据《行政处罚法》规定，行政机关在证据可能灭失或者以后难以取得的情况下，经行政机关负责人批准，可以先行登记保存，并应当在7日内及时作出处理决定。

【考点】先行登记保存

【详解】《行政处罚法》第56条规定："行政机关在收集证据时，可以采取抽样取证的方法；在证据可能灭失或者以后难以取得的情况下，经行政机关负责人批准，可以先行登记保存，并应当在七日内及时作出处理决定，在此期间，当事人或者有关人员不得销毁或者转移证据。"从该条可以看出，实施证据先行登记保存是行政执法机关在对立案工作进行调查过程中遇到特殊、紧急情况时所采取的一项证据保全措施，它在实施时应当符合以下条件：（1）必须是在特殊情况下实施——"在证据可能灭失或者以后难以取得的情况下"；（2）在7日内作出处理决定——对先行登记保存的鲜活的、易腐烂、变质的物品、证据及时处理，并非对案件实体结论作出处罚；（3）经行政执法机关负责人批准；（4）登记保存的物品须是与违法行为直接关联的证据、物品；（5）对采取保全的物品进行登记造册。

2.【参考答案】听证由市盐务管理局指定的非本案调查人员主持；当事人认为主持人与本案有直接利害关系的，有权申请回避。

【考点】听证主持人

【详解】《行政处罚法》第64条规定："听证应当依照以下程序组织：……（四）听证由行政机关指定的非本案调查人员主持；当事人认为主持人与本案有直接利害关系的，有权申请回避……"因此，行政机关应当指定本案行政处罚调查人员以外的工作人员为听证主持人（一般而言由本机关法制科室的工作人员担任）。这样的做法是贯彻职能分离原则的具体体现，也是为了有利于听证主持人在主持听证的过程中能够客观公正。如果容许调查人员担任主持人将会使其将调查时得到的印象带到听证程序中来，就容易形成偏见、先入为主，而由非本案调查人员担任主持人会使得听证更加公正、客观。

3.【参考答案】不成立。根据《行政许可法》第15、16条规定，在已经制定法律、行政法规的情况下，地方政府规章只能在法律、行政法规设定的行政许可事项范围内对实施该行政许可作出具体规定，不能设定新的行政许可。法律及国务院《盐业管理条例》没有设定工业盐准运证这一行政许可，地方政府规章不能设定工业盐准运证制度。因此，市盐务管理局认定某公司未办理工业盐准运证从省外购进工业盐构成违法的理由不成立。

【考点】认定是否违法的标准

【详解】《行政许可法》第15条第1款规定："本法第十二条所列事项，尚未制定法律、行政法规的，地方性法规可以设定行政许可；尚未制定法律、行政法规和地方性法规的，因行政管理的需要，确需立即实施行政许可的，省、自治区、直辖市人民政府规章可以设定临时性的行政许可。临时性的行政许可实施满一年需要继续实施的，应当提请本级人民代表大会及其常务委员会制定地方性法规。"

《行政许可法》第16条规定："行政法规可以在法律设定的行政许可事项范围内，对实施该行政许可作出具体规定。地方性法规可以在法律、行政法规设定的行政许可事项范围内，对实施该行政许可作出具体规定。规章可以在上位法设定的行政许可事项范围内，对实施该行政许可作出具体规定。法规、规章对实施上位法设定的行政许可作出的具体规定，不得增设行政许可；对行政许可条件作出的具体规定，不得增设违反上位法的其他条件。"

因此，只有尚未制定法律、行政法规和地方性法规的，因行政管理的需要，确需立即实施行政许可的，省级政府规章才可以设定临时性的行政许可。如果上位法已经对行政许可作出了规定，规章只能在上位法设定的行政许可事项范围内，对实施该行政许可作出具体规定。

本案中，国务院行政法规《盐业管理条例》第24条已经对工业盐运输作出了相关规定，并未设定工业盐准运证这一行政许可，因此，该省规章《盐业管理办法》不能违背上位法的规定擅自设定工业盐准运证制度，相关设定是无效的，不能作为行政处罚的依据，故市盐务管理局以此认定盐业公司未办理准运证从省外购进工业盐的行为违法，理由不成立。

4.【参考答案】市盐务管理局和市政府为共同被告。《行政诉讼法》第26条第2款规定，经复议的案件，复议机关决定维持原行政行为的，作出原行政行为的行政机关和复议机关是共同被告；复议机关改变原行政行为的，复议机关是被告。本案中，复议机关市政府维持了市盐务管理局的处罚决定，故市盐务管理局和市政府为共同被告。

【考点】经复议案件被告的确认

【详解】《行政诉讼法》第26条第2款规定："经复议的案件，复议机关决定维持原行政行为的，作出原行政行为的行政机关和复议机关是共同被告；复议机关改变原行政行为的，复议机关是被告。"《最高人民法院关于适用〈中华人民共和国行政诉讼法〉的解释》第134条第1款规定："复议机关决定维持原行政行为的，作出原行政行为的行政机关和复议机关是共同被告。原告只起诉作出原行政行为的行政机关或者复议机关的，人民法院应当告知原告追加被告。原告不同意追加的，人民法院应当将另一机关列为共同被告。"市政府作为复议机关维持了被申请人市盐务管理局的行政行为，因此市政府与市盐务管理局为共同被告。

（二）【参考答案】第一，法治政府是有限的政府，要认识到"有所不为才能有所为"。我们要先做减法——取消过多干预市场主体的行政许可、非许可审批，来换取企业活力的加法。"减法"集中体现于公司准入市场门槛的降低，把原来政府裁量权过大的许可变成核准或确认，简政放权。近年来，中央政府大刀阔斧地进行了行政审批制度改革，减少和下放了众多规范性文件规定的行政许可与非许可审批，向社会放权，向企业放权，2016年《盐业体制改革方案》即是一个重要体现，该方案指出，要取消食盐产销区域限制，改革工业盐运销管理，其中重要的一项即是取消准运证制度。政府行使有限的职能是法治政府建设的题中应有之义。

第二，在做"减法"的同时，政府调节经济的职能必须保有，不能做"甩手大爷"、恣意不作为，还必须在如何监管上做文章。提供优质的公共服务，更应该做好优化服务的"乘法"，将"放管服"三者结合好。

第三，市场准入门槛的降低并不意味着完全任凭市场调节、政府不作为，而是体现了"宽进严管"，加强事后的监督，建立便捷高效统一的管理制度。管理就是服务，便民服务型的政府也是建设法治政府的题中应有之义。

综上，简政放权、放管结合、优质服务这三项改革是互相促进、有机统一的，有利于极大地推动政府职能转变，对建设法治政府有重要意义。

2018 年

题目要点提炼

案情：甲区乙镇村民王某修建砖混结构房屋一栋。2018 年 3 月 1 日，甲区国土资源局发现王某建设审批手续不齐全，向王某作出《责令停止国土违法行为通知书》，通知王某停止建设违法建筑并限期整改。王某未整改。2018 年 3 月 5 日，甲区住房和城乡建设局对涉案建筑立案调查。2018 年 3 月 12 日，该局对王某作出《限期拆除通知书》，根据该通知书，王某涉案建筑未取得建设用地规划许可证和建设工程规划许可证，属违法建设，根据《城乡规划法》规定，限接到通知后 1 日内自行拆除。

2018 年 3 月 15 日，甲区城建大队根据与甲区住房和城乡建设局签订的《行政执法委托书》，邀请甲区管委会、乙镇政府等单位代表到场，组织人员对王某涉案建筑采取直接铲除推倒方式进行强制拆除。拆除时未通知王某到场，强拆人员也没有对拆除现场的物品进行清点及采取相关保全措施。

王某将甲区政府、甲区住房和城乡建设局、甲区管委会、甲区国土资源局、乙镇政府和甲区城建大队列为共同被告诉至法院，请求判令：强制拆除房屋行为违法，赔偿因违法强制拆除房屋所致损失 30 万元。

诉讼中法院查明：2017 年 2 月 25 日，甲区住房和城乡建设局与甲区城建大队签订《行政执法委托书》，委托后者进行城乡规划管理违法建设查处，权限包括责令停止违法行为责令限期改正、送达行政执法文书，依法实施委托机关作出的行政处罚决定。期限为 2017 年 3 月 1 日至 2019 年 2 月 28 日。（2018 年仿真题）

问题：

1. 甲区住房和城乡建设局作出的限期拆除行为的性质。

2. 强制拆除行为是否合法？请说明理由。

3. 涉案建筑被拆除后，王某可在多久内提起诉讼？为什么？

4. 王某起诉所列被告是否正确，请说明理由。

5. 如一审开庭时，被告提出行政负责人因故无法出庭，由甲区城建大队工作人员和律师受委托参加诉讼，法院应否允许？为什么？

6. 就王某“赔偿强制拆除房屋所致损失”的请求，如何确定损失的举证责任？

答题要点整理

〚参考答案及详解〛

1.【参考答案】 甲区住房和城乡建设局作出的限期拆除行为属于行政处罚。

根据法律规定，行政处罚是指行政机关依法对违反行政管理秩序的公民、法人或者其他组织，以减损权益或者增加义务的方式予以惩戒的行为。本案中，王某违反《土地管理法》和《城乡规划法》规定建设违法建筑，行政机关要求其自行拆除房屋，减损其权益，具有制裁性和惩罚性，在性质上属于行政处罚。

【考点】 行政处罚

【详解】《行政处罚法》第2条规定："行政处罚是指行政机关依法对违反行政管理秩序的公民、法人或者其他组织，以减损权益或者增加义务的方式予以惩戒的行为。"

《行政处罚法》第9条规定："行政处罚的种类：（一）警告、通报批评；（二）罚款、没收违法所得、没收非法财物；（三）暂扣许可证件、降低资质等级、吊销许可证件；（四）限制开展生产经营活动、责令停产停业、责令关闭、限制从业；（五）行政拘留；（六）法律、行政法规规定的其他行政处罚。"

2.【参考答案】 不合法。

（1）主体不合法。依据法律规定，甲区住房和城乡建设局没有实施强制拆除的权力，应由建设工程所在地县级以上地方人民政府责成有关部门采取强制拆除措施，故甲区住房和城乡建设局的行为属于超越职权的行为。

（2）程序不合法。第一，未对进行强制拆除予以公告；第二，没有书面催告王某拆除房屋；第三，没有听取王某的陈述申辩；第四，王某申请行政复议或者提起行政诉讼的法定期限尚未届满；第五，没有制作书面强制拆除决定并送达；第六，强拆未通知当事人王某到场；第七，实施强制拆除时，应当对建筑物内的物品采用公证、见证等方式进行清点造册，制作现场笔录，妥善保管并及时移交。本案行政机关未依法履行上述程序，造成王某合法财产损失，故该强制拆除行为违法。

【考点】 强制拆除的决定主体及实施程序

【详解】《行政强制法》第18条规定："行政机关实施行政强制措施应当遵守下列规定：（一）实施前须向行政机关负责人报告并经批准；（二）由两名以上行政执法人员实施；（三）出示执法身份证件；（四）通知当事人到场；（五）当场告知当事人采取行政强制措施的理由、依据以及当事人依法享有的权利、救济途径；（六）听取当事人的陈述和申辩；（七）制作现场笔录；（八）现场笔录由当事人和行政执法人员签名或者盖章，当事人拒绝的，在笔录中予以注明；（九）当事人不到场的，邀请见证人到场，由见证人和行政执法人员在现场笔录上签名或者盖章；（十）法律、法规规定的其他程序。"

《行政强制法》第35条规定："行政机关作出强制执行决定前，应当事先催告当事人履行义务。催告应当以书面形式作出，并载明下列事项：（一）履行义务的期限；（二）履行义务的方式；（三）涉及金钱给付的，应当有明确的金额和给付方式；（四）当事人依法享有的陈述权和申辩权。"

《行政强制法》第44条规定："对违法的建筑物、构筑物、设施等需要强制拆除的，应当由行政机关予以公告，限期当事人自行拆除。当事人在法定期限内不申请行政复议或者提起行政诉讼，又不拆除的，行政机关可以依法强制拆除。"

《城乡规划法》第68条规定："城乡规划主管部门作出责令停止建设或者限期拆除的决定后，当事人不停止建设或者逾期不拆除的，建设工程所在地县级以上地方人民政府可以责成有关部门采取查封施工现场、强制拆除等措施。"

《行政处罚法》第44条规定："行政机关在作出行政处罚决定之前，应当告知当事人拟作出的行政处罚内容及事实、理由、依据，并告知当事人依法享有的陈述、申辩、要求听证等权利。"

《行政处罚法》第45条规定："当事人有权进行陈述和申辩。行政机关必须充分听取当事人的意见，对当事人提出的事实、理由和证据，应当进行复核；当事人提出的事实、理由或者证据成立的，行政机关应当采纳。行政机关不得因当事人陈述、申辩而给予更重的处罚。”

3.【参考答案】自王某知道或者应当知道拆除行为之日起6个月内提起诉讼，但最长不得超出自拆除行为作出之日起20年。

由于拆除时没有通知王某到场，王某对此不知情，故王某应自知道或者应当知道拆除行为之日起6个月内起诉。因为本案涉及不动产，所以王某起诉期限不得超过自拆除行为作出之日起20年。

【考点】提起行政诉讼的期限

【详解】《行政诉讼法》第46条规定：“公民、法人或者其他组织直接向人民法院提起诉讼的，应当自知道或者应当知道作出行政行为之日起六个月内提出。法律另有规定的除外。因不动产提起诉讼的案件自行政行为作出之日起超过二十年，其他案件自行政行为作出之日起超过五年提起诉讼的，人民法院不予受理。”

4.【参考答案】不正确。本案作出行政处罚的主体是甲区住房和城乡建设局，应以委托机关甲区住房和城乡建设局为被告。

(1) 实施强拆行为的甲区城建大队是受委托行使职权的组织，在实施强制拆除行为的过程中是以甲区住房和城乡建设局的名义进行的，并非作出行政处罚的主体，不应被列为被告；(2) 甲区政府、甲区国土资源局并非作出行政处罚的主体，不应被列为被告；(3) 甲区管委会、乙镇政府等单位只是见证人，并未参与强制拆除，不存在共同执法行为，不是实施行政行为的主体，不应被列为被告。

【考点】行政诉讼的采取

【详解】《行政诉讼法》第26条规定：“公民、法人或者其他组织直接向人民法院提起诉讼的，作出行政行为的行政机关是被告。经复议的案件，复议机关决定维持原行政行为的，作出原行政行为的行政机关和复议机关是共同被告；复议机关改变原行政行为的，复议机关是被告。复议机关在法定期限内未作出复议决定，公民、法人或者其他组织起诉原行政行为的，作出原行政行为的行政机关是被告；起诉复议机关不作为的，复议机关是被告。两个以上行政机关作出同一行政行为的，共同作出行政行为的行政机关是共同被告。行政机关委托的组织所作的行政行为，委托的行政机关是被告。行政机关被撤销或者职权变更的，继续行使其职权的行政机关是被告。”

5.【参考答案】法院应不予准许。本案行政机关负责人因故无法出庭，应当委托行政机关相应的工作人员出庭，即被告甲区住房和城乡建设局的工作人员，而不应该是甲区城建大队工作人员。

【考点】行政机关负责人出庭应诉

【详解】《行政诉讼法》第3条第3款规定：“被诉行政机关负责人应当出庭应诉。不能出庭的，应当委托行政机关相应的工作人员出庭。”

《最高人民法院关于行政机关负责人出庭应诉若干问题的规定》第8条规定：“有下列情形之一的，属于行政诉讼法第三条第三款规定的行政机关负责人不能出庭的情形：(一) 不可抗力；(二) 意外事件；(三) 需要履行他人不能代替的公务；(四) 无法出庭的其他正当事由。”

6.【参考答案】原则上涉及赔偿补偿问题的应采取“谁主张，谁举证”原则，但是王某无法举证其所受损失系被告违法行为所致，故王某请求损失赔偿的举证责任应由被告甲区住房和城乡建设局承担。

【考点】举证责任分配

【详解】《行政诉讼法》第38条第2款规定：“在行政赔偿、补偿的案件中，原告应当对行政行为造成的损害提供证据。因被告的原因导致原告无法举证的，由被告承担举证责任。”

《最高人民法院关于适用〈中华人民共和国行政诉讼法〉的解释》第47条第1款规定：“根据行政诉讼法第三十八条第二款的规定，在行政赔偿、补偿案件中，因被告的原因导致原告无法就损害情况举证的，应当由被告就该损害情况承担举证责任。”

题目要点提炼

2019 年

案情：2018 年 1 月，某建设单位在原告李某家门口设置消防栓，严重影响李某正常进出。某建设单位就设置的消防栓向市公安消防支队报送相关资料，市公安消防支队对消防栓抽查后，作出《建设工程消防验收备案结果通知》。李某认为消防栓的设置和建设严重影响了其生活，而市公安消防支队却验收合格，严重侵犯了其合法权益，遂提起行政诉讼，请求法院撤销市公安消防支队批准在其门前设置的消防栓通过验收的决定，判令市公安消防支队责令报批单位依据国家标准限期整改。

被告市公安消防支队辩称：《建设工程消防验收备案结果通知》是按照建设工程消防验收评定标准实施工程检查后作出的意见，其性质属于技术性验收，不具有可诉性，不属于法院行政诉讼的受案范围，请求驳回原告的起诉。

区法院作出行政裁定，驳回原告起诉。原告不服一审裁定提起上诉。市中级法院审理期间，被上诉人市公安消防支队决定撤销已经作出的《建设工程消防验收备案结果通知》，上诉人李某向二审法院申请撤诉。

材料一：《消防法》①（1998 年 4 月 29 日第九届全国人民代表大会常务委员会第二次会议通过　2008 年 10 月 28 日第十一届全国人民代表大会常务委员会第五次会议修订）

第四条第一款　国务院公安部门对全国的消防工作实施监督管理。县级以上地方人民政府公安机关对本行政区域内的消防工作实施监督管理，并由本级人民政府公安机关消防机构负责实施。军事设施的消防工作，由其主管单位监督管理，公安机关消防机构协助；矿井地下部分、核电厂、海上石油天然气设施的消防工作，由其主管单位监督管理。

第十三条　按照国家工程建设消防技术标准需要进行消防设计的建设工程竣工，依照下列规定进行消防验收、备案：

（一）本法第十一条规定的建设工程，建设单位应当向公安机关消防机构申请消防验收；

（二）其他建设工程，建设单位在验收后应当报公安机关消防机构备案，公安机关消防机构应当进行抽查。

依法应当进行消防验收的建设工程，未经消防验收或者消防验收不合格的，禁止投入使用；其他建设工程经依法抽查不合格的，应当停止使用。

材料二：《建设工程消防监督管理规定》②（2009 年 4 月 30 日公安部令第 106 号发布，根据 2012 年 7 月 17 日公安部令第 119 号公布的《公安部关于修改〈建设工程消防监督管理规定〉的决定》修订）

第三条第二款　公安机关消防机构依法实施建设工程消防设计审核、消防验收和备案、抽查，对建设工程进行消防监督。（2019 年仿真题）

---

① 《消防法》已于 2019 年、2021 年两次修正，根据新法，消防工作监督管理现由应急管理部门负责，考生需根据旧法作答。——编者注

② 该法现已失效，考生需根据旧法作答。——编者注

问题：

1. 《建设工程消防验收备案结果通知》属于什么性质的行为？本案中的《建设工程消防验收备案结果通知》是否属于法院的受案范围？为什么？

2. 被告能否在二审中撤销被诉《建设工程消防验收备案结果通知》？请简述理由。

3. 针对消防支队撤销《建设工程消防验收备案结果通知》的行为，某建设单位有什么救济途径？

4. 二审中原告申请撤诉的，法院应当如何处理？二审的审理对象是什么？

5. 针对原告请求法院判令被告责令某建设单位依据国家标准限期整改的诉讼请求，如果能够得到支持，法院应作出何种判决，为什么？

答题要点整理

〖参考答案及详解〗

1.【参考答案】（1）《建设工程消防验收备案结果通知》属于行政确认。根据题干所述《消防法》和《建设工程消防监督管理规定》的规定，消防验收合格是公安机关消防机构对建设工程进行消防验收作出的确认、认可和证明，行政相关人也将受到该行为的拘束。本案中《建设工程消防验收备案结果通知》是对消防工程竣工验收是否合格的评定，所以该行为应当定性为行政确认。

（2）《建设工程消防验收备案结果通知》属于行政诉讼受案范围，具有可诉性。根据《行政诉讼法》及其司法解释，行政诉讼受案范围中的行政行为可以从三个要件认定：①该行为的作出主体是行政机关或者是有行政权的组织；②被诉行为是行政行为；③该行为对公民、组织权利义务的具体处理、强制处理或者实际影响。本案中，公安消防机构作出的验收合格结果是建筑工程得以投入使用的前提，该验收备案结果是针对特定对象作出的，能够对当事人的权利义务造成实际影响，具有外部性，不能反复适用，属于典型的具体行政行为，依法属于行政诉讼的受案范围。

【考点】行政确认；行政诉讼的受案范围

【详解】行政确认是指行政机关对行政相对人业已存在的特定法律事实、法律关系、法律地位或者法律状态进行具有法律效力的认定、证明，并以法定形式对外予以宣告的行政行为。在消防设施工程竣工验收备案的行为中，消防部门并非仅仅是简单地接受建设单位向其报送的相关资料，还要对备案资料进行审查，完成工程检查。消防部门实施的建设工程消防备案、抽查的行为能产生行政法上的拘束力。对建设单位而言，在工程竣工验收后应当到消防部门进行验收备案，否则应当承担相应的行政责任，消防设施经依法抽查不合格的，应当停止使用，并组织整改；对消防部门而言，备案结果中有抽查是否合格的评定，实质上是一种行政确认行为，是消防部门作出的行政行为。故备案行为是可诉的行政行为，法院可以对其进行司法审查。

2.【参考答案】市公安消防支队可以撤销《建设工程消防验收备案结果通知》，该行为属于改变被诉行政行为。根据《行政诉讼法》和《最高人民法院关于行政诉讼撤诉若干问题的规定》的规定，第二审期间行政机关可以改变其作出的行政行为。

【考点】二审期间撤销被诉行政行为

【详解】《行政诉讼法》第62条规定："人民法院对行政案件宣告判决或者裁定前，原告申请撤诉的，或者被告改变其所作的行政行为，原告同意并申请撤诉的，是否准许，由人民法院裁定。"

《最高人民法院关于行政诉讼撤诉若干问题的规定》第3条规定："有下列情形之一的，属于行政诉讼法第五十一条①规定的'被告改变其所作的具体行政行为'：（一）改变被诉具体行政行为所认定的主要事实和证据；（二）改变被诉具体行政行为所适用的规范依据且对定性产生影响；（三）撤销、部分撤销或者变更被诉具体行政行为处理结果。"

3.【参考答案】某建设单位可以根据《行政复议法》申请行政复议，也可以根据《行政诉讼法》提起行政诉讼，本案中不属于复议前置的情形，既可以直接申请行政复议，也可以直接提起行政诉讼。若给某建设单位造成合法权益损害的，还可以根据《国家赔偿法》申请国家赔偿。

【考点】行政确认相对人的救济

【详解】《行政复议法》第2条规定："公民、法人或者其他组织认为行政机关的行政行为侵犯其合法权益，向行政复议机关提出行政复议申请，行政复议机关办理行政复议案件，适用本法。前款所称行政行

---

① 现为2017年《行政诉讼法》第62条。

为，包括法律、法规、规章授权的组织的行政行为。”某建设单位可以申请行政复议。

《行政诉讼法》第2条第1款规定：“公民、法人或者其他组织认为行政机关和行政机关工作人员的行政行为侵犯其合法权益，有权依照本法向人民法院提起诉讼。”某建设单位可以提起行政诉讼。

《国家赔偿法》第2条第1款规定：“国家机关和国家机关工作人员行使职权，有本法规定的侵犯公民、法人和其他组织合法权益的情形，造成损害的，受害人有依照本法取得国家赔偿的权利。”根据上述法条，如果市公安消防支队的撤销《建设工程消防验收备案结果通知》对某建设单位造成损害，某建设单位可以申请国家赔偿。

4.【参考答案】（1）二审中原告申请撤诉的，法院应当准许。根据《最高人民法院关于行政诉讼撤诉若干问题的规定》第2条规定，原告申请撤诉需符合下列条件：①申请撤诉是当事人真实意思表示；②被告改变被诉具体行政行为，不违反法律、法规的禁止性规定，不超越或者放弃职权，不损害公共利益和他人合法权益；③被告已经改变或者决定改变被诉具体行政行为，并书面告知人民法院；④第三人无异议。本案中，被告市公安消防支队改变行政行为，原告申请撤诉，法院经审查，若符合以上条件的，应当裁定准许。

（2）根据二审实行全面审理原则，二审的审理对象为一审裁判的合法性以及被诉行政行为的合法性，即一审法院作出的裁定驳回起诉的合法性以及被诉《建设工程消防验收备案结果通知》的合法性。

【考点】原告撤诉的处理

【详解】《行政诉讼法》第62条规定：“人民法院对行政案件宣告判决或者裁定前，原告申请撤诉的，或者被告改变其所作的行政行为，原告同意并申请撤诉的，是否准许，由人民法院裁定。”

《最高人民法院关于行政诉讼撤诉若干问题的规定》第2条规定：“被告改变被诉具体行政行为，原告申请撤诉，符合下列条件的，人民法院应当裁定准许：（一）申请撤诉是当事人真实意思表示；（二）被告改变被诉具体行政行为，不违反法律、法规的禁止性规定，不超越或者放弃职权，不损害公共利益和他人合法权益；（三）被告已经改变或者决定改变被诉具体行政行为，并书面告知人民法院；（四）第三人无异议。”

5.【参考答案】本案中原告请求法院判令被告责令某建设单位依据国家标准限期整改的诉讼请求合法，法院查明被告未履行此行政行为，故应判决被告履行。因此，针对李某的诉讼请求，法院应当判决撤销市公安消防支队作出的《建设工程消防验收备案结果通知》，并判决市公安消防支队责令某建设单位依据国家标准限期整改。

【考点】行政诉讼的判决结果

【详解】《行政诉讼法》第70条规定：“行政行为有下列情形之一的，人民法院判决撤销或者部分撤销，并可以判决被告重新作出行政行为：（一）主要证据不足的；（二）适用法律、法规错误的；（三）违反法定程序的；（四）超越职权的；（五）滥用职权的；（六）明显不当的。”

《行政诉讼法》第72条规定：“人民法院经过审理，查明被告不履行法定职责的，判决被告在一定期限内履行。”

题目要点提炼

2020年

案情：因公共利益需要，甲市乙区政府发布了《国有土地上房屋征收决定公告》，决定对汽车贸易城项目范围内的国有土地上房屋实施征收。个体工商户黄某（房屋所有权证登记在黄某名下）的厂房位于该征收范围内。

汽车贸易城项目范围内的国有土地位于甲市经济技术开发区。甲市经济技术开发区管委会（以下简称“开发区管委会”）设立的拆迁事务所负责此次征拆事宜。开发区管委会对黄某的厂房进行丈量登记等工作，并与黄某协商共同选定房屋评估机构，拆迁事务所与黄某签订《资产收购协议书》，协议确定补偿款项300万元。同时约定，如发生争议，先协商解决，协商不成，任何一方均有权向某仲裁机构申请仲裁。后经评估，黄某厂房设备及土地市场评估总价为260万元。

后黄某认为补偿数额过低，向法院提起诉讼，请求确认《资产收购协议书》无效。法院查明：开发区管委会系甲市政府设置的派出机构。甲市乙区政府与开发区管委会签订《国有土地上房屋征收工作授权书》，将开发区范围内国有土地上房屋征收工作的权限授权开发区管委会行使。另外，黄某向乙区政府申请公开其他被征收人的补偿情况，乙区政府以涉及被征收人的隐私为由拒绝公开。

材料：《国有土地上房屋征收与补偿条例》（2011年1月21日国务院令第590号公布）

第四条　市、县级人民政府负责本行政区域的房屋征收与补偿工作。

市、县级人民政府确定的房屋征收部门（以下称房屋征收部门）组织实施本行政区域的房屋征收与补偿工作。

市、县级人民政府有关部门应当依照本条例的规定和本级人民政府规定的职责分工，互相配合，保障房屋征收与补偿工作的顺利进行。

第八条　为了保障国家安全、促进国民经济和社会发展等公共利益的需要，有下列情形之一，确需征收房屋的，由市、县级人民政府作出房屋征收决定：

（一）国防和外交的需要；

（二）由政府组织实施的能源、交通、水利等基础设施建设的需要；

（三）由政府组织实施的科技、教育、文化、卫生、体育、环境和资源保护、防灾减灾、文物保护、社会福利、市政公用等公共事业的需要；

（四）由政府组织实施的保障性安居工程建设的需要；

（五）由政府依照城乡规划法有关规定组织实施的对危房集中、基础设施落后等地段进行旧城区改建的需要；

（六）法律、行政法规规定的其他公共利益的需要。

第二十九条　房屋征收部门应当依法建立房屋征收补偿档案，并将分户补偿情况在房屋征收范围内向被征收人公布。

审计机关应当加强对征收补偿费用管理和使用情况的监督，并公布审计结果。（2020年仿真题）

问题：

1. 请对《资产收购协议书》的性质进行分析。

2.《资产收购协议书》中约定仲裁条款是否有效？为什么？

3. 如何确定本案的原告？

4. 如何确定本案的被告？

5. 黄某向法院提起诉讼的期限如何确定？

6. 乙区政府拒绝公开其他被征收人的补偿情况，是否符合法律规定？

答题要点整理

〚参考答案及详解〛

1.【参考答案】《资产认购协议》属于行政协议。本案中，拆迁事务所与黄某签订的《资产收购协议书》其目的是实现行政管理或公共服务，具有行政法意义上的权利义务关系，属于行政协议。

【考点】行政协议

【详解】《行政诉讼法》第12条第1款规定："人民法院受理公民、法人或者其他组织提起的下列诉讼：……（十一）认为行政机关不依法履行、未按照约定履行或者违法变更、解除政府特许经营协议、土地房屋征收补偿协议等协议的……"

《最高人民法院关于审理行政协议案件若干问题的规定》第1条规定："行政机关为了实现行政管理或者公共服务目标，与公民、法人或者其他组织协商订立的具有行政法上权利义务内容的协议，属于行政诉讼法第十二条第一款第十一项规定的行政协议。"

2.【参考答案】仲裁条款无效。根据《最高人民法院关于审理行政协议案件若干问题的规定》第26条的规定，行政协议约定仲裁条款的，人民法院应当确认该条款无效，但法律、行政法规或者我国缔结、参加的国际条约另有规定的除外。因此，本案行政协议中约定的仲裁条款无效。

【考点】行政征收中仲裁条款的效力

【详解】《最高人民法院关于审理行政协议案件若干问题的规定》第26条规定："行政协议约定仲裁条款的，人民法院应当确认该条款无效，但法律、行政法规或者我国缔结、参加的国际条约另有规定的除外。"

3.【参考答案】本案原告应为黄某。黄某是房屋所有权人，也是《资产认购协议书》的行政相对人，与被诉协议具有法律上的利害关系，黄某认为行政行为侵犯了自己的合法权益的，有权以自己的名义提起行政诉讼。故本案原告为黄某。

【考点】行政诉讼的原告

【详解】《行政诉讼法》第25条第1款规定："行政行为的相对人以及其他与行政行为有利害关系的公民、法人或者其他组织，有权提起诉讼。"

4.【参考答案】本案被告为乙区政府。根据《最高人民法院关于适用〈中华人民共和国行政诉讼法〉的解释》第20条的规定，没有法律、法规或者规章规定，行政机关授权其他组织行使行政职权的，属于委托。当事人不服提起诉讼的，应当以该行政机关为被告。本案中，乙区政府授权开发区管委会开展国有土地上房屋征收工作，没有法律依据，属于"假授权，真委托"，故本案被告应为乙区政府。

【考点】行政诉讼的被告

【详解】《最高人民法院关于适用〈中华人民共和国行政诉讼法〉的解释》第20条规定："行政机关组建并赋予行政管理职能但不具有独立承担法律责任能力的机构，以自己的名义作出行政行为，当事人不服提起诉讼的，应当以组建该机构的行政机关为被告。法律、法规或者规章授权行使行政职权的行政机关内设机构、派出机构或者其他组织，超出法定授权范围实施行政行为，当事人不服提起诉讼的，应当以实施该行为的机构或者组织为被告。没有法律、法规或者规章规定，行政机关授权其内设机构、派出机构或者其他组织行使行政职权的，属于行政诉讼法第二十六条规定的委托。当事人不服提起诉讼的，应当以该行政机关为被告。"

5.【参考答案】本案适用民事法律规范，按照3年的诉讼时效确定。根据《最高人民法院关于审理行政协议案件若干问题的规定》第25条的规定，公民、法人或者其他组织对行政机关不依法履行、未按照约定履行行政协议提起诉讼的，诉讼时效参照民事法律规范确定。本案中，本案中黄某请求确认合同无效，属于民事方面的诉讼请求，应参照民事诉讼时效。

【考点】 确定行政协议无效的诉讼时效

【详解】《最高人民法院关于审理行政协议案件若干问题的规定》第25条规定："公民、法人或者其他组织对行政机关不依法履行、未按照约定履行行政协议提起诉讼的，诉讼时效参照民事法律规范确定；对行政机关变更、解除行政协议等行政行为提起诉讼的，起诉期限依照行政诉讼法及其司法解释确定。"

6.【参考答案】 区政府拒绝公开的行为违法。第一，根据《政府信息公开条例》第21条规定，土地征收属于行政机关主动公开的事项。根据题干所述《国有土地上房屋征收与补偿条例》第29条规定，房屋征收部门应将分户补偿情况在房屋征收范围内向被征收人公布。第二，依申请公开的政府信息公开会损害第三方合法权益的，行政机关应当书面征求第三方的意见。第三方不同意公开且有合理理由的，行政机关不予公开。行政机关认为不公开可能对公共利益造成重大影响的，可以决定予以公开，并将决定公开的政府信息内容和理由书面告知第三方。第三，申请公开的信息中含有不应当公开或者不属于政府信息的内容，但是能够作区分处理的，行政机关应当向申请人提供可以公开的政府信息内容，并对不予公开的内容说明理由。综上所述，在本案中，乙区政府未考虑征求第三方意见、区分处理、衡量社会公共利益等情况，直接以涉及被征收人的隐私为由拒绝公开，该做法违法。

【考点】 政府信息公开

【详解】《政府信息公开条例》第15条规定："涉及商业秘密、个人隐私等公开会对第三方合法权益造成损害的政府信息，行政机关不得公开。但是，第三方同意公开或者行政机关认为不公开会对公共利益造成重大影响的，予以公开。"

《政府信息公开条例》第21条规定："除本条例第二十条规定的政府信息外，设区的市级、县级人民政府及其部门还应当根据本地方的具体情况，主动公开涉及市政建设、公共服务、公益事业、土地征收、房屋征收、治安管理、社会救助等方面的政府信息；乡（镇）人民政府还应当根据本地方的具体情况，主动公开贯彻落实农业农村政策、农田水利工程建设运营、农村土地承包经营权流转、宅基地使用情况审核、土地征收、房屋征收、筹资筹劳、社会救助等方面的政府信息。"

《政府信息公开条例》第32条规定："依申请公开的政府信息公开会损害第三方合法权益的，行政机关应当书面征求第三方的意见。第三方应当自收到征求意见书之日起15个工作日内提出意见。第三方逾期未提出意见的，由行政机关依照本条例的规定决定是否公开。第三方不同意公开且有合理理由的，行政机关不予公开。行政机关认为不公开可能对公共利益造成重大影响的，可以决定予以公开，并将决定公开的政府信息内容和理由书面告知第三方。"

《政府信息公开条例》第37条规定："申请公开的信息中含有不应当公开或者不属于政府信息的内容，但是能够作区分处理的，行政机关应当向申请人提供可以公开的政府信息内容，并对不予公开的内容说明理由。"

题目要点提炼

2021 年

案情：2013 年 10 月，甲县政府作出《关于同意取缔市集中式饮用水源一、二级保护区排污的批复》，文件中明确由甲县生态环境局负责组织实施该水源保护区内的乙公司等 9 个排污口的关停工作，但未制定相应补偿措施。为保护水源地，乙公司于 2014 年开始关停。2018 年，乙公司向甲县政府投诉，申请对其按照国家政策给予一次性经济补偿或者迁址另建，免除关停期间的税费及土地使用费等。甲县政府于 2020 年 5 月作出《关于甲县乙公司等五家企业投诉问题的结案报告》，结论是“决定用司法途径解决投诉问题”。2020 年 7 月，乙公司向甲县政府提交《搬迁补偿申请书》，要求其履行职责，对乙公司给予货币补偿，但甲县政府未予答复。2020 年 12 月，乙公司向法院提起诉讼，要求判决甲县政府对其进行补偿。甲县政府辩称，原告未在合理期限内提出陈述申辩，起诉已超过诉讼时效，且关闭该企业的受益地是乙县，与甲县没有关系，乙公司应向乙县政府请求补偿。

材料一：《水污染防治法》（1984 年 5 月 11 日第六届全国人民代表大会常务委员会第五次会议通过　1996 年 5 月 15 日第一次修正　2008 年 2 月 28 日修订　2017 年 6 月 27 日第二次修正）

第六十六条　禁止在饮用水水源二级保护区内新建、改建、扩建排放污染物的建设项目；已建成的排放污染物的建设项目，由县级以上人民政府责令拆除或者关闭。

在饮用水水源二级保护区内从事网箱养殖、旅游等活动的，应当按照规定采取措施，防止污染饮用水水体。

材料二：《环境保护法》（1989 年 12 月 26 日第七届全国人民代表大会常务委员会第十一次会议通过　2014 年 4 月 24 日修订）

第三十一条　国家建立、健全生态保护补偿制度。

国家加大对生态保护地区的财政转移支付力度。有关地方人民政府应当落实生态保护补偿资金，确保其用于生态保护补偿。

国家指导受益地区和生态保护地区人民政府通过协商或者按照市场规则进行生态保护补偿。（2021 年仿真题）

问题：

1. 本案被告如何确定？为什么？
2. 本案管辖法院如何确定？为什么？
3. 乙公司的起诉是否超过起诉期限？为什么？
4. 乙公司提出的补偿请求是否合理？为什么？
5. 甲县政府关于自己不是行政补偿主体的说法是否正确？为什么？
6. 本案法院应当如何判决？请说明理由。

答题要点整理

〖参考答案及详解〗

1.【参考答案】本案被告为甲县政府。根据题干所述《水污染防治法》第66条的规定，关停应当由县级以上政府作出。本案中，甲县政府所作批复明确由甲县生态环境局负责组织实施关停工作，缺乏法律依据，根据《最高人民法院关于适用〈中华人民共和国行政诉讼法〉的解释》第20条第3款规定，该行为属于委托。根据《行政诉讼法》第26条第5款规定，应当以委托机关甲县政府为被告。

【考点】行政诉讼被告

【详解】《行政诉讼法》第26条第5款规定："行政机关委托的组织所作的行政行为，委托的行政机关是被告。"

《最高人民法院关于适用〈中华人民共和国行政诉讼法〉的解释》第20条第3款规定："没有法律、法规或者规章规定，行政机关授权其内设机构、派出机构或者其他组织行使行政职权的，属于行政诉讼法第二十六条规定的委托。当事人不服提起诉讼的，应当以该行政机关为被告。"

2.【参考答案】本案应由中级人民法院管辖。本案被告为甲县政府，根据《行政诉讼法》第15条规定，对国务院部门或者县级以上地方人民政府所作的行政行为提起诉讼的第一审行政案件由中级人民法院管辖，故本案应由中级人民法院管辖。

【考点】级别管辖

【详解】《行政诉讼法》第15条规定："中级人民法院管辖下列第一审行政案件：（一）对国务院部门或者县级以上地方人民政府所作的行政行为提起诉讼的案件；（二）海关处理的案件；（三）本辖区内重大、复杂的案件；（四）其他法律规定由中级人民法院管辖的案件。"

3.【参考答案】乙公司的起诉没有超过起诉期限。相关法律并未就地方人民政府作出补偿决定的期限作出明确规定，因此，根据《行政诉讼法》和《最高人民法院关于适用〈中华人民共和国行政诉讼法〉的解释》的规定，对于法律、法规没有规定行政机关履职期限的，行政机关自收到履职申请之日起2个月内未履职的，相关权利人可以在2个月期限届满之日起6个月内，对行政机关的不作为行为提起行政诉讼。据此，乙公司于2020年7月提出《搬迁补偿申请书》，甲县政府收到后至今未予答复，属于未履行法定职责，乙公司只要在甲县政府收到履职申请2个月期限届满之日起6个月内提起诉讼即可。乙公司于2020年12月向法院提起诉讼，故并未超过起诉期限。

【考点】行政诉讼起诉期限

【详解】《行政诉讼法》第47条第1款规定："公民、法人或者其他组织申请行政机关履行保护其人身权、财产权等合法权益的法定职责，行政机关在接到申请之日起两个月内不履行的，公民、法人或者其他组织可以向人民法院提起诉讼。法律、法规对行政机关履行职责的期限另有规定的，从其规定。"

《最高人民法院关于适用〈中华人民共和国行政诉讼法〉的解释》第66条规定："公民、法人或者其他组织依照行政诉讼法第四十七条第一款的规定，对行政机关不履行法定职责提起诉讼的，应当在行政机关履行法定职责期限届满之日起六个月内提出。"

4.【参考答案】乙公司提出的补偿请求是合理。甲县政府作出的关停批复属于行政许可的撤回，应当给予被许可人合理的补偿。根据《行政许可法》的规定，基于公共利益需要撤回行政许可的，需要给予相对人补偿。因此，乙公司有权请求甲县政府给予相应补偿。

【考点】行政补偿责任

【详解】《行政许可法》第8条规定："公民、法人或者其他组织依法取得的行政许可受法律保护，行政机关不得擅自改变已经生效的行政许可。行政许可所依据的法律、法规、规章修改或者废止，或者准予行政许可所依据的客观情况发生重大变化的，为了公共利益的需要，行政机关可以依法变更或者撤回已经生效的行政许可。由此给公民、法人或者其他组织造成财产损失的，行政机关应当依法给予补偿。”

5.【参考答案】甲县政府关于自己不是行政补偿主体的说法错误。根据题干所述《环境保护法》第31条第3款规定，受益地区和生态保护地区人民政府均负有生态保护补偿的义务。据此，甲县政府作为生态保护地所在地政府亦负有行政补偿职责，不能以受益对象为乙县为由不予补偿。

【考点】行政补偿主体

【详解】受益主体是乙县，根据《环境保护法》第31条的规定，甲县与乙县可以就生态保护补偿问题进行协商，但此为内部程序，与乙公司的补偿请求责任主体确定无关。

6.【参考答案】法院应判决甲县政府对乙公司的补偿请求重新作出处理。

根据《行政诉讼法》和《最高人民法院关于适用〈中华人民共和国行政诉讼法〉的解释》的规定，原告请求被告履行法定职责的理由成立，被告违法拒绝履行或者无正当理由逾期不予答复的，人民法院可以判决被告在一定期限内依法履行原告请求的法定职责；尚需被告调查或者裁量的，应当判决被告针对原告的请求重新作出处理。

据此，乙公司请求甲县政府履行法定职责的理由成立，甲县政府无正当理由逾期不予答复的，人民法院可以判决甲县政府在一定期限内依法履行乙公司请求的法定职责，由于乙公司的损失尚未调查清楚，需要甲县政府继续进行调查才能确定具体补偿数额，故应当判决甲县政府针对乙公司的请求重新作出处理。

【考点】行政诉讼履行判决

【详解】《行政诉讼法》第72条规定：“人民法院经过审理，查明被告不履行法定职责的，判决被告在一定期限内履行。”

《最高人民法院关于适用〈中华人民共和国行政诉讼法〉的解释》第91条规定：“原告请求被告履行法定职责的理由成立，被告违法拒绝履行或者无正当理由逾期不予答复的，人民法院可以根据行政诉讼法第七十二条的规定，判决被告在一定期限内依法履行原告请求的法定职责；尚需被告调查或者裁量的，应当判决被告针对原告的请求重新作出处理。”因此，法院应当判决甲县政府针对乙公司的补偿请求重新作出处理。

2022年

题目要点提炼

案情：2018年7月15日，经某市下辖的县政府授权，县住建局（甲方）与A公司（乙方）协商签订了天然气利用合作协议，主要内容如下：1. 甲方同意乙方在本县从事城市天然气特许经营，范围包括县城城区、工业区，期限为20年。2. 甲方充分考虑天然气项目系公共事业，在法律允许范围内对本项目提供支持和帮助。3. 乙方应保证取得足够的天然气指标。如果乙方不能保证实际用气需求，甲方有权依照相关法律法规进行处理。4. 本协议签署后，乙方应积极开展工作，签订协议12个月内如因乙方原因工程不能开工建设，则本协议废止。

协议签署后，A公司先后获得该项目的立项批复、管线路由规划意见、建设用地规划设计条件通知书、国有土地使用证、环评意见书等手续，进行了部分开工建设。

2019年7月10日，县住建局向A公司发出催告："你公司的管道天然气经营许可手续至今未能办理，影响了经营区域内居民、工业、商业用户及时用气，现通知你公司抓紧办理管道天然气经营许可手续，若收到本通知2个月内经营许可手续尚未批准，我市将收回你公司的管道天然气区域经营权，由此造成的一切损失由你公司自行承担。"

2020年6月25日，A公司参加了县燃气工作会议，会议明确要求："关于天然气镇村通工程建设，各燃气企业要明确管网铺设计划，加快推进工程建设，今年9月底前未完成燃气配套设施建设的，一律收回区域经营权。"

2020年6月29日，A公司向县政府出具项目保证书，承诺："在办理完成项目开工手续3个月内完成以上工作，如不能按时完成，将自动退出政府所授予经营区域。"

2021年3月6日，县政府向A公司作出收回决定，决定按照合作协议中有关违约责任，收回A公司在县城城区、工业区的特许经营授权，授权给B公司代表县政府经营管理。A公司不服收回决定，向市政府申请行政复议。

2021年8月20日，市政府作出并送达维持决定，但决定未告知起诉期限。

2022年3月10日，A公司提起行政诉讼，请求法院撤销收回决定。诉讼中，法院查明B公司已开工建设并在部分地区试运行。

材料一：《城镇燃气管理条例》

第五条　国务院建设主管部门负责全国的燃气管理工作。

县级以上地方人民政府燃气管理部门负责本行政区域内的燃气管理工作。

县级以上人民政府其他有关部门依照本条例和其他有关法律、法规的规定，在各自职责范围内负责有关燃气管理工作。

第十五条　国家对燃气经营实行许可证制度。从事燃气经营活动的企业，应当具备下列条件：

（一）符合燃气发展规划要求；

（二）有符合国家标准的燃气气源和燃气设施；

（三）有固定的经营场所、完善的安全管理制度和健全的经营方案；

（四）企业的主要负责人、安全生产管理人员以及运行、维护和抢修人员经专业培训并考核合格；

（五）法律、法规规定的其他条件。

符合前款规定条件的，由县级以上地方人民政府燃气管理部门核发燃气经营许可证。

材料二：《市政公用事业特许经营管理办法》

第二条　本办法所称市政公用事业特许经营，是指政府按照有关法律、法规规定，通过市场竞争机制选择市政公用事业投资者或者经营者，明确其在一定期限和范围内经营某项市政公用事业产品或者提供某项服务的制度。

城市供水、供气、供热、公共交通、污水处理、垃圾处理等行业，依法实施特许经营的，适用本办法。

第十八条　获得特许经营权的企业在特许经营期间有下列行为之一的，主管部门应当依法终止特许经营协议，取消其特许经营权，并可以实施临时接管：

（一）擅自转让、出租特许经营权的；

（二）擅自将所经营的财产进行处置或者抵押的；

（三）因管理不善，发生重大质量、生产安全事故的；

（四）擅自停业、歇业，严重影响到社会公共利益和安全的；

（五）法律、法规禁止的其他行为。

第十九条　特许经营权发生变更或者终止时，主管部门必须采取有效措施保证市政公用产品供应和服务的连续性与稳定性。

第二十条　主管部门应当在特许经营协议签订后30日内，将协议报上一级市政公用事业主管部门备案。

第二十五条　主管部门应当建立特许经营项目的临时接管应急预案。

对获得特许经营权的企业取消特许经营权并实施临时接管的，必须按照有关法律、法规的规定进行，并召开听证会。（2022年仿真题）

问题：

1. 本行政诉讼案件的当事人具体有哪些？请说明理由。

2. 如何确定本案的管辖法院？为什么？

3. A公司起诉是否超过起诉期限？为什么？

4. 请分析县政府作出的收回决定的性质。

5. 县政府的收回决定是否合法？为什么？

6. 法院对本案应如何作出裁判？为什么？

答题要点整理

〖参考答案及详解〗

1.【参考答案】本案原告为 A 公司，被告为县政府和市政府，第三人为 B 公司。因为 A 公司的特许经营授权被县政府收回，其是该收回行为的相对人，在认为合法权益受损的情况下，有权提起行政诉讼；县政府是作出被诉收回授权决定的行政机关，市政府是复议维持机关，依照《行政诉讼法》规定，县政府和市政府应作为共同被告；B 公司与 A 公司提起诉讼的案件审理结果有关，依法可以列为第三人。

【考点】行政诉讼参加人

【详解】《行政诉讼法》第 25 条第 1 款规定："行政行为的相对人以及其他与行政行为有利害关系的公民、法人或者其他组织，有权提起诉讼。"

《行政诉讼法》第 26 条规定："公民、法人或者其他组织直接向人民法院提起诉讼的，作出行政行为的行政机关是被告。经复议的案件，复议机关决定维持原行政行为的，作出原行政行为的行政机关和复议机关是共同被告；复议机关改变原行政行为的，复议机关是被告……"

《行政诉讼法》第 29 条规定："公民、法人或者其他组织同被诉行政行为有利害关系但没有提起诉讼，或者同案件处理结果有利害关系的，可以作为第三人申请参加诉讼，或者由人民法院通知参加诉讼。人民法院判决第三人承担义务或者减损第三人权益的，第三人有权依法提起上诉。"

2.【参考答案】本案的管辖法院为市中级人民法院。因为本案为复议维持案件，依照《最高人民法院关于适用〈中华人民共和国行政诉讼法〉的解释》规定，级别管辖法院按照原行政行为作出机关即县政府来确定，因此为市中级人民法院；依照《行政诉讼法》的规定，复议维持案件，作出原行政行为的机关所在地法院与复议机关所在地法院均有管辖权，为此，县政府和市政府所在地法院均有管辖权。综合前面两种情况，只有市中级人民法院享有本案管辖权。

【考点】行政复议维持案件的管辖法院确定

【详解】就级别管辖法院确定而言，《最高人民法院关于适用〈中华人民共和国行政诉讼法〉的解释》第 134 条规定："复议机关决定维持原行政行为的，作出原行政行为的行政机关和复议机关是共同被告。原告只起诉作出原行政行为的行政机关或者复议机关的，人民法院应当告知原告追加被告。原告不同意追加的，人民法院应当将另一机关列为共同被告。行政复议决定既有维持原行政行为内容，又有改变原行政行为内容或者不予受理申请内容的，作出原行政行为的行政机关和复议机关为共同被告。复议机关作共同被告的案件，以作出原行政行为的行政机关确定案件的级别管辖。"本案为复议维持案件，应当按照县政府确定案件级别管辖法院，即市中级人民法院。就地域管辖法院而言，《行政诉讼法》第 18 条第 1 款规定："行政案件由最初作出行政行为的行政机关所在地人民法院管辖。经复议的案件，也可以由复议机关所在地人民法院管辖。"本题为复议维持案件，作出收回决定的县政府所在地的法院和作出复议维持的市政府所在地的法院都有管辖权。但因级别管辖法院已经确定为市中级人民法院，所以本案的管辖法院只能是市中级人民法院。

3.【参考答案】没有超过。本题为复议维持案件，依照《最高人民法院关于适用〈中华人民共和国行政诉讼法〉的解释》的规定，复议机关在作出复议决定后未告知起诉期限的，相对人应当在最长 1 年之内提起行政诉讼。A 公司于 2021 年 8 月 20 日知道复议决定，2022 年 3 月 10 日提起行政诉讼，没有超过起诉期限。

【考点】行政复议案件起诉期限

【详解】本题为经过复议且复议机关没有告知起诉期限的案件，《行政诉讼法》第 45 条规定："公民、法人或者其他组织不服复议决定的，可以在收到复议决定书之日起十五日内向人民法院提起诉讼。复议机关逾期不作决定的，申请人可以在复议期满之日起十五日内向人民法院提起诉讼。法律另有规定的除外。”据此，一般情况下，经复议案件的起诉期限为收到复议决定书之日起15日内。依照《最高人民法院关于适用〈中华人民共和国行政诉讼法〉的解释》第64条规定：“行政机关作出行政行为时，未告知公民、法人或者其他组织起诉期限的，起诉期限从公民、法人或者其他组织知道或者应当知道起诉期限之日起计算，但从知道或者应当知道行政行为内容之日起最长不得超过一年。复议决定未告知公民、法人或者其他组织起诉期限的，适用前款规定。”

4.【参考答案】县政府的收回决定属于解除协议的行政行为。因为《最高人民法院关于审理行政协议案件若干问题的规定》对行政机关解除协议的行为性质作出了规定，即“解除协议的行政行为”，并明确规定，协议相对人一方有权针对该行为提起撤销的诉讼请求。本题中，县政府基于A公司没有履行双方签订的天然气利用合作协议，存在违约行为，据此作出收回授权的决定，实质上是解除了其与A公司的协议。该解除行为被司法解释规定为“行政行为”，且可以被提起撤销诉讼。

【考点】行政协议解除行为的性质

【详解】《最高人民法院关于审理行政协议案件若干问题的规定》第9条规定：“在行政协议案件中，行政诉讼法第四十九条第三项规定的‘有具体的诉讼请求’是指：（一）请求判决撤销行政机关变更、解除行政协议的行政行为，或者确认该行政行为违法……”据此，该司法解释将行政机关解除协议的行为确定为一种行政行为，具有基于行政机关单方意思表示产生相应法律效果的性质。按照前述第9条的规定，对该行政行为A公司有权提起撤销诉讼。

5.【参考答案】不合法。虽然依照《市政公用事业特许经营管理办法》第18条规定，县政府有权解除涉案协议，但依照《市政公用事业特许经营管理办法》第25条规定，县政府收回燃气特许经营权，应当召开听证会，县政府作出收回决定过程中，并未告知该公司申请听证权，也未按照申请组织召开听证会，其收回决定违反法定程序。

【考点】行政行为合法要件

【详解】本题中，县政府决定收回A公司已获得的天然气特许经营权，应当依法告知该公司享有听证的权利，听取该公司的陈述和申辩。A公司要求听证的，县政府应当组织听证。县政府的收回决定并未履行该听证程序，其收回行为违反法定程序，属于违法行政行为。

6.【参考答案】法院应当作出如下判决：一、确认县政府收回A公司天然气经营区域授权的行政行为违法，但不撤销该行政行为；二、判决撤销市政府作出的复议维持决定。本案为复议维持案件，依照《最高人民法院关于适用〈中华人民共和国行政诉讼法〉的解释》的规定，法院要对原行政行为和复议行为分别作出裁判。县政府的收回授权行为虽然程序违法应当判决撤销，但鉴于经营区域内天然气项目特许经营权已经实际授予B公司，撤销收回决定不仅影响B公司已获得的合法权益，且会影响居民用气，损害区域内公共利益，故可以依法判决确认违法。在县政府的决定确认违法的情况下，市政府的复议维持决定依法应当撤销。

【考点】行政复议案件的裁判方式

【详解】虽然县政府收回天然气特许经营授权的行为构成程序违法，但考虑到可能影响B公司已获得的权益，以及会影响到居民当前的用气，法院有必要根据《行政诉讼法》第74条第1款第1项的规定（行政行为依法应当撤销，但撤销会给国家利益、社会公共利益造成重大损害的，判决确认行政行为违法，但不撤销该行政行为）处理。同时，依照《最高人民法院关于适用〈中华人民共和国行政诉讼法〉的解释》第136条第1款规定，人民法院对原行政行为作出判决的同时，应当对复议决定一并作出相应判决。本题中，县政府的收回授权行为已经构成违法，而市政府针对该行政行为作出了复议维持决定，该复议行为构成违法，依法应当判决撤销。

2023 年

题目要点提炼

案情：2019 年 12 月 1 日，甲县政府作出《关于 A 小区改造建设项目房屋征收决定》与《征收补偿协议》，决定对 A 小区范围内的房屋实施征收，公布了房屋征收范围，明确房屋征收部门为县住房和城乡建设局，房屋征收实施单位为县政府组建的 A 小区改造工程指挥部；签约期限为45 日，搬迁期限为30 日，具体起止日期在房屋征收评估机构选定后，由房屋征收部门另行公告；附件为《征收补偿方案》。上述内容在当地报纸上刊载公布。

乙于 2009 年购买了 A 小区房产，土地性质为国有土地。该房屋被纳入房屋征收范围。经房屋征收评估机构评估，该房屋面积 120 平方米，估价 35 万元。乙不认同该评估面积和金额，经多次协商仍未与县住房和城乡建设局达成一致意见。乙表示不同意征收拆迁，拒绝签署《征收补偿协议》，拒绝将其房屋腾空并交付拆除。

2022 年 2 月 14 日，甲县政府对乙作出房屋征收补偿决定，乙对该补偿决定不服，向法院提起行政诉讼。案件审理期间，改造工程指挥部作出《强制拆除决定书》，委托县住房和城乡建设局对乙的房屋进行了强制拆除，对屋内物品未进行保全和清点登记。

2022 年 5 月 29 日，乙以其房屋内的财产受到违法侵害为由，向法院提起行政诉讼，请求确认强制拆除行为违法，赔偿被拆除房屋损失 50 万元，屋内物品损失 5 万元，过渡期内租房补贴 2 万元。

材料：《国有土地上房屋征收与补偿条例》（2011 年 1 月 19 日国务院令第 590 号公布）

第二十五条　房屋征收部门与被征收人依照本条例的规定，就补偿方式、补偿金额和支付期限、用于产权调换房屋的地点和面积、搬迁费、临时安置费或者周转用房、停产停业损失、搬迁期限、过渡方式和过渡期限等事项，订立补偿协议。

补偿协议订立后，一方当事人不履行补偿协议约定的义务的，另一方当事人可以依法提起诉讼。

第二十六条　房屋征收部门与被征收人在征收补偿方案确定的签约期限内达不成补偿协议，或者被征收房屋所有权人不明确的，由房屋征收部门报请作出房屋征收决定的市、县级人民政府依照本条例的规定，按照征收补偿方案作出补偿决定，并在房屋征收范围内予以公告。

补偿决定应当公平，包括本条例第二十五条第一款规定的有关补偿协议的事项。

被征收人对补偿决定不服的，可以依法申请行政复议，也可以依法提起行政诉讼。

第二十七条　实施房屋征收应当先补偿、后搬迁。

作出房屋征收决定的市、县级人民政府对被征收人给予补偿后，被征收人应当在补偿协议约定或者补偿决定确定的搬迁期限内完成搬迁。

任何单位和个人不得采取暴力、威胁或者违反规定中断供水、供热、供气、供电和道路通行等非法方式迫使被征收人搬迁。禁止建设单位参与搬迁活动。

第二十八条　被征收人在法定期限内不申请行政复议或者不提起行政诉讼，在补偿决定规定的期限内又不搬迁的，由作出房屋征收决定的市、县级人民政府依法申请人民法院强制执行。

强制执行申请书应当附具补偿金额和专户存储账号、产权调换房屋和周转用房的地点和面积等材料。(2023 年仿真题)

问题：

1.《关于 A 小区改造建设项目房屋征收决定》是否属于具体行政行为？

2.《国有土地上房屋征收与补偿条例》第 25 条中的房屋征收补偿协议是什么性质？若针对补偿协议提起诉讼，诉讼的性质是什么？

3. 乙针对房屋强制拆除行为提起诉讼，应当如何确定被告？

4. 强制拆除决定是否违法？

5. 对于乙提起的行政赔偿诉讼，应当如何确定举证责任？

6. 对于乙提出的房屋价格的赔偿数额，法院是否应当支持？

答题要点整理

〖参考答案及详解〗

1.【参考答案】属于具体行政行为。县政府作出的《关于A小区改造建设项目房屋征收决定》针对的对象是该小区的业主，虽然没有具体指明相对人，但其范围是确定的，房屋征收属于行政征收，因此该决定属于具体行政行为。

【考点】具体行政行为

【详解】具体行政行为是指行政机关行使行政权力，对特定的公民、法人和其他组织作出的有关其权利义务的单方行为。具体行政行为有四个要素：一是行政机关实施的行为。不是行政机关实施的行为，一般不是行政行为。但是，由法律、法规授权的组织或者行政机关委托的组织实施的行为，也可能是行政行为。二是行使行政权力所为的单方行为。即该行为无须对方同意，仅行政机关单方即可决定，且决定后即发生法律效力，对方负有服从的义务，如果不服从，该行为可以强制执行或者申请人民法院强制执行。三是对特定的公民、法人或者其他组织作出的。“特定”是指某公民或某组织。四是作出有关特定公民、法人或者其他组织的权利义务的行为。本案中，《关于A小区改造房屋征收范围的公告》针对的是A小区居民的房屋，其对象的范围已经明确，不会有新的增加可能，符合具体行政行为对象明确具体的特征，因此属于具体行政行为。

2.【参考答案】（1）《国有土地上房屋征收与补偿条例》第25条中的房屋征收补偿协议是行政协议。行政协议是行政机关为了实现行政管理或者公共服务目标，与公民、法人或者其他组织协商订立的具有行政法上权利义务内容的协议。房屋征收补偿协议符合行政协议的界定，具有主体行政性、目的公益性、内容行政法律性以及双方合意性，同时也属于司法解释列举的行政协议种类。

（2）乙针对补偿协议提起的诉讼是行政诉讼。本案中乙是基于行政协议所提起的诉讼，依照行政诉讼法的规定，原则上适用行政诉讼程序解决，因此为行政诉讼。

【考点】行政协议

【详解】《最高人民法院关于审理行政协议案件若干问题的规定》第1条规定：“行政机关为了实现行政管理或者公共服务目标，与公民、法人或者其他组织协商订立的具有行政法上权利义务内容的协议，属于行政诉讼法第十二条第一款第十一项规定的行政协议。”第2条规定：“公民、法人或者其他组织就下列行政协议提起行政诉讼的，人民法院应当依法受理：（一）政府特许经营协议；（二）土地、房屋等征收征用补偿协议；（三）矿业权等国有自然资源使用权出让协议；（四）政府投资的保障性住房的租赁、买卖等协议；（五）符合本规定第一条规定的政府与社会资本合作协议；（六）其他行政协议。”据此，本题中的房屋征收补偿协议属于行政协议。

《行政诉讼法》第12条规定：“人民法院受理公民、法人或者其他组织提起的下列诉讼……认为行政机关不依法履行、未按照约定履行或者违法变更、解除政府特许经营协议、土地房屋征收补偿协议等协议的……”据此，行政协议引发的争议属于行政诉讼受案范围。

3.【参考答案】应当以甲县政府作为被告。（1）县住房和城乡建设局受改造工程指挥部委托，实施强制拆除行为，其行为引起的法律后果应当由委托机关承担。（2）改造工程指挥部是甲县政府设立的临时机构，不具有独立承担法律责任的能力，其行为引起的法律后果应当由设立机关，即甲县政府承担。

【考点】行政诉讼被告

【详解】《行政诉讼法》第26条第5款规定，行政机关委托的组织所作的行政行为，委托的行政机关是被告。

《最高人民法院关于适用〈中华人民共和国行政诉讼法〉的解释》第20条第1款规定，行政机关组建并赋予行政管理职能但不具有独立承担法律责任能力的机构，以自己的名义作出行政行为，当事人不服提起诉讼的，应当以组建该机构的行政机关为被告。

4.【参考答案】违法。(1) 主体违法。乙在法定期限内不申请行政复议或者不提起行政诉讼，在补偿决定规定的期限内又不搬迁，应当由作出房屋征收决定的市、县级人民政府依法申请法院强制执行，而不是由行政机关直接强制拆除。(2) 程序违法。在实施强制拆除时没有和乙达成补偿协议，在拆除过程中未通知乙对个人财物进行登记保管。

【考点】行政强制执行

【详解】《行政强制法》第13条规定："行政强制执行由法律设定。法律没有规定行政机关强制执行的，作出行政决定的行政机关应当申请人民法院强制执行。"

《国有土地上房屋征收与补偿条例》第28条规定："被征收人在法定期限内不申请行政复议或者不提起行政诉讼，在补偿决定规定的期限内又不搬迁的，由作出房屋征收决定的市、县级人民政府依法申请人民法院强制执行。强制执行申请书应当附具补偿金额和专户存储账号、产权调换房屋和周转用房的地点和面积等材料。"

5.【参考答案】由甲县政府承担举证责任。由于执行人员在强制拆除过程中未对乙屋内的物品进行保全和清点登记，造成乙无法证明相关损失，故应由甲县政府就乙的损害承担举证责任。

【考点】行政赔偿诉讼案件中的举证责任分配

【详解】《最高人民法院关于审理行政赔偿案件若干问题的规定》第11条规定："行政赔偿诉讼中，原告应当对行政行为造成的损害提供证据；因被告的原因导致原告无法举证的，由被告承担举证责任。人民法院对于原告主张的生产和生活所必需物品的合理损失，应当予以支持；对于原告提出的超出生产和生活所必需的其他贵重物品、现金损失，可以结合案件相关证据予以认定。"

6.【参考答案】法院不应支持。房屋现已灭失，应当按照作出赔偿决定时的市场价格来支持赔偿数额。违法征收房屋损失的赔偿不少于被征收人应当获得的安置补偿权益。据此，乙房屋估价35万元，其提出的50万元的赔偿请求不能支持。

【考点】行政赔偿诉讼

【详解】《最高人民法院关于审理行政赔偿案件若干问题的规定》第27条规定："违法行政行为造成公民、法人或者其他组织财产损害，不能返还财产或者恢复原状的，按照损害发生时该财产的市场价格计算损失。市场价格无法确定，或者该价格不足以弥补公民、法人或者其他组织损失的，可以采用其他合理方式计算。违法征收征用土地、房屋，人民法院判决给予被征收人的行政赔偿，不得少于被征收人依法应当获得的安置补偿权益。"

2024 年

题目要点提炼

案情：甲市为设区的市，乙公司为甲市一家污水处理厂。乙公司在日常污水处理中将产生的污泥违法堆放在城市绿化带上。甲市市政管理局以乙公司违法堆放污泥为由，于 2023 年 6 月 1 日对乙公司作出《行政处罚决定书》，责令其在 10 日内（即 2023 年 6 月 11 日前）对其违法堆放在绿化带上的污泥进行清除并采取治理措施。同时对乙公司处以罚款人民币 10 万元，对直接负责的法定代表人孙某处以罚款人民币 2 万元。随后经两次催告，乙公司仍未在规定期限内进行清理。甲市市政管理局于 2023 年 6 月 15 日作出代履行决定，指定某清理公司对乙公司堆放的污泥进行清除，并要求乙公司支付清理费用。

后乙公司不服，于 2023 年 6 月 20 日向甲市人民政府申请行政复议，甲市人民政府于 2023 年 7 月 1 日作出行政复议决定，维持甲市市政管理局所作处罚决定。

乙公司对该复议决定不服，于 2023 年 7 月 10 日向人民法院提起行政诉讼，提出以下诉讼请求：一、撤销甲市市政管理局对其作出的《行政处罚决定书》；二、判令甲市市政管理局履行规划污泥处理区域的法定职责；三、确认甲市市政管理局无权对城市污水和污泥进行监督和处罚，撤销甲市市政管理局所作出的代履行决定。

在诉讼过程中，甲市市政管理局向法院提交了一份甲市人民政府于 2022 年 5 月 1 日发布的《关于明确市政管理局职责的通知》，其中明确规定市政管理局为本市的城镇排水主管部门，负责城市污水和污泥的监督管理工作。

材料：《城镇排水与污水处理条例》（2013 年 10 月 2 日国务院令第 641 号发布）

第五条　国务院住房城乡建设主管部门指导监督全国城镇排水与污水处理工作。

县级以上地方人民政府城镇排水与污水处理主管部门（以下称城镇排水主管部门）负责本行政区域内城镇排水与污水处理的监督管理工作。

县级以上人民政府其他有关部门依照本条例和其他有关法律、法规的规定，在各自的职责范围内负责城镇排水与污水处理监督管理的相关工作。

第三十条　城镇污水处理设施维护运营单位或者污泥处理处置单位应当安全处理处置污泥，保证处理处置后的污泥符合国家有关标准，对产生的污泥以及处理处置后的污泥去向、用途、用量等进行跟踪、记录，并向城镇排水主管部门、环境保护主管部门报告。任何单位和个人不得擅自倾倒、堆放、丢弃、遗撒污泥。

第五十三条　违反本条例规定，城镇污水处理设施维护运营单位或者污泥处理处置单位对产生的污泥以及处理处置后的污泥的去向、用途、用量等未进行跟踪、记录的，或者处理处置后的污泥不符合国家有关标准的，由城镇排水主管部门责令限期采取治理措施，给予警告；造成严重后果的，处 10 万元以上 20 万元以下罚款；逾期不采取治理措施的，城镇排水主管部门可以指定有治理能力的单位代为治理，所需费用由当事人承担；造成损失的，依法承担赔偿责任。

违反本条例规定，擅自倾倒、堆放、丢弃、遗撒污泥的，由城镇排水主管部门责令停止违法行为，限期采取治理措施，给予警告；造成严重后果的，对单位处10万元以上50万元以下罚款，对个人处2万元以上10万元以下罚款；逾期不采取治理措施的，城镇排水主管部门可以指定有治理能力的单位代为治理，所需费用由当事人承担；造成损失的，依法承担赔偿责任。（2024年仿真题）

问题：

1. 甲市市政管理局责令乙公司限期10日内对违法堆放的污泥进行清除，该行为法律性质为何？请说明理由。

2. 甲市市政管理局对污泥治理是否有监督管理权和处罚权？请说明理由。

3. 本案代履行应遵循何种法定程序？请说明理由。

4. 本案应由哪一级别、哪一地域的人民法院管辖？请说明理由。

5. 乙公司仅对自身被处罚的20万元提起行政诉讼，法院能否对孙某被处罚的2万元进行合并审理？请说明理由。

6. 针对乙公司要求甲市市政管理局履行提供指定污泥处理区域的法定职责的请求，人民法院应当如何处理？请说明理由。

答题要点整理

〖参考答案及详解〗

1.【参考答案】该行为属于行政强制措施。行政强制措施，是指行政机关在行政管理过程中，为制止违法行为、防止证据损毁、避免危害发生、控制危险扩大等情形，依法对公民的人身自由实施暂时性限制，或者对公民、法人或者其他组织的财物实施暂时性控制的行为。甲市市政管理局责令乙公司限期清除污泥并采取治理措施，是对违法行为的制止，也防止了损害进一步的发生与扩大，其行为具备行政强制措施制止违法行为、控制危险扩大等特征，因此属于行政强制措施。

【考点】行政行为

【详解】《行政强制法》第2条规定："本法所称行政强制，包括行政强制措施和行政强制执行。行政强制措施，是指行政机关在行政管理过程中，为制止违法行为、防止证据损毁、避免危害发生、控制危险扩大等情形，依法对公民的人身自由实施暂时性限制，或者对公民、法人或者其他组织的财物实施暂时性控制的行为。行政强制执行，是指行政机关或者行政机关申请人民法院，对不履行行政决定的公民、法人或者其他组织，依法强制履行义务的行为。"

2.【参考答案】有权。《城镇排水与污水处理条例》第5条第2款规定，县级以上人民政府其他有关部门依照本条例和其他有关法律、法规的规定，在各自的职责范围内负责城镇排水与污水处理监督管理的相关工作。本案中，甲市人民政府在《关于明确市政管理局职责的通知》中明确甲市市政管理局为本市的城镇排水主管部门，因此甲市市政管理局依法对污泥治理有监管权和处罚权。

【考点】职权法定

【详解】职权法定要求：第一，行政机关的职权必须来源于法律、法规的明确授予。这意味着行政机关不能自行创设权力，其行使的每一项权力都要有法律依据。第二，行政机关的职权范围由法律明确界定，行政机关必须在法定的范围内行使权力。第三，行政机关行使职权必须遵循法定的程序，包括立案、调查、决定、送达等环节。第四，行政权力必须由法定的行政主体来行使。不同的行政权力由不同的行政机关或者法律法规授权的组织来行使。

3.【参考答案】行政机关依法作出要求当事人履行排除妨碍、恢复原状等义务的行政决定，当事人逾期不履行，经催告仍不履行，其后果已经或者将危害交通安全、造成环境污染或者破坏自然资源的，行政机关可以代履行，或者委托没有利害关系的第三人代履行。(《行政强制法》第50条)

代履行应当遵守下列规定：(1) 代履行前送达决定书，代履行决定书应当载明当事人的姓名或者名称、地址，代履行的理由和依据、方式和时间、标的、费用预算以及代履行人；(2) 代履行3日前，催告当事人履行，当事人履行的，停止代履行；(3) 代履行时，作出决定的行政机关应当派员到场监督；(4) 代履行完毕，行政机关到场监督的工作人员、代履行人和当事人或者见证人应当在执行文书上签名或者盖章。代履行的费用按照成本合理确定，由当事人承担。但是，法律另有规定的除外。代履行不得采用暴力、胁迫以及其他非法方式。(《行政强制法》第51条)

【考点】代履行

【详解】代履行是指行政机关依法作出要求当事人履行排除妨碍、恢复原状等义务的行政决定，当事人逾期不履行，经催告仍不履行，其后果已经或者将危害交通安全、造成环境污染或者破坏自然资源的，行政机关可以代履行，或者委托没有利害关系的第三人代履行。《行政强制法》第50条至第52条明确代履行的适用条件和程序。代履行必须同时具备以下四个要件：(1) 存在相对人逾期不履行行政法上义务的事实，且此种不履行因故意或过失引起。(2) 该行政法上的义务是他人可以代为履行的作为义务。(3) 代履行的义务必须是代履行后能达到与相对人亲自履行义务同一目的的义务。(4) 由义务人承担必要的费用。

4.【参考答案】本案属于复议维持案件，甲市市政管理局和甲市人民政府应为共同被告。第一，应根据作出原行政行为的行政机关确定级别管辖。本案作出原行政行为的行政机关为甲市市政管理局，因此，本案的级别管辖为基层人民法院。第二，就地域管辖而言，经复议的案件，作出原行政行为的行政机关所在地人民法院与复议机关所在地人民法院均有管辖权。因此，甲市市政管理局和甲市人民政府所在地法院均有管辖权。综上，甲市市政管理局所在地基层人民法院或甲市人民政府所在地的基层人民法院对本案均有管辖权。

【考点】复议维持案件行政诉讼管辖

【详解】在确定管辖时，应当先确定级别管辖，再确定地域管辖，即根据行政机关的级别确定应由哪一级法院管辖，在确定的级别管辖范围内，选择行政机关所在地的具体法院。《行政诉讼法》第18条第1款规定："行政案件由最初作出行政行为的行政机关所在地人民法院管辖。经复议的案件，也可以由复议机关所在地人民法院管辖。"《行政诉讼法》第26条第2款规定："经复议的案件，复议机关决定维持原行政行为的，作出原行政行为的行政机关和复议机关是共同被告；复议机关改变原行政行为的，复议机关是被告。"

5.【参考答案】不能合并审理。根据规定，行政机关就同一事实对若干公民、法人或者其他组织分别作出行政行为，公民、法人或者其他组织不服分别向同一人民法院起诉的，可以决定合并审理。本案中，孙某作为被行政处罚的直接责任人，与乙公司是不同的行政相对人，两者在法律上具有独立的诉讼地位。孙某并未就2万元向法院起诉，且原告乙公司的诉讼请求不包含甲市市政管理局对孙某所作出的2万元罚款，因此本案不符合可以适用合并审理的情形。本案法院的审理对象应当为乙公司所提出的内容，对于孙某的罚款应当遵循"不告不理"原则，不能够将其进行合并审理。

【考点】合并审理；不告不理

【详解】在行政诉讼中，"不告不理"是一项基本原则，指法院的审理范围和裁判内容限于原告的诉讼请求，不得主动干预未起诉的行政行为或超出原告诉求进行裁判。例如，原告起诉要求撤销某行政处罚决定，法院仅审查该处罚是否合法，不得主动审查其他关联行政行为（如行政许可）。若原告仅请求确认行政行为违法，但未提赔偿请求，法院不得自行判决赔偿。尽管遵循"不告不理"，但法院对行政行为合法性的审查可突破原告诉讼请求的限制（如发现程序严重违法，即使原告未主张，法院仍需依法裁判）。

关于合并审理，《最高人民法院关于适用〈中华人民共和国行政诉讼法〉的解释》第73条规定："根据行政诉讼法第二十七条的规定，有下列情形之一的，人民法院可以决定合并审理：（一）两个以上行政机关分别对同一事实作出行政行为，公民、法人或者其他组织不服向同一人民法院起诉的；（二）行政机关就同一事实对若干公民、法人或者其他组织分别作出行政行为，公民、法人或者其他组织不服分别向同一人民法院起诉的；（三）在诉讼过程中，被告对原告作出新的行政行为，原告不服向同一人民法院起诉的；（四）人民法院认为可以合并审理的其他情形。"

6.【参考答案】法院应当判决驳回原告诉讼请求。根据《城镇排水与污水处理条例》第30条的规定，乙公司作为污泥处理处置单位，应当安全处理处置污泥，保证处理处置后的污泥符合国家有关标准，对产生的污泥以及处理处置后的污泥去向、用途、用量等进行跟踪、记录，并向城镇排水主管部门、环境保护主管部门报告。根据《城镇排水与污水处理条例》第53条第2款的规定，对擅自堆放污泥的乙公司，甲市市政管理局作为城镇排水主管部门，有权责令其停止违法行为，限期采取治理措施，给予警告；造成严重后果的，对单位处10万元以上50万元以下罚款，对个人处2万元以上10万元以下罚款；逾期不采取治理措施的，城镇排水主管部门可以指定有治理能力的单位代为治理，所需费用由当事人承担；造成损失的，依法承担赔偿责任。综上所述，甲市市政管理局适用法律法规正确，符合法定程序，乙公司要求被告市政管理局履行职责的理由不成立，法院应当判决驳回原告的诉讼请求。

【考点】 行政诉讼的判决结果

【详解】《行政诉讼法》第69条规定：“行政行为证据确凿，适用法律、法规正确，符合法定程序的，或者原告申请被告履行法定职责或者给付义务理由不成立的，人民法院判决驳回原告的诉讼请求。”

商 法

2015 年

题目要点提炼

案情：鸿捷有限公司成立于 2008 年 3 月，从事生物医药研发。公司注册资本为 5000 万元，股东为甲、乙、丙、丁，持股比例分别为 37%、30%、19%、14%；甲为董事长，乙为总经理。公司成立后，经营状况一直不错。

2013 年 8 月初，为进一步拓展市场、加强经营管理，公司拟引进战略投资者骐黄公司，并通过股东大会形成如下决议（简称：《1 号股东会决议》）：第一，公司增资 1000 万元；第二，其中 860 万元，由骐黄公司认购；第三，余下的 140 万元，由丁认购，从而使丁在公司增资后的持股比例仍保持不变，而其他各股东均放弃对新股的优先认缴权；第四，缴纳新股出资的最后期限，为 2013 年 8 月 31 日。各股东均在决议文件上签字。

之后，丁因无充足资金，无法在规定期限内完成所认缴出资的缴纳；骐黄公司虽然与鸿捷公司签订了新股出资认缴协议，但之后就鸿捷公司的经营理念问题，与甲、乙、丙等人发生分歧，也一直未实际缴纳出资。因此，公司增资计划的实施，一直没有进展。但这对公司经营并未造成很大影响，至 2013 年底，公司账上已累积 4000 万元的未分配利润。

2014 年初，丁自他人处获得一笔资金，遂要求继续实施公司的增资计划，并自行将 140 万元打入公司账户，同时还主张对骐黄公司未实际缴资的 860 万元新股的优先认购权，但这一主张遭到其他股东的一致反对。

鉴于丁继续实施增资的强烈要求，并考虑到难以成功引进外部战略投资者，公司在 2014 年 1 月 8 日再次召开股东大会，讨论如下议案：第一，公司仍增资 1000 万元；第二，不再引进外部战略投资人，由公司各股东按照原有持股比例认缴新股；第三，各股东新增出资的缴纳期限为 20 年；第四，丁已转入公司账户的 140 万元资金，由公司退还给丁。就此议案所形成的股东会决议（简称：《2 号股东会决议》），甲、乙、丙均同意并签字，丁虽签字，但就第二、第三与第四项内容，均注明反对意见。

之后在甲、乙的主导下，鸿捷公司经股东大会修订了公司章程、股东名册等，并于 2014 年 1 月 20 日办理完毕相应的公司注册资本的工商变更登记。

2014 年底，受经济下行形势影响，加之新产品研发失败，鸿捷公司经营陷入困境。至 2015 年 5 月，公司已拖欠嵩悠公司设备款债务 1000 万元，公司账户中的资金已不足以偿付。(2015/四/五)

问题（节录）：

1.《1 号股东会决议》的法律效力如何？为什么？

2. 就骐黄公司未实际缴纳出资的行为，鸿捷公司可否向其主张违约责任？为什么？

3. 丁可否主张 860 万元新股的优先认购权？为什么？

4. 鸿捷公司增加注册资本的程序中，何时产生注册资本增加的法律效力？为什么？

5. 就鸿捷公司不能清偿的1000万元设备款债务，嵩悠公司能否向其各个股东主张补充赔偿责任？为什么？

答题要点整理

〚参考答案及详解〛

1.【参考答案】《1号股东会决议》为合法有效的股东会决议。内容不违反现行法律、行政法规。程序上符合股东会决议的程序。

【考点】 公司增资

【详解】《公司法》第66条第3款规定："股东会作出修改公司章程、增加或者减少注册资本的决议，以及公司合并、分立、解散或者变更公司形式的决议，应当经代表三分之二以上表决权的股东通过。"本题中，《1号股东会决议》涉及公司增资，鸿捷有限公司特别召开了股东会，并由股东会一致通过了股东会决议，程序上合法有效。

《公司法》第227条第1款规定："有限责任公司增加注册资本时，股东在同等条件下有权优先按照实缴的出资比例认缴出资。但是，全体股东约定不按照出资比例优先认缴出资的除外。"据此，根据股东会决议，股东可以放弃对新增资本的优先购买权。根据《1号股东会决议》，股东丁行使优先购买权，其他股东放弃优先购买权，这些都是合法的。

关于新增资本的出资期限，《公司法》第228条第1款规定："有限责任公司增加注册资本时，股东认缴新增资本的出资，依照本法设立有限责任公司缴纳出资的有关规定执行。"《公司法》第47条第1款规定："有限责任公司的注册资本为在公司登记机关登记的全体股东认缴的出资额。全体股东认缴的出资额由股东按照公司章程的规定自公司成立之日起五年内缴足。"《1号股东会决议》规定缴纳新股出资的最后期限为2013年8月31日，符合法律规定。

2.【参考答案】 首先应确定骐黄公司与鸿捷公司间签订的新股出资认缴协议，根据题述情节，应属于合法有效的协议或合同，这是讨论违约责任的前提。其次，依《民法典》第577条，违约责任的承担方式有继续履行、采取补救措施与赔偿损失三种，但在本案中，如果强制要求骐黄公司继续履行即强制骐黄公司履行缴纳出资的义务，则在结果上会导致强制骐黄公司加入公司，从而有违参与或加入公司组织之自由原则，故而鸿捷公司不能主张继续履行的违约责任。至于能否主张骐黄公司的赔偿损失责任，则视骐黄公司主观上是否存在过错，而在本案中，骐黄公司并不存在明显的过错，因此鸿捷公司也很难主张该请求权。

【考点】 新股出资认购协议

【详解】 本题关键在于区分股东认缴出资的义务与股东之外的主体履行新股出资认购协议的不同。

《公司法》第49条规定："股东应当按期足额缴纳公司章程规定的各自所认缴的出资额。股东以货币出资的，应当将货币出资足额存入有限责任公司在银行开设的账户；以非货币财产出资的，应当依法办理其财产权的转移手续。股东未按期足额缴纳出资的，除应当向公司足额缴纳外，还应当对给公司造成的损失承担赔偿责任。"同时，《最高人民法院关于适用〈中华人民共和国公司法〉若干问题的规定（三）》第13条第1款规定："股东未履行或者未全面履行出资义务，公司或者其他股东请求其向公司依法全面履行出资义务的，人民法院应予支持。"以上关于股东履行出资义务的规定，都以股东认缴出资从而具有了股东资格为前提，而本题中的骐黄公司在其履行出资义务之前根本不是股东，故不能适用《公司法》有关股东出资义务的规定。

虽然骐黄公司与鸿捷公司之间的新股出资认购协议合法有效，但这种新股出资认购协议与公司设立时认缴出资的性质完全不同。骐黄公司并不会因为新股出资认购协议的生效而当然取得鸿捷公司的股东资格，只有在鸿捷公司修改公司章程并且变更股东登记之后，骐黄公司才能取得鸿捷公司的股东资格。而在本题中，骐黄公司与鸿捷公司之间的新股出资认购协议最终未能履行，鸿捷公司的第一次增资计划未能实现。

新股出资认购协议属于《民法典》中的无名合同，其违约责任的归责原则需要特别确定。因为加入公司的复杂性，认为新股出资认购协议的违约归责原则为过错责任是比较合适的。题目中，骐黄公司是因为与鸿捷公司的现有股东甲、乙、丙等人发生分歧，所以未履行新股出资认购协议，很难说骐黄公司具有过错，所以并不需要向鸿捷公司承担违约责任。

3.【参考答案】不可以。丁主张新股优先认购权的依据为《公司法》第227条，即“有限责任公司增加注册资本时，股东在同等条件下有权优先按照实缴的出资比例认缴出资”；不过该条所规定的原股东之优先认购权，主要针对的是增资之股东会决议就新股分配未另行规定的情形；而且行使优先认购权还须遵守另一个限制，即原股东只能按其实缴出资比例，主张对新增资本的相应部分行使优先认购权。该增资计划并未侵害或妨害丁在公司中的股东地位，也未妨害其股权内容即未影响其表决权重，因此就余下的860万元新股，丁无权主张优先认购权。

【考点】公司新股的优先认购权

【详解】《公司法》第227条第1款规定：“有限责任公司增加注册资本时，股东在同等条件下有权优先按照实缴的出资比例认缴出资。但是，全体股东约定不按照出资比例优先认缴出资的除外。”按照合法有效的《1号股东会决议》，股东丁有权按照其实际出资比例行使对新股的优先认购权，但无权对860万元新股行使优先认购权。

4.【参考答案】只有在公司登记机关办理完毕新的注册资本的变更登记后，才能产生新的注册资本亦即新增注册资本的法律效力。公司的注册资本也只有经过工商登记，才能产生注册资本的法定效力；进而在公司通过修改章程而增加注册资本时，也同样只有在登记完毕后，才能产生注册资本增加的法定效力。

【考点】公司增资

【详解】《公司法》第32条规定：“公司登记事项包括……（三）注册资本……”《公司法》第34条规定：“公司登记事项发生变更的，应当依法办理变更登记。公司登记事项未经登记或者未经变更登记，不得对抗善意相对人。”公司增资需要完成相关的修改公司章程、变更工商登记的程序，只有经过工商登记后才产生注册资本增加的法律效力。

5.【参考答案】为保护公司债权人的合法利益，可准用《最高人民法院关于适用〈中华人民共和国公司法〉若干问题的规定（三）》第13条第2款的规定，认可公司债权人的这项请求权，即在公司财产不能清偿公司债务时，各股东所认缴的尚未到期的出资义务，应按照提前到期的方法来处理，进而对公司债权人承担补充赔偿责任。

【考点】股东对公司债权人的责任

【详解】《最高人民法院关于适用〈中华人民共和国公司法〉若干问题的规定（三）》第13条第2款规定：“公司债权人请求未履行或者未全面履行出资义务的股东在未出资本息范围内对公司债务不能清偿的部分承担补充赔偿责任的，人民法院应予支持；未履行或者未全面履行出资义务的股东已经承担上述责任，其他债权人提出相同请求的，人民法院不予支持。”甲、乙、丙、丁认缴1000万元新股，却未履行其出资义务，应当在其未出资本息范围内向公司债权人嵩悠公司承担补充赔偿责任。至于各股东的出资义务尚未到期的问题，可以通过提前到期的方法处理，以保护公司债权人利益。

2016 年

题目要点提炼

案情：美森公司成立于 2009 年，主要经营煤炭。股东是大雅公司以及庄某、石某。章程规定公司的注册资本是 1000 万元，三个股东的持股比例是 5 ∶ 3 ∶ 2；各股东应当在公司成立时一次性缴清全部出资。大雅公司将之前归其所有的某公司的净资产经会计师事务所评估后作价 500 万元用于出资，这部分资产实际交付给美森公司使用；庄某和石某以货币出资，公司成立时庄某实际支付了 100 万元，石某实际支付了 50 万元。

大雅公司委派白某担任美森公司的董事长兼法定代表人。2010 年，赵某欲入股美森公司，白某、庄某和石某一致表示同意，于是赵某以现金出资 50 万元，公司出具了收款收据，但未办理股东变更登记。赵某还领取了 2010 年和 2011 年的红利共 10 万元，也参加了公司的股东会。

2012 年开始，公司经营逐渐陷入困境。庄某将其在美森公司中的股权转让给了其妻弟杜某。此时，赵某提出美森公司未将其登记为股东，所以自己的 50 万元当时是借款给美森公司的。白某称美森公司无钱可还，还告诉赵某，为维持公司的经营，公司已经向甲、乙公司分别借款 60 万元和 40 万元；向大雅公司借款 500 万元。

2013 年 11 月，大雅公司指示白某将原出资的资产中价值较大的部分逐渐转入另一子公司美阳公司。对此，杜某、石某和赵某均不知情。

此时，甲公司和乙公司起诉了美森公司，要求其返还借款及相应利息。大雅公司也主张自己曾借款 500 万元给美森公司，要求其偿还。赵某、杜某及石某闻讯后也认为利益受损，要求美森公司返还出资或借款。(2016/四/五)

问题：

1. 应如何评价美森公司成立时三个股东的出资行为及其法律效果？

2. 赵某与美森公司是什么法律关系？为什么？

3. 庄某是否可将其在美森公司中的股权进行转让？为什么？这种转让的法律后果是什么？

4. 大雅公司让白某将原来用作出资的资产转移给美阳公司的行为是否合法？为什么？

5. 甲公司和乙公司对美森公司的债权，以及大雅公司对美森公司的债权，应否得到受偿？其受偿顺序如何？

6. 赵某、杜某和石某的请求及理由是否成立？他们应当如何主张自己的权利？

答题要点整理

〖参考答案及详解〗

1.【参考答案】大雅公司以先前归其所有的某公司的净资产出资，净资产出资尽管在我国《公司法》中没有被规定为出资形式，但公司实践中运用较多，并且案情中显示，一方面这些净资产本来归大雅公司，且经过了会计师事务所的评估作价，在出资程序方面与实物等非货币形式的出资相似；另一方面这些净资产已经由美森公司实际占有和使用，即完成了交付。《公司法》第48条第2款也有“对作为出资的非货币财产应当评估作价，核实财产，不得高估或者低估作价”的规定。所以，应当认为大雅公司履行了自己的出资义务。庄某按章程应当以现金300万元出资，仅出资100万元；石某按章程应当出资200万元，仅出资50万元，所以两位自然人股东没有完全履行自己的出资义务，应当承担继续履行出资义务及违约责任。

【考点】股东出资

【详解】《公司法》第48条第2款规定：“对作为出资的非货币财产应当评估作价，核实财产，不得高估或者低估作价。法律、行政法规对评估作价有规定的，从其规定。”针对非货币出资，《最高人民法院关于适用〈中华人民共和国公司法〉若干问题的规定（三）》第9条规定：“出资人以非货币财产出资，未依法评估作价，公司、其他股东或者公司债权人请求认定出资人未履行出资义务的，人民法院应当委托具有合法资格的评估机构对该财产评估作价。评估确定的价额显著低于公司章程所定价额的，人民法院应当认定出资人未依法全面履行出资义务。”据此，非货币出资的关键在于评估，本题中大雅公司以净资产出资，已经经过评估并且交付使用，应当被认为已经完成了出资义务。

《公司法》第49条规定：“股东应当按期足额缴纳公司章程规定的各自所认缴的出资额。股东以货币出资的，应当将货币出资足额存入有限责任公司在银行开设的账户；以非货币财产出资的，应当依法办理其财产权的转移手续。股东未按期足额缴纳出资的，除应当向公司足额缴纳外，还应当对给公司造成的损失承担赔偿责任。”本题中，庄某、石某都是不完全出资，应当承担继续履行出资义务及违约责任。

2.【参考答案】投资与借贷是不同的法律关系。赵某自己主张是借贷关系中的债权人，但依据《最高人民法院关于适用〈中华人民共和国公司法〉若干问题的规定（三）》第23条的规定，赵某虽然没有被登记为股东，但是他在2010年时出于自己的真实意思表示，愿意出资成为股东，其他股东及股东代表均同意，并且赵某实际交付了50万元出资，参与了分红及公司的经营，这些行为均非债权人可为，所以赵某具备实际出资人的地位，在公司内部也享有实际出资人的权利。此外从民商法的诚信原则考虑，也应认可赵某作为实际出资人或实际股东而非债权人。

【考点】股东资格的认定

【详解】确认股东资格，需要考虑出资协议、出资行为、股东名册、工商登记以及行使股权的具体情形。《公司法》第32条规定：“公司登记事项包括……（六）有限责任公司股东、股份有限公司发起人的姓名或者名称……”《公司法》第34条规定：“公司登记事项发生变更的，应当依法办理变更登记。公司登记事项未经登记或者未经变更登记，不得对抗善意相对人。”据此，工商登记并非享有股权的前提条件。

《最高人民法院关于适用〈中华人民共和国公司法〉若干问题的规定（三）》第23条规定：“当事人依法履行出资义务或者依法继受取得股权后，公司未根据公司法第三十一条、第三十二条的规定签发出资证明书、记载于股东名册并办理公司登记机关登记，当事人请求公司履行上述义务的，人民法院应予支持。”综合题目中所给出的事实，应当认定赵某具有股东资格。

3.【参考答案】尽管庄某没有全面履行自己的出资义务，但其股权也是可以转让的。受让人是其妻弟，按生活经验应当推定杜某是知情的。《最高人民法院关于适用〈中华人民共和国公司法〉若干问题的规定（三）》第18条认可了瑕疵出资股权的可转让性；这种转让的法律后果就是如果受让人知道或者应当知道，转让人和受让人对公司以及债权人需承担连带责任，受让人再向转让人进行追偿。

【考点】 瑕疵出资股权的转让

【详解】《最高人民法院关于适用〈中华人民共和国公司法〉若干问题的规定（三）》第18条规定："有限责任公司的股东未履行或者未全面履行出资义务即转让股权，受让人对此知道或者应当知道，公司请求该股东履行出资义务、受让人对此承担连带责任的，人民法院应予支持；公司债权人依照本规定第十三条第二款向该股东提起诉讼，同时请求前述受让人对此承担连带责任的，人民法院应予支持。受让人根据前款规定承担责任后，向该未履行或者未全面履行出资义务的股东追偿的，人民法院应予支持。但是，当事人另有约定的除外。"据此，股东瑕疵出资的股权依然可以转让，只是在股权转让之后瑕疵出资的股东依然负有出资义务；同时，知情或者应当知情的受让人对原股东的出资义务负有连带责任。

4.【参考答案】 公司具有独立人格，公司财产是其人格的基础。出资后的资产属于公司而非股东所有，故大雅公司无权将美森公司的资产转移，该行为损害了美森公司的责任财产，侵害了美森公司、美森公司股东（杜某和石某）的利益，也侵害了甲公司、乙公司这些债权人的利益。

【考点】 抽逃出资

【详解】《公司法》第53条第1款规定："公司成立后，股东不得抽逃出资。"《最高人民法院关于适用〈中华人民共和国公司法〉若干问题的规定（三）》第12条规定："公司成立后，公司、股东或者公司债权人以相关股东的行为符合下列情形之一且损害公司权益为由，请求认定该股东抽逃出资的，人民法院应予支持：（一）制作虚假财务会计报表虚增利润进行分配；（二）通过虚构债权债务关系将其出资转出；（三）利用关联交易将出资转出；（四）其他未经法定程序将出资抽回的行为。"本题中，大雅公司指示白某将美森公司的资产转移至美阳公司的行为属于抽逃出资，应当承担法律责任。

5.【参考答案】（1）甲公司和乙公司是普通债权，应当得到受偿。大雅公司是美森公司的大股东，我国公司法并未禁止公司与其股东之间的交易，只是规定关联交易不得损害公司和债权人的利益，因此借款本身是可以的，只要是真实的借款，也是有效的。所以大雅公司的债权应当得到清偿。

（2）在受偿顺序方面：

答案一：大雅公司作为股东（母公司）损害了美森公司的独立人格，也损害了债权人的利益，其债权应当在顺序上劣后于正常交易中的债权人甲公司和乙公司，这是深石原则的运用。

答案二：根据民法公平原则，大雅公司的债权在顺序方面应劣后于甲公司、乙公司。

答案三：按债权的平等性，大雅公司与甲公司、乙公司的债权平等受偿。

【考点】 深石原则

【详解】 所谓深石原则，是指为了保障公司债权人的正当利益免受控股股东的不法侵害，在公司进行清算、和解和重整等程序中，根据控股股东是否有不公平行为，而决定其债权是否应劣后于其他债权人受偿的原则。我国《公司法》及相关司法解释并未规定深石原则，但2015年《最高人民法院公报》公布了一项适用深石原则的判决，肯定了深石原则的合理合法性。

本题属于争议问题。如果依据深石原则或者特别考虑民法的公平原则，鉴于控股股东大雅公司转移公司财产、侵害公司利益，大雅公司的债权应当劣后于其他债权人。不过，如果坚持债权平等的传统观念，大雅公司的债权可以与其他债权平等受偿。

6.【参考答案】 赵某、杜某和石某的请求不成立。赵某是实际出资人或实际股东，杜某和石某是股东。基于公司资本维持原则，股东不得要求退股，故其不得要求返还出资。

但是大雅公司作为大股东转移资产的行为损害了公司的利益，也就损害了股东的利益，因此赵某、杜某和石某可以向大雅公司提出赔偿请求。同时，白某作为公司的高级管理人员，其行为也损害了股东利益，赵某、杜某和石某也可以起诉白某请求其承担赔偿责任。

【考点】抽回出资

【详解】《公司法》第53条第1款规定：“公司成立后，股东不得抽逃出资。”赵某、杜某和石某都是美森公司的股东，不得要求抽回出资。

《最高人民法院关于适用〈中华人民共和国公司法〉若干问题的规定（三）》第12条规定：“公司成立后，公司、股东或者公司债权人以相关股东的行为符合下列情形之一且损害公司权益为由，请求认定该股东抽逃出资的，人民法院应予支持：（一）制作虚假财务会计报表虚增利润进行分配；（二）通过虚构债权债务关系将其出资转出；（三）利用关联交易将出资转出；（四）其他未经法定程序将出资抽回的行为。”大雅公司指示白某将美森公司的资产转移至美阳公司的行为属于抽逃出资，应当承担法律责任。对此，《最高人民法院关于适用〈中华人民共和国公司法〉若干问题的规定（三）》第14条第1款规定：“股东抽逃出资，公司或者其他股东请求其向公司返还出资本息、协助抽逃出资的其他股东、董事、高级管理人员或者实际控制人对此承担连带责任的，人民法院应予支持。”

2017年

题目要点提炼

案情：昌顺有限公司成立于2012年4月，注册资本5000万元，股东为刘昌、钱顺、潘平与程舵，持股比例依次为40%、28%、26%与6%。章程规定设立时各股东须缴纳30%的出资，其余在两年内缴足；公司不设董事会与监事会，刘昌担任董事长，钱顺担任总经理并兼任监事。各股东均已按章程实际缴纳首批出资。公司业务主要是从事某商厦内商铺的出租与管理。因该商厦商业地理位置优越，承租商户资源充足，租金收入颇为稳定，公司一直处于盈利状态。

2014年4月，公司通过股东会决议，将注册资本减少至3000万元，各股东的出资额等比例减少，同时其剩余出资的缴纳期限延展至2030年12月。公司随后依法在登记机关办理了注册资本的变更登记。

公司盈利状况不错，但2014年6月，就公司关于承租商户的筛选、租金的调整幅度、使用管理等问题的决策，刘昌与钱顺爆发严重冲突。后又发生了刘昌解聘钱顺的总经理职务，而钱顺又以监事身份来罢免刘昌董事长的情况，虽经潘平与程舵调和也无济于事。受此影响，公司此后竟未再召开过股东会。好在商户比较稳定，公司营收未出现下滑。

2016年5月，钱顺已厌倦于争斗，要求刘昌或者公司买下自己的股权，自己退出公司，但遭到刘昌的坚决拒绝，其他股东既无购买意愿也无购买能力。钱顺遂起诉公司与刘昌，要求公司回购自己的股权，若公司不回购，则要求刘昌来购买。一个月后，法院判决钱顺败诉。后钱顺再以解散公司为由起诉公司。虽然刘昌以公司一直盈利且运行正常等为理由坚决反对，法院仍于2017年2月作出解散公司的判决。

判决作出后，各方既未提出上诉，也未按规定成立清算组，更未进行实际的清算。在公司登记机关，该昌顺公司仍登记至今，而各承租商户也继续依约向公司交付租金。(2017/四/五)

问题：

1. 昌顺公司的治理结构，是否存在不规范的地方？为什么？

2. 昌顺公司减少注册资本依法应包括哪些步骤？

3. 刘昌解聘钱顺的总经理职务，以及钱顺以监事身份来罢免刘昌董事长职位是否合法？为什么？

4. 法院判决不支持“钱顺要求公司与刘昌回购自己股权的诉求”是否合理？为什么？

5. 法院作出解散公司的判决是否合理？为什么？

6. 解散公司的判决生效后，就昌顺公司的后续行为及其状态，在法律上应如何评价？为什么？

答题要点整理

〚参考答案及详解〛

1.【参考答案】存在。

（1）昌顺公司股东人数较少不设董事会的做法符合《公司法》第75条的规定，但此时刘昌的职位不应是董事长，而应是执行董事①。

（2）昌顺公司股东人数较少不设监事会符合《公司法》第83条的规定。但是根据《公司法》第76条第4款规定，董事、高级管理人员不得兼任监事，因此钱顺不得兼任监事。

【考点】公司的组织结构

【详解】《公司法》第75条规定："规模较小或者股东人数较少的有限责任公司，可以不设董事会，设一名董事，行使本法规定的董事会的职权。该董事可以兼任公司经理。"据此，董事会是董事长存在的前提，如果有限公司不设董事会，则不可能选举产生董事长，而只有一名执行董事，所以刘昌的职位不应是董事长，而应是执行董事。

《公司法》第83条规定："规模较小或者股东人数较少的有限责任公司，可以不设监事会，设一名监事，行使本法规定的监事会的职权；经全体股东一致同意，也可以不设监事。"据此，昌顺公司可以不设监事会。《公司法》第76条第4款规定："董事、高级管理人员不得兼任监事。"据此，公司总经理钱顺不能担任公司监事。

2.【参考答案】（1）要形成2/3多数议决的关于减资的股东会决议，即符合《公司法》第66条第3款要求，形成有效的股东会决议。

（2）编制资产负债表及财产清单。

（3）按照《公司法》第224条第2款的规定，减资决议之日起10日内通知债权人，并于30日内在报纸上或者国家企业信用信息公示系统公告。

（4）应向公司登记机关提交相关文件，办理变更登记。

（5）应修改公司章程。

【考点】减少公司注册资本

【详解】《公司法》第66条第3款规定："股东会作出修改公司章程、增加或者减少注册资本的决议，以及公司合并、分立、解散或者变更公司形式的决议，应当经代表三分之二以上表决权的股东通过。"据此，公司减资，需要代表2/3以上表决权的股东形成股东会决议。同时，根据《公司法》第46条第1款第3项规定，公司注册资本属于公司章程的必要记载事项，公司减资必然要修改公司章程，同样需要代表2/3以上表决权的股东形成股东会决议。

《公司法》第224条规定："公司减少注册资本，应当编制资产负债表及财产清单。公司应当自股东会作出减少注册资本决议之日起十日内通知债权人，并于三十日内在报纸上或者国家企业信用信息公示系统公告。债权人自接到通知之日起三十日内，未接到通知的自公告之日起四十五日内，有权要求公司清偿债务或者提供相应的担保。公司减少注册资本，应当按照股东出资或者持有股份的比例相应减少出资额或者股份，法律另有规定、有限责任公司全体股东另有约定或者股份有限公司章程另有规定的除外。"这是公司减资的基本流程，公司必须遵守。

《公司法》第32条规定："公司登记事项包括……（三）注册资本……"《公司法》第34条规定："公司登记事项发生变更的，应当依法办理变更登记。公司登记事项未经登记或者未经变更登记，不得对

---

① 根据2023年《公司法》，执行董事现为行使《公司法》规定的董事会的职权的董事，下同。

抗善意相对人。”据此，公司减资应当办理变更登记。

3.【参考答案】(1) 钱顺罢免刘昌不合法。钱顺兼任公司监事不符合《公司法》规定，即使假定钱顺监事身份合法，根据《公司法》第78条规定，监事对公司高管只有解任建议权，而无决定权。因此，刘昌的执行董事地位不受影响。

(2) 答案一：刘昌解聘钱顺行为符合《公司法》规定。在不设董事会的治理结构中，执行董事即相当于董事会。而按照《公司法》第74条第1款规定，由董事会决定聘任或解聘经理，从而刘昌解聘钱顺总经理职务的行为，符合公司法规定。

答案二：刘昌解聘钱顺的行为不合法。因本案中存在两个事实情节，第一，钱顺任职总经理已规定于公司章程中，从而对钱顺的解聘会涉及是否符合公司章程修改程序的判断；第二，刘昌的解聘行为是二人间矛盾激化的结果，而在不设董事会的背景下，刘昌的这一行为确实存在职权滥用的嫌疑。

【考点】监事的职权、董事会的职权

【详解】本题中，刘昌能否解聘钱顺确实存在争议。一方面，刘昌作为公司执行董事，其地位相当于董事会，根据《公司法》第74条第1款规定，执行董事有权决定公司总经理的聘任与解聘，从而刘昌有权解聘钱顺；另一方面，公司章程中直接规定钱顺担任公司总经理，如果要解聘钱顺的总经理职位，就要修改公司章程，根据《公司法》第66条第3款规定，需要经过代表2/3以上表决权的股东通过，这样刘昌只有联合其他股东通过股东会来罢免钱顺。本案中，应该认为公司章程对总经理职位作了特别规定，刘昌不能单靠自己的执行董事身份解聘钱顺，而必须通过股东会修改公司章程来罢免钱顺。

根据《公司法》第78条规定，监事对公司高管只有罢免建议权，而无决定权。即使假定钱顺的监事身份合法，钱顺也无权罢免刘昌。如果钱顺要罢免刘昌，就必须通过股东会修改公司章程，因为刘昌持有公司40%的股权，对任何股东会决议都享有一票否决权，钱顺根本无法罢免刘昌。

4.【参考答案】合理。根据《公司法》第89条第1款规定，股东回购请求权仅限于该款所列明的三种情形下对股东会决议的异议股东（即公司连续5年不分红决议，公司合并、分立、转让主要财产决议，公司存续上的续期决议），钱顺情形显然不符合该规定。而就针对其他股东的强制性的股权购买请求权，现行公司法并无明文规定。即在现行公司法上，股东彼此之间并不负有在特定情况下收购对方股权的强制性义务；即使按照《最高人民法院关于适用〈中华人民共和国公司法〉若干问题的规定（二）》第5条规定，法院在审理解散公司的案件时，应尽量调解，并给出由其他股东收购股权的调解备选方案，也不能因此成立其他股东的收购义务。故钱顺对股东刘昌的诉求，也没有实体法依据。

【考点】股权回购

【详解】《公司法》第89条规定：“有下列情形之一的，对股东会该项决议投反对票的股东可以请求公司按照合理的价格收购其股权：（一）公司连续五年不向股东分配利润，而公司该五年连续盈利，并且符合本法规定的分配利润条件；（二）公司合并、分立、转让主要财产；（三）公司章程规定的营业期限届满或者章程规定的其他解散事由出现，股东会通过决议修改章程使公司存续。自股东会决议作出之日起六十日内，股东与公司不能达成股权收购协议的，股东可以自股东会决议作出之日起九十日内向人民法院提起诉讼。公司的控股股东滥用股东权利，严重损害公司或者其他股东利益的，其他股东有权请求公司按照合理的价格收购其股权。公司因本条第一款、第三款规定的情形收购的本公司股权，应当在六个月内依法转让或者注销。”

《最高人民法院关于适用〈中华人民共和国公司法〉若干问题的规定（二）》第5条第1款规定：“人民法院审理解散公司诉讼案件，应当注重调解。当事人协商同意由公司或者股东收购股份，或者以减资等方式使公司存续，且不违反法律、行政法规强制性规定的，人民法院应予支持。当事人不能协商一致使公司存续的，人民法院应当及时判决。”此处涉及的依然是股东之间协商收购的情形，除非公司章程另

有规定或者股东之间有特别的回购协议，某个股东并无收购其他股东股权的义务，所以钱顺也不能要求刘昌收购其股权。

5.【参考答案】判决合理。根据《公司法》第231条及《最高人民法院关于适用〈中华人民共和国公司法〉若干问题的规定（二）》第1条第1款规定，本案符合“公司持续两年以上无法召开股东会或者股东大会，公司经营管理发生严重困难的”情形。昌顺公司自2014年6月至解散诉讼时，已超过两年时间未再召开过股东会，这表明昌顺公司已实质性构成所谓的“公司僵局”，即构成法院判决公司解散的根据。

【考点】公司的解散事由

【详解】《公司法》第231条规定：“公司经营管理发生严重困难，继续存续会使股东利益受到重大损失，通过其他途径不能解决的，持有公司百分之十以上表决权的股东，可以请求人民法院解散公司。”《最高人民法院关于适用〈中华人民共和国公司法〉若干问题的规定（二）》第1条第1款规定：“单独或者合计持有公司全部股东表决权百分之十以上的股东，以下列事由之一提起解散公司诉讼，并符合公司法第一百八十二条规定的，人民法院应予受理：（一）公司持续两年以上无法召开股东会或者股东大会，公司经营管理发生严重困难的；（二）股东表决时无法达到法定或者公司章程规定的比例，持续两年以上不能做出有效的股东会或者股东大会决议，公司经营管理发生严重困难的；（三）公司董事长期冲突，且无法通过股东会或者股东大会解决，公司经营管理发生严重困难的；（四）经营管理发生其他严重困难，公司继续存续会使股东利益受到重大损失的情形。”本题中，公司自2014年6月起，再未召开过股东会，截至法院判决之时，已经超过2年时间无法形成股东会决议，尽管公司经营比较正常，但公司治理陷入困境，符合司法强制解散的规定。

6.【参考答案】法院作出的解散公司的判决，在性质上为形成判决，据此，公司应进入清算阶段。对此，《公司法》所规定的程序如下：（1）依《公司法》第232条及时成立清算组；（2）清算组按照法律规定的期限，按《公司法》第234条至第237条进行各项清算工作；（3）清算结束后，根据《公司法》第239条，清算组应当制作清算报告，报股东会或者法院确认，并报送公司登记机关，申请注销公司登记。概括来说，按照我国《公司法》的规范逻辑，解散判决生效后，公司就必须经过清算程序走向终止。

【考点】公司的解散与清算

【详解】《公司法》第232条规定：“公司因本法第二百二十九条第一款第一项、第二项、第四项、第五项规定而解散的，应当清算。董事为公司清算义务人，应当在解散事由出现之日起十五日内组成清算组进行清算。清算组由董事组成，但是公司章程另有规定或者股东会决议另选他人的除外。清算义务人未及时履行清算义务，给公司或者债权人造成损失的，应当承担赔偿责任。”

《公司法》第233条规定：“公司依照前条第一款的规定应当清算，逾期不成立清算组进行清算或者成立清算组后不清算的，利害关系人可以申请人民法院指定有关人员组成清算组进行清算。人民法院应当受理该申请，并及时组织清算组进行清算。公司因本法第二百二十九条第一款第四项的规定而解散的，作出吊销营业执照、责令关闭或者撤销决定的部门或者公司登记机关，可以申请人民法院指定有关人员组成清算组进行清算。”

《公司法》第235条第1款规定：“清算组应当自成立之日起十日内通知债权人，并于六十日内在报纸上或者国家企业信用信息公示系统公告。债权人应当自接到通知之日起三十日内，未接到通知的自公告之日起四十五日内，向清算组申报其债权。”

《公司法》第236条第1、2款规定：“清算组在清理公司财产、编制资产负债表和财产清单后，应当制订清算方案，并报股东会或者人民法院确认。公司财产在分别支付清算费用、职工的工资、社会保险费用和法定补偿金，缴纳所欠税款，清偿公司债务后的剩余财产，有限责任公司按照股东的出资比例分配，股份有限公司按照股东持有的股份比例分配。”

《公司法》第237条规定："清算组在清理公司财产、编制资产负债表和财产清单后，发现公司财产不足清偿债务的，应当依法向人民法院申请破产清算。人民法院受理破产申请后，清算组应当将清算事务移交给人民法院指定的破产管理人。"

《公司法》第239条规定："公司清算结束后，清算组应当制作清算报告，报股东会或者人民法院确认，并报送公司登记机关，申请注销公司登记。"

公司司法解散，需要按照以上程序办理。但《公司法》并未规定司法解散的强制执行，更没有规定强制解散的主动执行，这样的安排是合理的。在法院作出强制司法解散的判决后，当事人如果不申请强制执行解散程序，法律秩序应该默许公司的继续存在。《公司法》创设强制司法解散的初衷在于给陷入僵局的公司的股东以救济而非摧毁公司本身，所以这种不执行强制解散判决的消极立场反而是符合民商法私法自治理念的，其实际社会效果也未必是坏事。本案昌顺公司被司法解散后仍然继续存在的事实，显然是与这一规范层面的逻辑不相符的，这说明我国立法关于司法解散的相关程序与制度，在衔接上尚有不足之处，有待将来立法的完善。

题目要点提炼

2018 年

案情：甲、乙和丙是A公司的股东。甲担任公司法定代表人，与乙是恋人关系。

2015年4月，A公司与甲、乙、丁、戊设立B公司，签订了《投资人协议》，签署了《B公司章程》，规定B公司的注册资本是5000万元。其中，A公司认缴2000万元，甲认缴1000万元，乙认缴500万元，丁认缴1000万元，戊认缴500万元。《B公司章程》还规定，A公司和丁的出资应在公司设立时一次性缴足，甲、乙、戊认缴的出资在公司设立后三年内缴足。同一天，丁与丙签订了《委托持股协议》，约定：丁在B公司认缴的出资由丙实际缴纳，股权实际为丙所有，丙与丁之间系委托代持股关系。丙与丁将《委托持股协议》进行了公证。

B公司成立并领取了企业法人营业执照，营业执照上注明：公司注册资本5000万元，实缴3000万元，认缴2000万元。乙是B公司的法定代表人。A公司和丙均按章程的规定以向公司账户汇款的方式足额缴纳了出资。汇款单用途栏内写明"认缴股权投资款"。

2016年12月，甲分两次从其银行卡向乙银行卡分别汇款100万元、80万元，到款当日，乙将这两笔款项均汇入B公司账户，汇款单的汇款用途栏内写明"投资款"。乙认缴的出资，尚有320万元未实际缴足。

2016年12月，戊向B公司账户汇款100万元，尚有400万元未实际缴足。

2017年1月，戊拟转让股权，其他股东不主张购买。戊最终将股权转让给C公司，并办理了股权变更登记。

2017年3月，甲与乙关系破裂，在乙的操作下，B公司会计己与A公司签订了《股权转让协议》，将A公司对B公司的股权转让给己，该《股权转让协议》上加盖有A公司公章，法定代表人签字一栏甲的签字则是乙伪造的。B公司持该《股权转让协议》到公司登记机关办理了股权变更登记，己未实际向A公司支付股权转让款。

2017年4月，己与D公司签订《股权转让协议》，己将其名下的B公司股权转让给D公司，D公司向己支付股权转让款3000万元，B公司为D公司办理了股权过户变更登记。

2017年8月，丁因拖欠小额贷款公司借款，被法院判决应偿还借款本金300万元及相应的利息和罚息。小额贷款公司申请法院强制执行，法院查封了丁在B公司的股权，对此，丙提出案外人异议。

2017年9月，B公司因不能偿还银行到期借款3000万元本金及利息，被银行起诉至法院。在该案一审审理期间，银行以甲认缴的出资未足额缴纳为由，追加甲为被告，请求甲承担连带清偿责任。(2018年仿真题)

问题：

1. 如甲以乙用于出资的180万元为其所汇为由，主张确认乙名下的股权实际为自己所有，该主张是否成立？为什么？

2. 若戊向C公司转让股权时，其认缴的出资尚有400万元未缴纳，如认缴期限届满，B公司是否可以向C公司催缴？为什么？

3. A公司与己签订了《股权转让协议》，将A公司对B公司的股权转移至己的名下并办理过户登记，能否认定己取得B公司的股权？为什么？

4. 己将其名下的B公司股权转让给D公司，能否认定D公司已取得B公司股权？为什么？

5. 丙的案外人执行异议是否成立？为什么？

6. 在银行诉B公司和甲的清偿贷款纠纷案件中，甲是否应当对B公司的债务承担连带责任？为什么？

答题要点整理

〖参考答案及详解〗

1.**【参考答案】**甲的主张不能成立。根据《公司法》及其相关司法解释的规定，股东应向公司履行出资义务，方可取得股权。本案中，乙将180万元汇入B公司账户并注明“投资款”，履行了其对B公司所负的出资义务，故乙取得股权。甲向乙汇款180万元，二人之间形成债权债务关系，与B公司无关。

【考点】股东资格

【详解】《公司法》第49条第1款规定：“股东应当按期足额缴纳公司章程规定的各自所认缴的出资额。”

2.**【参考答案】**B公司可以向C公司催缴。因为戊与C公司签署《股权转让协议》并履行后，C公司概括继受了戊在B公司的权利义务，戊在出资期限未届满前将股权转让给C公司，故C公司负有向B公司缴纳剩余出资的义务。

【考点】股东出资义务

【详解】《最高人民法院关于适用〈中华人民共和国公司法〉若干问题的规定（三）》第13条第1款规定：“股东未履行或者未全面履行出资义务，公司或者其他股东请求其向公司依法全面履行出资义务的，人民法院应予支持。”

3.**【参考答案】**己不能取得B公司股权。因为乙伪造《股权转让协议》系对A公司所持股权的无权处分；己对无权处分知情，主观上为恶意，且未支付合理对价，不能构成善意取得。即使已办理过户登记，己也不能取得该股权。

【考点】无权处分；善意取得

【详解】《最高人民法院关于适用〈中华人民共和国公司法〉若干问题的规定（三）》第7条第1款规定：“出资人以不享有处分权的财产出资，当事人之间对于出资行为效力产生争议的，人民法院可以参照民法典第三百一十一条的规定予以认定。”

4.**【参考答案】**D公司已取得B公司股权。虽然己取得股权不合法，对B公司股权为无权处分，但D公司并不知情，且支付了对价并办理了过户登记，故D公司已取得B公司股权。

【考点】无权处分；善意取得

【详解】《最高人民法院关于适用〈中华人民共和国公司法〉若干问题的规定（三）》第7条第1款规定：“出资人以不享有处分权的财产出资，当事人之间对于出资行为效力产生争议的，人民法院可以参照民法典第三百一十一条的规定予以认定。”《民法典》第311条规定：“无处分权人将不动产或者动产转让给受让人的，所有权人有权追回；除法律另有规定外，符合下列情形的，受让人取得该不动产或者动产的所有权：（一）受让人受让该不动产或者动产时是善意；（二）以合理的价格转让；（三）转让的不动产或者动产依照法律规定应当登记的已经登记，不需要登记的已经交付给受让人。受让人依据前款规定取得不动产或者动产的所有权的，原所有权人有权向无处分权人请求损害赔偿。当事人善意取得其他物权的，参照适用前两款规定。”

5.**【参考答案】**丙的案外人执行异议不成立。丁为名义股东，丙为实际出资人，丁与丙之间形成代持股关系。基于商事外观主义，实际出资人不得以其与名义股东之间的代持股协议对抗债权人。故丁的债权人有权申请法院强制执行丁所持有的股权，由此造成丙的损失的，丙可以请求丁予以赔偿。

【考点】名义股东与实际股东

【详解】《最高人民法院关于适用〈中华人民共和国公司法〉若干问题的规定（三）》第25条规定：“名义股东将登记于其名下的股权转让、质押或者以其他方式处分，实际出资人以其对于股权享有实际权利为由，请求认定处分股权行为无效的，人民法院可以参照民法典第三百一十一条的规定处理。名义股东处分股权造成实际出资人损失，实际出资人请求名义股东承担赔偿责任的，人民法院应予支持。”

6.【参考答案】银行或B公司有权要求甲提前缴纳出资，甲对B公司债务承担的并非连带责任。

第一，银行或B公司有权要求甲提前缴纳出资。虽然在注册资本认缴制下，股东依法享有期限利益，但是《公司法》第54条规定，公司不能清偿到期债务的，公司或者已到期债权的债权人有权要求已认缴出资但未届出资期限的股东提前缴纳出资。第二，股东仅在其未出资范围内对公司承担责任，而非连带责任。

【考点】股东尚未完成出资义务的责任

【详解】《最高人民法院关于适用〈中华人民共和国公司法〉若干问题的规定（三）》第13条第2款规定：“公司债权人请求未履行或者未全面履行出资义务的股东在未出资本息范围内对公司债务不能清偿的部分承担补充赔偿责任的，人民法院应予支持；未履行或者未全面履行出资义务的股东已经承担上述责任，其他债权人提出相同请求的，人民法院不予支持。”

《公司法》第54条规定：“公司不能清偿到期债务的，公司或者已到期债权的债权人有权要求已认缴出资但未届出资期限的股东提前缴纳出资。”

题目要点提炼

2019 年

案情： 2016 年 3 月，A 公司、B 公司、C 公司、D 公司共同出资设立甲有限责任公司，分别持股 51%、37%、8%、4%，注册资本 8000 万元，各股东均已实缴。其中，B 公司名下 37%的股权中，17%由 E 公司实际出资。

甲公司设董事会，由 5 名董事组成，分别由 A 公司、B 公司、C 公司按照 2∶2∶1 委派。A 公司委派的 2 名董事中，其中一人担任董事长。B 公司委派的 2 名董事中，其中一人担任总经理，另一人由 E 公司委派。在甲公司成立后召开的历次股东会上，E 公司曾委派不同的人出席，甲公司其他股东对此均知晓且未表示反对。

2018 年 6 月，甲公司拟增资 2000 万元，投资者乙公司拟全部认购。除 C 公司外，其他股东都放弃优先认缴权。C 公司提出两项主张：（1）按照实缴比例优先认缴新增资本；（2）对其他股东放弃的优先认缴部分，由其行使优先认缴权。C 公司的主张遭到 A 公司、B 公司、D 公司反对，增资一事搁置。

2018 年 10 月，B 公司向 D 公司、丙公司借款，在 E 公司不知情的情况下，B 公司将自己名下 20%的股权质押给 D 公司，将 10%的股权质押给对代持事实不知情的丙公司，且均办理了质押登记。2019 年 1 月，因 B 公司逾期未能偿还借款，D 公司向法院申请实现担保物权，拍卖质押股权。

2019 年 3 月，E 公司的债权人丁公司要求强制执行 E 公司财产。法院经调查得知 E 公司对甲公司有实际出资，遂对 B 公司代持的 E 公司享有的股权采取拍卖措施。（2019 年仿真题）

问题：

1. 2018 年 6 月，甲公司拟增资时，C 公司提出的第一项主张能否成立？

2. 2018 年 6 月，甲公司拟增资时，C 公司提出的第二项主张能否成立？

3. B 公司将自己名下 20%的股权质押给 D 公司，D 公司能否取得质权？

4. B 公司将自己名下 10%的股权质押给丙公司，丙公司能否取得质权？

5. D 公司申请法院实现担保物权，E 公司可以如何救济？

6. 法院因丁公司申请而强制执行 B 公司名下股权时，B 公司、D 公司、E 公司、丙公司能否对强制执行提出异议？

答题要点整理

〖参考答案及详解〗

1.【参考答案】C公司提出的第一项主张能成立。根据《公司法》第227条的规定，公司新增资本时，股东有权优先按照实缴的出资比例认缴出资。本案中，甲公司对增资无特别约定，故C公司可以主张按实缴比例认缴增资。

【考点】股东的优先购买权

【详解】《公司法》第227条规定："有限责任公司增加注册资本时，股东在同等条件下有权优先按照实缴的出资比例认缴出资。但是，全体股东约定不按照出资比例优先认缴出资的除外。股份有限公司为增加注册资本发行新股时，股东不享有优先认购权，公司章程另有规定或者股东会决议决定股东享有优先认购权的除外。"

2.【参考答案】C公司提出的第二项主张不能成立。根据《公司法》第227条的规定，股东仅对其"实缴的出资比例"享有优先权，对于超出实缴比例的增资范围主张优先认购权缺乏法律依据。因此，对于超出其实缴比例的部分，即使其他股东放弃优先认缴权，C公司也无权主张优先认购。

【考点】股东的优先购买权

【详解】《公司法》第227条规定："有限责任公司增加注册资本时，股东在同等条件下有权优先按照实缴的出资比例认缴出资。但是，全体股东约定不按照出资比例优先认缴出资的除外。股份有限公司为增加注册资本发行新股时，股东不享有优先认购权，公司章程另有规定或者股东会决议决定股东享有优先认购权的除外。"

3.【参考答案】D公司有权取得该股权质权。

第一，题干并未说明B公司出质给D公司的20%股权，是B公司自己所有还是代持E公司的股权，由于D公司和B公司同为甲公司的股东，且E公司曾委派不同的人出席股东会，故可以推定D公司知晓B公司代持E公司17%股权的事实。第二，D公司要求B公司质押的股权范围仅限于20%，并未超过B公司自己所有的股权份额，故D公司并无损害E公司权益的恶意。综上所述，B公司将自己享有的20%股权质押给D公司，属于有权处分，质押合同有效，且已办理质押登记，故D公司取得该质权。

【考点】股权质押

【详解】《民法典》第440条规定："债务人或者第三人有权处分的下列权利可以出质：……（四）可以转让的基金份额、股权……"

4.【参考答案】丙公司有权取得该股权质权。根据《最高人民法院关于适用〈中华人民共和国公司法〉若干问题的规定（三）》第25条的规定，代持人B公司未经实际出资人E公司同意，将代持E公司的10%的股权出质给不知情的丙公司，且已办理股权质押登记，应适用善意取得制度，故丙公司有权取得股权质权。

【考点】善意取得

【详解】《最高人民法院关于适用〈中华人民共和国公司法〉若干问题的规定（三）》第25条规定："名义股东将登记于其名下的股权转让、质押或者以其他方式处分，实际出资人以其对于股权享有实际权利为由，请求认定处分股权行为无效的，人民法院可以参照民法典第三百一十一条的规定处理。名义股东处分股权造成实际出资人损失，实际出资人请求名义股东承担赔偿责任的，人民法院应予支持。"

5.【参考答案】D公司申请拍卖质押股权，应适用实现担保物权的特别程序：

（1）法庭审理阶段

根据《最高人民法院关于适用〈中华人民共和国民事诉讼法〉的解释》第369条的规定，法院审理实现担保物权的特别程序案件，应当就是否损害他人合法权益等内容进行审查。被申请人或者利害关系人提出异议的，法院应当一并审查。据此，本案中E公司认为损害自己合法利益的，可以在审理程序中提出异议，法院应当一并审查。

(2) 裁定作出后

根据《最高人民法院关于适用〈中华人民共和国民事诉讼法〉的解释》第372条的规定，对法院作出的准许实现担保物权的裁定，E公司作为利害关系人，可以自知道或应当知道民事权益受到侵害之日起6个月内提出异议。

(3) 进入执行程序

若进入执行程序，E公司可根据《民事诉讼法》第238条的规定，向执行法院以书面形式提起案外人异议。

【考点】 实际出资人的救济

【详解】《最高人民法院关于适用〈中华人民共和国民事诉讼法〉的解释》第369条规定："人民法院应当就主合同的效力、期限、履行情况，担保物权是否有效设立、担保财产的范围、被担保的债权范围、被担保的债权是否已届清偿期等担保物权实现的条件，以及是否损害他人合法权益等内容进行审查。被申请人或者利害关系人提出异议的，人民法院应当一并审查。"

《最高人民法院关于适用〈中华人民共和国民事诉讼法〉的解释》第372条规定："适用特别程序作出的判决、裁定，当事人、利害关系人认为有错误的，可以向作出该判决、裁定的人民法院提出异议。人民法院经审查，异议成立或者部分成立的，作出新的判决、裁定撤销或者改变原判决、裁定；异议不成立的，裁定驳回。对人民法院作出的确认调解协议、准许实现担保物权的裁定，当事人有异议的，应当自收到裁定之日起十五日内提出；利害关系人有异议的，自知道或者应当知道其民事权益受到侵害之日起六个月内提出。"

《民事诉讼法》第238条规定："执行过程中，案外人对执行标的提出书面异议的，人民法院应当自收到书面异议之日起十五日内审查，理由成立的，裁定中止对该标的的执行；理由不成立的，裁定驳回。案外人、当事人对裁定不服，认为原判决、裁定错误的，依照审判监督程序办理；与原判决、裁定无关的，可以自裁定送达之日起十五日内向人民法院提起诉讼。"

6.【参考答案】 根据《民事诉讼法》第238条的规定，执行过程中，案外人对执行标的提出书面异议的，人民法院应当自收到书面异议之日起15日内审查，理由成立的，裁定中止对该标的的执行；理由不成立的，裁定驳回。案外人、当事人对裁定不服，认为原判决、裁定错误的，依照审判监督程序办理；与原判决、裁定无关的，可以自裁定送达之日起15日内向人民法院提起诉讼。具体分析如下：

(1) B公司有权提出执行异议。B公司是名义股东，E公司是实际出资人，依据商法公示公信原则，法院不得仅凭B公司与E公司之间的内部代持协议就直接强制执行B公司的股权，因此B公司有权提出案外人执行异议。

(2) D公司无权提出执行异议。D公司质押权的行使对象是B公司自己名下的股权，并不涉及B公司代持E公司的股权，因此法院对B公司代持股权的强制执行不影响D公司的权益，故D公司无权提出执行异议。

(3) E公司无权提出执行异议。E公司是被执行人，无权对执行标的提出执行异议。若执行机关的执行行为存在违法情形，可以对执行行为提出执行异议，但本案中未涉及，故E公司无权提出执行异议。

(4) 丙公司有权提出执行异议。丙公司对B公司代持E公司10%的股权享有质权，因此其有权提出执行异议。

【考点】 股权强制执行的救济

【详解】关于B公司是否有权提出执行异议，有观点认为，B公司无权提出执行异议。双方内部的约定仅对协议双方有约束，不能以内部约定对抗外部善意第三人。因此，若债权人是对名义股东代持的股份申请强制执行时，实际出资人无权以代持股协议为由主张执行异议；但若债权人是对实际出资人实际享有的股权（被名义股东代持）申请强制执行时，此时名义股东无权提出执行异议，因为名义股东应受到双方代持股协议的约束。本案中，B公司与E公司之间存在代持股协议，该代持股协议合法有效，B公司与E公司应受该代持股协议的约束，故B公司不能向E公司主张股权归自己所有，亦无权主张执行异议。

题目要点提炼

2020 年

案情：A公司为原集体所有制企业改制而来的有限责任公司，注册资本为2000万元，已全部实缴。股东为甲、乙、丙、工会，持股比例分别为25%、15%、5%、55%。工会已登记为法人，代表原集体企业全体职工持股。甲担任董事长兼法定代表人，乙任总经理，董事会成员为甲、乙、丙以及由职工代表大会推荐的丁和戊。监事为职工代表己。

职工股东丁擅自将工会所持股权转让给公司以外的庚。工会知情后，召开全体职工大会，决议撤销丁的董事资格并将其开除，并委派戊将决议递交A公司。A公司收到后，因忙于增资事项，未及时处理撤销丁董事资格的事宜。

A公司拟增资3000万元，B公司拟全部认缴，双方约定：（1）A公司增加注册资本3000万元，全部由B公司认购。（2）B公司分三期实缴：第一期自协议签订15日内缴纳500万元，第二期在A公司完成变更登记后的半年内缴纳1000万元，第三期自A公司启动上市改制时全部缴清。（3）A公司股东变更为B公司、甲、乙、丙、工会，其中B公司为持股超过50%的大股东。（4）董事会变更为：甲、戊、由B公司指派的该公司董事长兼法定代表人辛等，监事不变。

随后，A公司针对上述增资事宜召开股东会，全体职工股东参加：（1）乙不同意此次增资方案。（2）丙不同意此次增资方案，并要求优先认购500万元。（3）原集体企业参加改制的职工壬主张按自己的持股比例优先认购。（4）其他股东均同意增资协议。股东会最终决议通过该增资方案并完成变更登记。B公司成为A公司股东后，委派辛担任A公司董事长兼法定代表人。后B公司指使辛以A公司名义给B公司的全资子公司C公司发放了700万元无息借款，借款期限为8年。

后B公司经营陷入困境，一年多以来，B公司与A公司原有股东因经营理念不合等原因，矛盾剧增。A公司原股东在未通知B公司的情况下，召开股东会，通过解除B公司股东资格的股东会决议。（2020年仿真题）

问题：

1. 丁与庚的股权转让行为效力如何？为什么？

2. 全体职工大会决议撤销丁的董事资格，能否导致其董事资格的丧失？为什么？

3. A公司就增资扩股事项的股东会决议效力如何？为什么？

4. 关于增资事宜，丙和壬的请求是否成立？为什么？

5. 辛以A公司名义与C公司签订的借款合同是否有效？为什么？

6. A公司原股东在没有通知B公司的情况下，召开股东会解除B公司股东资格的决议是否有效？为什么？

答题要点整理

〚参考答案及详解〛

1.【参考答案】丁与庚的股权转让行为无效。根据《公司法》第 56 条第 2 款的规定，记载于股东名册的股东，可以依股东名册主张行使股东权利。故本案中，工会代表全体职工持股，为公司股东。根据善意取得的相关规定：(1) 丁擅自将股份转让给庚的行为属于无权处分。(2) 丁的董事身份不具有股权转让的合理外观，不能认定庚为善意。(3) 该股权尚未办理变更登记。综上所述，丁与庚的股权转让行为无效。

【考点】股权的无权处分

【详解】《公司法》第 56 条第 2 款规定："记载于股东名册的股东，可以依股东名册主张行使股东权利。"

《最高人民法院关于适用〈中华人民共和国公司法〉若干问题的规定（三）》第 7 条第 1 款规定："出资人以不享有处分权的财产出资，当事人之间对于出资行为效力产生争议的，人民法院可以参照民法典第三百一十一条的规定予以认定。"

《民法典》第 311 条规定："无处分权人将不动产或者动产转让给受让人的，所有权人有权追回；除法律另有规定外，符合下列情形的，受让人取得该不动产或者动产的所有权：(一) 受让人受让该不动产或者动产时是善意；(二) 以合理的价格转让；(三) 转让的不动产或者动产依照法律规定应当登记的已经登记，不需要登记的已经交付给受让人。受让人依据前款规定取得不动产或者动产的所有权的，原所有权人有权向无处分权人请求损害赔偿。当事人善意取得其他物权的，参照适用前两款规定。"

2.【参考答案】能导致丁董事资格的丧失。我国《公司法》虽然没有强制要求公司董事会必须有职工代表，但是规定董事会中的职工代表由公司职工通过职工代表大会、职工大会或者其他民主选举产生，同时《公司法》规定的由股东会选举和更换的董事是非职工代表董事。本案中，丁是职工代表大会选举的董事，也应由职工代表大会罢免。因此，职工代表大会解除丁董事资格的决议，可以导致其董事资格的丧失。

【考点】董事的罢免

【详解】《公司法》第 59 条规定："股东会行使下列职权：(一) 选举和更换董事、监事，决定有关董事、监事的报酬事项……"

《最高人民法院关于适用〈中华人民共和国公司法〉若干问题的规定（五）》第 3 条规定："董事任期届满前被股东会或者股东大会有效决议解除职务，其主张解除不发生法律效力的，人民法院不予支持。董事职务被解除后，因补偿与公司发生纠纷提起诉讼的，人民法院应当依据法律、行政法规、公司章程的规定或者合同的约定，综合考虑解除的原因、剩余任期、董事薪酬等因素，确定是否补偿以及补偿的合理数额。"

3.【参考答案】股东会决议增资部分有效，损害丙新股优先认缴权部分无效。

(1) 针对增资事项，根据《公司法》第 116 条第 3 款的规定，公司增加注册资本的决议，必须经出席股东会会议的股东所持表决权的 2/3 以上通过。在本题中，持股合计 80%的甲和工会同意增资决议，故该部分决议有效。

(2) 针对其他股东的新股优先认缴权事项，根据《公司法》第 227 条的规定，有限责任公司增加注册资本时，股东在同等条件下有权优先按照实缴的出资比例认缴出资。因此，若 B 公司拟全部认缴新增资本，需要全体股东一致同意。本题中，股东丙提出了新股认缴的请求，该决议未予保障其他股东的新股优先认缴权，故该部分决议无效。

【考点】公司决议的效力；新股优先认缴权

【详解】《公司法》第116条第3款规定："股东会作出修改公司章程、增加或者减少注册资本的决议，以及公司合并、分立、解散或者变更公司形式的决议，应当经出席会议的股东所持表决权的三分之二以上通过。"

《公司法》第227条规定："有限责任公司增加注册资本时，股东在同等条件下有权优先按照实缴的出资比例认缴出资。但是，全体股东约定不按照出资比例优先认缴出资的除外。股份有限公司为增加注册资本发行新股时，股东不享有优先认购权，公司章程另有规定或者股东会决议决定股东享有优先认购权的除外。"

4.【参考答案】（1）丙的优先认缴请求部分成立。根据《公司法》第227条的规定，有限责任公司增加注册资本时，股东在同等条件下有权优先按照实缴的出资比例认缴出资。本案中，丙的实缴比例为5%，对于新增注册资本3000万元，可主张在150万元范围内行使优先认缴权，因此对于丙主张优先认缴500万元的请求，超出部分丙不享有优先认缴权。

（2）壬的优先认缴请求不成立。根据《公司法》第56条第2款的规定，记载于股东名册的股东，可以依股东名册主张行使股东权利。壬虽然是原集体企业职工，但是该部分股权以工会名义代持，因此壬并非公司的股东，不享有优先认缴权。

【考点】新股优先认缴权；股权代持

【详解】对于丙的请求，有观点认为应成立。理由如下：公司增加资本，股东不行使优先认缴权时，允许第三人认购，其法律效果相当于股权转让。根据《公司法》的规定，股权对外转让时其他股东享有优先认缴权，故丙对其他股东放弃的优先认缴部分享有优先认缴权。

5.【参考答案】该行为无效。B公司为持股超过50%的大股东，故B公司为A公司的控股股东，而C公司是B公司的全资子公司，故A公司与C公司为受同一主体B公司控制的关联企业，构成关联关系。根据《最高人民法院关于适用〈中华人民共和国公司法〉若干问题的规定（五）》第1条第1款规定，关联交易需要满足履行信息披露、经过合法程序以及未实质损害公司利益等要件。

本题中，A公司向C公司发放了长期无息借款，损害了A公司的合法利益。根据《公司法》第21条的规定，公司股东不得滥用股东权利损害公司或者其他股东的利益。故该行为应认定为无效。

【考点】关联交易；控股股东的责任

【详解】《公司法》第265条规定："本法下列用语的含义……（二）控股股东，是指其出资额占有限责任公司资本总额超过百分之五十或者其持有的股份占股份有限公司股本总额超过百分之五十的股东；出资额或者持有股份的比例虽然低于百分之五十，但依其出资额或者持有的股份所享有的表决权已足以对股东会的决议产生重大影响的股东……（四）关联关系，是指公司控股股东、实际控制人、董事、监事、高级管理人员与其直接或者间接控制的企业之间的关系，以及可能导致公司利益转移的其他关系。但是，国家控股的企业之间不仅因为同受国家控股而具有关联关系。"

《最高人民法院关于适用〈中华人民共和国公司法〉若干问题的规定（五）》第1条第1款规定："关联交易损害公司利益，原告公司依据民法典第八十四条、公司法第二十一条规定请求控股股东、实际控制人、董事、监事、高级管理人员赔偿所造成的损失，被告仅以该交易已经履行了信息披露、经股东会或者股东大会同意等法律、行政法规或者公司章程规定的程序为由抗辩的，人民法院不予支持。"

《公司法》第21条规定："公司股东应当遵守法律、行政法规和公司章程，依法行使股东权利，不得滥用股东权利损害公司或者其他股东的利益。公司股东滥用股东权利给公司或者其他股东造成损失的，应当承担赔偿责任。"

6.【参考答案】该决议无效。

（1）决议内容不合法：根据《最高人民法院关于适用〈中华人民共和国公司法〉若干问题的规定

（三）》第17条第1款的规定，股东会可决议解除股东资格的情形仅限于股东未履行出资义务或者抽逃全部出资。本题为公司股东之间的冲突问题，故股东会无权解除B公司股东资格。

（2）决议程序不合法：根据《公司法》第63条的规定，股东会会议由董事会召集。只有董事会、监事会不能召集或不召集时，代表1/10以上表决权的股东才可以自行召集。本题中，B公司法定代表人辛同时为A公司董事长，因此可以推知，该股东会未经法定程序召开。

【考点】公司决议；股东会程序

【详解】《最高人民法院关于适用〈中华人民共和国公司法〉若干问题的规定（三）》第17条第1款规定："有限责任公司的股东未履行出资义务或者抽逃全部出资，经公司催告缴纳或者返还，其在合理期间内仍未缴纳或者返还出资，公司以股东会决议解除该股东的股东资格，该股东请求确认该解除行为无效的，人民法院不予支持。"

《公司法》第63条规定："股东会会议由董事会召集，董事长主持；董事长不能履行职务或者不履行职务的，由副董事长主持；副董事长不能履行职务或者不履行职务的，由过半数的董事共同推举一名董事主持。董事会不能履行或者不履行召集股东会会议职责的，由监事会召集和主持；监事会不召集和主持的，代表十分之一以上表决权的股东可以自行召集和主持。"

《公司法》第27条规定："有下列情形之一的，公司股东会、董事会的决议不成立：（一）未召开股东会、董事会会议作出决议；（二）股东会、董事会会议未对决议事项进行表决；（三）出席会议的人数或者所持表决权数未达到本法或者公司章程规定的人数或者所持表决权数；（四）同意决议事项的人数或者所持表决权数未达到本法或者公司章程规定的人数或者所持表决权数。"

题目要点提炼

2021 年

案情：2017 年，自然人 A、B、C、D 和有限责任公司 E 公司共同出资设立甲公司。五方约定：公司注册资本 1000 万元，其中 A 认缴的出资于公司设立时一次性缴纳完毕；B、C、D 认缴的出资于公司成立时缴纳 50%，剩余部分于 5 年内缴纳完毕；E 公司认缴出资 600 万元，其中 300 万元以办公用房作价作为出资，剩余部分以货币出资，并于 8 年内缴纳完毕。

甲公司章程规定：董事会由三名董事组成，分别为 C、D 和 E 公司委派的人员，董事长由 E 公司委派的董事担任，董事长为公司法定代表人。张三（E 公司法定代表人）担任甲公司的法定代表人。

B 向李四借款，为了担保该债务，双方约定将 B 持有的甲公司股权转让给李四，清偿借款后李四再将股权返还 B，如 B 到期不能清偿借款，则股权归李四所有。随后，B 协助李四办理了公司章程、股东名册和工商登记的变更。

2018 年，因公司经营业绩不佳，经张三提议，甲公司就王五担任公司总经理与法定代表人一事召开股东会会议，全体股东过半数决议任命王五为公司总经理，任期三年，并将公司法定代表人变更为王五。

王五任职期间，公司经营状况好转。甲公司决定对股东进行利润分配，遂于 2019 年召开股东会，就利润分配方案进行表决。但股东间就利润分配方案表决方式存在分歧，部分股东认为应按照认缴出资的比例进行表决，部分股东认为应按照实际缴纳的出资比例行使表决权。因股东无法达成一致，利润分配事宜就此搁置。

王五无法协调股东之间就利润分配产生的冲突，甲公司一直未能召开股东会，公司管理陷入困境。2020 年，甲公司董事会一致决议解聘王五，王五以任期尚未届满为由拒绝接受。

经查明，E 公司用于出资的办公用房系赵六所有，但由于登记错误登记在了 E 公司名下，E 公司法定代表人张三对此知情。（2021 年仿真题）

问题：

1. 甲公司能否取得 E 公司作为出资的办公用房？

2. 股东 B 与李四之间的约定法律效力是否有效？

3. 股东 B 转让股权时，其他股东是否有权主张优先购买？

4. 2018 年，甲公司法定代表人变更为王五是否有效？

5. 甲公司董事会解聘王五职务的决议是否有效？

答题要点整理

〚参考答案及详解〛

1.【参考答案】不能。因错误登记，E公司以其不享有处分权的财产出资，需要参照善意取得制度处理。根据《民法典》第311条的规定，善意取得需符合以下要件：(1) 受让人是善意；(2) 以合理的价格转让；(3) 已经办理登记或交付。因E公司法定代表人张三对该无权处分知情，且张三在甲公司设立后同时担任甲公司的董事长和法定代表人，因此可以推定甲公司对该无权处分知情，因此甲公司不能依照善意取得获得该办公用房所有权。

【考点】以不享有处分权的财产出资

【详解】《最高人民法院关于适用〈中华人民共和国民法典〉物权编的解释（一）》第2条规定："当事人有证据证明不动产登记簿的记载与真实权利状态不符、其为该不动产物权的真实权利人，请求确认其享有物权的，应予支持。"

《最高人民法院关于适用〈中华人民共和国公司法〉若干问题的规定（三）》第7条第1款规定："出资人以不享有处分权的财产出资，当事人之间对于出资行为效力产生争议的，人民法院可以参照民法典第三百一十一条的规定予以认定。"

《民法典》第311条第1款规定："无处分权人将不动产或者动产转让给受让人的，所有权人有权追回；除法律另有规定外，符合下列情形的，受让人取得该不动产或者动产的所有权：（一）受让人受让该不动产或者动产时是善意；（二）以合理的价格转让；（三）转让的不动产或者动产依照法律规定应当登记的已经登记，不需要登记的已经交付给受让人。"

2.【参考答案】B与李四之间股权让与担保有效，流质条款无效。

本案中，B为了担保债务将其股权转让给债权人李四的行为，构成股权让与担保，该约定有效。但B与债权人李四之间关于"如B到期不能清偿借款，则股权归李四所有"的约定，属于流质条款，应当认定该约定无效，但是不影响当事人有关提供担保的意思表示的效力。

【考点】股权让与担保；流质

【详解】让与担保是指债务人或第三人为担保债务的履行，将担保物的所有权移转于担保权人，债务清偿后，担保物应返还于债务人或第三人；债务不获清偿时，担保权人得就该担保物优先受偿的一种非典型担保形式。《最高人民法院关于适用〈中华人民共和国民法典〉有关担保制度的解释》第69条规定："股东以将其股权转移至债权人名下的方式为债务履行提供担保，公司或者公司的债权人以股东未履行或者未全面履行出资义务、抽逃出资等为由，请求作为名义股东的债权人与股东承担连带责任的，人民法院不予支持。"

关于流质条款，《最高人民法院关于适用〈中华人民共和国民法典〉有关担保制度的解释》第68条第2款规定："债务人或者第三人与债权人约定将财产形式上转移至债权人名下，债务人不履行到期债务，财产归债权人所有的，人民法院应当认定该约定无效，但是不影响当事人有关提供担保的意思表示的效力。当事人已经完成财产权利变动的公示，债务人不履行到期债务，债权人请求对该财产享有所有权的，人民法院不予支持；债权人请求参照民法典关于担保物权的规定对财产折价或者以拍卖、变卖该财产所得的价款优先受偿的，人民法院应予支持；债务人履行债务后请求返还财产，或者请求对财产折价或者以拍卖、变卖所得的价款清偿债务的，人民法院应予支持。"

3.【参考答案】其他股东无权主张优先购买。B将股权转让给李四的约定属于股权让与担保，并没有转让股权的合意，不产生股权转让的效力，因此其他股东无权主张优先购买。

【考点】股权让与担保；优先购买权

【详解】 股权让与担保系非典型担保，双方并无股权转让的合意。《最高人民法院关于适用〈中华人民共和国民法典〉有关担保制度的解释》第69条规定："股东以将其股权转移至债权人名下的方式为债务履行提供担保，公司或者公司的债权人以股东未履行或者未全面履行出资义务、抽逃出资等为由，请求作为名义股东的债权人与股东承担连带责任的，人民法院不予支持。"

《民法典》第146条第2款规定："以虚假的意思表示隐藏的民事法律行为的效力，依照有关法律规定处理。"

4.【参考答案】（1）王五担任总经理的股东会决议无效。根据《公司法》第67条、第74条规定，经理应由董事会选聘，而非股东会选聘，股东会该项决议因内容违反《公司法》规定而无效。

（2）王五担任法定代表人的股东会决议无效。甲公司章程规定，张三担任甲公司的法定代表人。甲公司通过股东会决议将法定代表人变更为王五，系对公司章程的修改，根据《公司法》第66条规定，修改公司章程必须经代表2/3以上表决权的股东通过。本题中，股东会表决时仅经合计持有半数表决权的股东通过，未达到《公司法》所规定的通过比例，因此该项决议不成立。另外，根据《公司法》第32条和第34条的规定，公司法定代表人变更，应当办理变更登记。本题因未变更登记，亦不可获得对抗外部的效力。

【考点】 公司经理的聘任；公司决议；法定代表人

【详解】《公司法》第67条第2款规定："董事会行使下列职权……（八）决定聘任或者解聘公司经理及其报酬事项，并根据经理的提名决定聘任或者解聘公司副经理、财务负责人及其报酬事项……"

《公司法》第74条规定："有限责任公司可以设经理，由董事会决定聘任或者解聘。经理对董事会负责，根据公司章程的规定或者董事会的授权行使职权。经理列席董事会会议。"

《公司法》第32条规定："公司登记事项包括……（五）法定代表人的姓名……"《公司法》第34条规定："公司登记事项发生变更的，应当依法办理变更登记。公司登记事项未经登记或者未经变更登记，不得对抗善意相对人。"

《公司法》第66条第3款规定："股东会作出修改公司章程、增加或者减少注册资本的决议，以及公司合并、分立、解散或者变更公司形式的决议，应当经代表三分之二以上表决权的股东通过。"

《公司法》第27条规定："有下列情形之一的，公司股东会、董事会的决议不成立：（一）未召开股东会、董事会会议作出决议；（二）股东会、董事会会议未对决议事项进行表决；（三）出席会议的人数或者所持表决权数未达到本法或者公司章程规定的人数或者所持表决权数；（四）同意决议事项的人数或者所持表决权数未达到本法或者公司章程规定的人数或者所持表决权数。"

5.【参考答案】 该决议有效。根据《公司法》第67条、第74条的规定，总经理与公司之间系委托合同关系，公司解除经理职务系公司内部治理事项。王五虽然任期尚未届满，但甲公司董事会解除王五经理职务的决议程序、内容合法，故为有效决议。

【考点】 经理的解聘；公司决议；法定代表人；无效决议的法律关系

【详解】《公司法》第67条第2款规定："董事会行使下列职权……（八）决定聘任或者解聘公司经理及其报酬事项，并根据经理的提名决定聘任或者解聘公司副经理、财务负责人及其报酬事项……"《公司法》第74条规定："有限责任公司可以设经理，由董事会决定聘任或者解聘。经理对董事会负责，根据公司章程的规定或者董事会的授权行使职权。经理列席董事会会议。"

2022年

题目要点提炼

案情：甲有限公司成立于2015年6月，主要从事软件开发业务，股东分别为A、B、C、D、E，持股比例依次为55%、26%、11%、5%、3%，公司董事长兼法定代表人为A。公司运行良好，但一直未对股东分红。E对此很有意见，遂打算将其股权转让给经营相同业务的乙公司，并与乙公司进行了初步洽谈。

2019年5月，为便于股权估价，E向A提出查账要求，要求查阅甲公司成立后所有的会计账簿。A知悉E的转让股权意图后，认为其目的不正当，拒绝了其查阅要求。

2019年12月，A为担保其对丙公司所负两年期借款债务的履行，将其所持甲公司27%的股权转让给丙公司，并约定在A到期不偿还借款本息时，丙公司有权以该股权优先受偿。但在双方达成约定后，A并未为丙公司办理相应的股东登记。

2020年3月，A在甲公司股东会上提议：第一，A、B、C、D、E五人在甲公司之外，再设立“丁合伙企业（有限合伙）”，A为普通合伙人，其余均为有限合伙人；第二，A对丁合伙企业的出资，为其所持甲公司54%的股权；其余各合伙人的出资，为各自所持甲公司的全部股权。除E表示强烈反对外，其余股东均赞同该项提议，遂形成相应的股东会决议。

2020年5月，丁合伙企业成立，合伙人分别为A、B、C、D。甲公司股东相应变更为A、E与丁合伙企业，持股比例分别为1%、3%与96%，公司法定代表人仍为A。

2022年初，A无法清偿对丙公司的本息债务，丙公司遂就丁合伙企业所持甲公司27%的股权，主张优先受偿。（2022年仿真题）

问题：

1. A拒绝E的查阅请求是否合法？为什么？

2. A与丙公司之间达成的约定是否有效？为什么？

3. 甲公司2020年3月形成的设立丁合伙企业的股东会决议是否有效？为什么？

4. 甲公司2020年3月形成的将其股东股权转入丁合伙企业的股东会决议是否有效？为什么？

5. 对甲公司股东会决议持反对意见的E，能否向甲公司主张股权回购请求权？为什么？

6. 丙公司的优先受偿请求是否合理？为什么？

答题要点整理

〖参考答案及详解〗

1.【参考答案】不合法。E系甲有限公司的股东，有权查阅公司会计账簿，且其查阅账簿的目的系股权估价，不属于不正当目的。A以E将股权转让给经营相同业务的公司构成不正当目的为由拒绝E的请求，缺乏法律依据。

【考点】股东知情权

【详解】《公司法》第57条第1、2款规定："股东有权查阅、复制公司章程、股东名册、股东会会议记录、董事会会议决议、监事会会议决议和财务会计报告。股东可以要求查阅公司会计账簿、会计凭证。股东要求查阅公司会计账簿、会计凭证的，应当向公司提出书面请求，说明目的。公司有合理根据认为股东查阅会计账簿、会计凭证有不正当目的，可能损害公司合法利益的，可以拒绝提供查阅，并应当自股东提出书面请求之日起十五日内书面答复股东并说明理由。公司拒绝提供查阅的，股东可以向人民法院提起诉讼。"

《最高人民法院关于适用〈中华人民共和国公司法〉若干问题的规定（四）》第8条规定："有限责任公司有证据证明股东存在下列情形之一的，人民法院应当认定股东有公司法第三十三条第二款规定的'不正当目的'：（一）股东自营或者为他人经营与公司主营业务有实质性竞争关系业务的，但公司章程另有规定或者全体股东另有约定的除外；（二）股东为了向他人通报有关信息查阅公司会计账簿，可能损害公司合法利益的；（三）股东在向公司提出查阅请求之日前的三年内，曾通过查阅公司会计账簿，向他人通报有关信息损害公司合法利益的；（四）股东有不正当目的的其他情形。"

2.【参考答案】有效。A与丙公司之间的约定系股权让与担保，当事人意思表示真实一致且未违反法律强制性规定，因此有效。

【考点】股权让与担保

【详解】《最高人民法院关于适用〈中华人民共和国民法典〉有关担保制度的解释》第68条第1款规定："债务人或者第三人与债权人约定将财产形式上转移至债权人名下，债务人不履行到期债务，债权人有权对财产折价或者以拍卖、变卖该财产所得价款偿还债务的，人民法院应当认定该约定有效。当事人已经完成财产权利变动的公示，债务人不履行到期债务，债权人请求参照民法典关于担保物权的有关规定就该财产优先受偿的，人民法院应予支持。"

3.【参考答案】作为公司决议无效，仅在A、B、C、D之间具有效力。该决议的内容实际为设立有限合伙的合伙协议，并非公司股东会职权。合伙协议在同意的股东A、B、C、D之间成立且生效，对E不产生效力。

【考点】公司决议

【详解】《公司法》第59条规定："股东会行使下列职权：（一）选举和更换董事、监事，决定有关董事、监事的报酬事项；（二）审议批准董事会的报告；（三）审议批准监事会的报告；（四）审议批准公司的利润分配方案和弥补亏损方案；（五）对公司增加或者减少注册资本作出决议；（六）对发行公司债券作出决议；（七）对公司合并、分立、解散、清算或者变更公司形式作出决议；（八）修改公司章程；（九）公司章程规定的其他职权。股东会可以授权董事会对发行公司债券作出决议。对本条第一款所列事项股东以书面形式一致表示同意的，可以不召开股东会会议，直接作出决定，并由全体股东在决定文件上签名或者盖章。"本案所涉及的"决议"其内容实际上是设立有限合伙企业的合伙协议，是股东的个人事项，并非公司事项，也并非股东会职权。因此，即使该决议经过代表全体股东表决权97%的股东同意，也不能产生对全体股东约束的效力。该决议作为公司决议无效。

4.【参考答案】 作为公司决议无效，仅对A、B、C、D有效。该决议的内容实际是股东以股权作为有限合伙的出资，重构公司股权架构，并非公司股东会职权。股东有权处分自己所有的股权，且并未破坏公司人合性，也没有损害股东的持股比例利益。股权可以作为普通合伙人和有限合伙人的出资。因此，该决议在形成合意的A、B、C、D之间有效。E反对设立有限合伙也反对以其股权出资，因此该决议对E不产生效力。

【考点】 公司决议

【详解】 首先，该决议虽然名为股东会决议，但实际上是股东处分自己的股权作为向合伙企业出资的约定，并非股东会职权的范畴。因此，虽然该决议通过，但依然不具有股东会决议的效力，不能产生对全体股东的约束力。其次，就该决议所真实对应的法律关系即关于出资的约定，其实质是对公司股权架构的重置，不违反法律的限制，未损害公司或其他股东的利益，该实质约定内容在同意股东之间有效，但对E没有约束力。

5.【参考答案】 不能。因为基于公司资本维持原则，有限公司股东请求公司回购股权须符合《公司法》所规定的异议股东回购请求权的法定条件。E反对甲公司股东会决议不属于异议股东回购请求权行使的法定条件的任一情形。同时，公司虽连续5年未进行利润分配，但无证据表明该公司连续5年盈利且符合分配条件。

【考点】 异议股东回购请求权

【详解】《公司法》第89条规定："有下列情形之一的，对股东会该项决议投反对票的股东可以请求公司按照合理的价格收购其股权：（一）公司连续五年不向股东分配利润，而公司该五年连续盈利，并且符合本法规定的分配利润条件；（二）公司合并、分立、转让主要财产；（三）公司章程规定的营业期限届满或者章程规定的其他解散事由出现，股东会通过决议修改章程使公司存续。自股东会决议作出之日起六十日内，股东与公司不能达成股权收购协议的，股东可以自股东会决议作出之日起九十日内向人民法院提起诉讼。公司的控股股东滥用股东权利，严重损害公司或者其他股东利益的，其他股东有权请求公司按照合理的价格收购其股权。公司因本条第一款、第三款规定的情形收购的本公司股权，应当在六个月内依法转让或者注销。"

6.【参考答案】 不合理。股权让与担保须将财产形式上转移至债权人名下，完成变更登记。本题中的让与担保的股权，并未变更至丙公司名下，因此丙公司无权主张优先受偿权。

【考点】 股权让与担保

【详解】 根据《最高人民法院关于适用〈中华人民共和国民法典〉有关担保制度的解释》第68条第1款的规定，股权让与担保只有在登记后担保权人方能取得优先受偿权。股权让与担保的效力本身就是来自变更登记，即股权让与担保含义就是通过将财产形式上转移至债权人名下来实现担保的功能，因此，变更登记才能获得优先受偿权，不仅是法律的规定，也是股权让与担保交易结构的题中之义。

题目要点提炼

2023年

案情： 甲公司、乙公司、张三、李四共同出资设立了A有限责任公司，注册资本为3000万元，甲公司持股49%、乙公司持股31%、张三持股13%，李四持股7%。A公司董事会由三人组成，分别为甲公司委派的赵六、乙公司委派的刘七和张三。赵六担任A公司董事长和法定代表人。A公司章程规定，法定代表人签订100万元以上的业务合同须经公司董事会决议。

公司成立后，A公司召开股东会，决议将公司章程中关于股东对外转让股权的内容修改为“公司成立五年内股东不得对外转让股权”。李四对此表示反对，并拒绝在股东会决议上签字。其他股东均在修改公司章程的股东会决议上签字。但A公司并未及时到公司登记机关办理章程变更的备案手续。

股东会召开后，李四未遵守股东会决议，伪造其他股东的同意书和放弃优先购买权声明，私下以协议方式将股权转让给王五。经法院查明，王五对A公司的章程内容和李四，伪造其他股东的同意书及放弃优先购买权声明的事实并不知情。王五请求A公司变更股东登记，A公司予以拒绝。

赵六在公司经营中，以A公司名义为B公司对C公司的60万元贷款提供保证，直接与C公司签署了保证协议，未经公司股东会或董事会的决议。C公司不知道A公司章程对法定代表人的职权限制。

后赵六因与甲公司董事存在矛盾，从甲公司辞职并以书面形式向A公司提交辞呈，要求辞去A公司法定代表人职务。对此，A公司一直没有办理变更登记。

赵六提交辞呈后，D公司表示希望与A公司合作，赵六认为该交易机会难得，遂以A公司的名义与D公司签署了价值600万元的买卖合同。

A公司成立三年后，债权人E公司对A公司享有的一笔800万元的债权到期，法院判决A公司应当向E公司履行债务。(2023年仿真题)

问题：

1. A公司股东会作出的修改章程规定“公司成立五年内股东不得对外转让股权”的决议是否对李四生效？

2. 李四未遵守股东会决议，私自转让股权，该转让合同效力如何？王五可否善意受让该股权？

3. 赵六以A公司名义为B公司对C公司的贷款债务提供保证，C公司能否要求A公司承担保证责任？

4. 赵六辞去法定代表人职务的行为是否有效？赵六以A公司名义与D公司签署的买卖合同是否有效？

5. 对于800万元的到期债权，E公司是否有权要求股东提前履行出资义务？

答题要点整理

〚参考答案及详解〛

1.【参考答案】有效。(1)“公司成立五年内股东不得对外转让股权”属于公司决议的范畴，该决议并未违反法律的强制性规定。(2)该股东会的召开程序合法，修改章程需经代表2/3以上表决权的股东通过，此决议只有李四一人不同意，并不影响决议效力，因此合法有效。(3)A公司股东会决议合法有效，修改后的公司章程无须办理变更登记即可生效。

【考点】股权转让；公司章程；公司决议

【详解】《公司法》第25条规定：“公司股东会、董事会的决议内容违反法律、行政法规的无效。”《公司法》第84条第3款规定：“公司章程对股权转让另有规定的，从其规定。”据此，A公司可以在公司章程中对股权转让另作规定。

《公司法》第66条规定：“股东会的议事方式和表决程序，除本法有规定的外，由公司章程规定。股东会作出决议，应当经代表过半数表决权的股东通过。股东会作出修改公司章程、增加或者减少注册资本的决议，以及公司合并、分立、解散或者变更公司形式的决议，应当经代表三分之二以上表决权的股东通过。”据此，A公司修改章程的程序合法。

《公司法》第9条第1款规定：“公司的经营范围由公司章程规定。公司可以修改公司章程，变更经营范围。”根据2023年《公司法》，公司章程并非公司登记事项，无须办理变更登记。

2.【参考答案】(1)转让合同有效。股权转让合同系李四和王五真实意思表示一致，且未违反法律强制性规定，因此有效。

(2)王五不能善意受让该股权。王五对A公司的限制规定不知情，属于善意相对人。但是股权善意取得的前提是无权处分，李四享有A公司的股权，处分自己的股权系有权处分，且A公司拒绝为王五办理变更登记，因此王五不能善意取得股权。

【考点】股权善意取得；优先购买权；股东资格的取得

【详解】《民法典》第311条规定：“无处分权人将不动产或者动产转让给受让人的，所有权人有权追回；除法律另有规定外，符合下列情形的，受让人取得该不动产或者动产的所有权：(一)受让人受让该不动产或者动产时是善意；(二)以合理的价格转让；(三)转让的不动产或者动产依照法律规定应当登记的已经登记，不需要登记的已经交付给受让人。受让人依据前款规定取得不动产或者动产的所有权的，原所有权人有权向无处分权人请求损害赔偿。当事人善意取得其他物权的，参照适用前两款规定。”

3.【参考答案】保证无效，C公司不能要求A公司承担保证责任。A公司为B公司对C公司的债权提供担保，属于公司对外担保的非关联担保，需要由股东会或者董事会决议，本题中赵六代表A公司对外担保未经公司决议，属于越权担保。B公司未对A公司决议进行合理审查，属于非善意相对人，因此该担保无效。

【考点】公司担保

【详解】《公司法》第15条规定：“公司向其他企业投资或者为他人提供担保，按照公司章程的规定，由董事会或者股东会决议；公司章程对投资或者担保的总额及单项投资或者担保的数额有限额规定的，不得超过规定的限额。公司为公司股东或者实际控制人提供担保的，应当经股东会决议。前款规定的股东或者受前款规定的实际控制人支配的股东，不得参加前款规定事项的表决。该项表决由出席会议的其他股东所持表决权的过半数通过。”

《最高人民法院关于适用〈中华人民共和国民法典〉有关担保制度的解释》第7条规定：“公司的法定代表人违反公司法关于公司对外担保决议程序的规定，超越权限代表公司与相对人订立担保合同，人民法院应当依照民法典第六十一条和第五百零四条等规定处理：（一）相对人善意的，担保合同对公司发生效力；相对人请求公司承担担保责任的，人民法院应予支持。（二）相对人非善意的，担保合同对公司不发生效力；相对人请求公司承担赔偿责任的，参照适用本解释第十七条的有关规定。法定代表人超越权限提供担保造成公司损失，公司请求法定代表人承担赔偿责任的，人民法院应予支持。第一款所称善意，是指相对人在订立担保合同时不知道且不应当知道法定代表人超越权限。相对人有证据证明已对公司决议进行了合理审查，人民法院应当认定其构成善意，但是公司有证据证明相对人知道或者应当知道决议系伪造、变造的除外。”

4.【参考答案】（1）赵六辞去法定代表人职务的行为无效。法定代表人这一身份是基于公司法和公司章程确定的，具有法定性。因此，法定代表人是身份而不是职务，不能辞去。（2）赵六以A公司名义与D公司签署的买卖合同有效。赵六仍是法定代表人，虽然A公司章程规定签订100万元以上的业务合同须经公司董事会决议，赵六未经董事会决议即签订金额为600万元的买卖合同，属于越权代表行为，但公司章程对法定代表人的限制不能对抗善意相对人，且D公司对赵六越权代表行为不知情，属于善意。因此，该买卖合同有效。

【考点】法定代表人；越权代表行为

【详解】《公司法》第10条规定：“公司的法定代表人按照公司章程的规定，由代表公司执行公司事务的董事或者经理担任。担任法定代表人的董事或者经理辞任的，视为同时辞去法定代表人。法定代表人辞任的，公司应当在法定代表人辞任之日起三十日内确定新的法定代表人。”根据《公司法》第32条和第34条，公司法定代表人属于公司登记事项，发生变更的，应当依法办理变更登记。未经变更登记，不得对抗善意相对人。

《民法典》第61条规定：“依照法律或者法人章程的规定，代表法人从事民事活动的负责人，为法人的法定代表人。法定代表人以法人名义从事的民事活动，其法律后果由法人承受。法人章程或者法人权力机构对法定代表人代表权的限制，不得对抗善意相对人。”

5.【参考答案】根据《公司法》第54条的规定，债权人E公司对A公司享有的债权已到期，如果A公司不能清偿到期债务，E公司有权要求已认缴出资但未届出资期限的股东提前缴纳出资。

【考点】认缴出资制；出资加速到期

【详解】《公司法》第49条规定：“股东应当按期足额缴纳公司章程规定的各自所认缴的出资额。股东以货币出资的，应当将货币出资足额存入有限责任公司在银行开设的账户；以非货币财产出资的，应当依法办理其财产权的转移手续。股东未按期足额缴纳出资的，除应当向公司足额缴纳外，还应当对给公司造成的损失承担赔偿责任。”

2023年《公司法》新增了股东出资加速到期制度，大幅降低了主张股东出资加速到期的门槛，公司的债权人有权主张股东的出资加速到期，公司也有权主张股东的出资加速到期。该法第54条规定：“公司不能清偿到期债务的，公司或者已到期债权的债权人有权要求已认缴出资但未届出资期限的股东提前缴纳出资。”据此，该制度的适用需满足如下条件：（1）公司负有债务；（2）该债务已经到期；（3）公司不能清偿该到期债务；（4）未届出资期限，股东尚未足额实缴；（5）权利人是公司或者已到期债权的债权人。

2024年

题目要点提炼

案情：2021年9月，甲、乙、丙、丁、戊共同设立了利达有限公司，公司注册资本1000万元，持股比例为37%、5%、5%、5%、48%，戊担任董事长，甲、乙为董事。后将法定代表人由戊变更为甲。甲于公司成立时实际缴纳了认缴注册资本份额的一半，公司章程规定，剩余注册资本需在三年内缴清。

2022年4月，甲报告董事会并经其同意，代表利达公司与其妻子控制的A公司签订设备租赁合同，租期两年，租金400万元。合同签订后，A公司交付设备，利达公司支付400万元租金。后利达公司发现，该设备租金明显过高，且因该设备故障造成较大损失。

2024年10月，甲将全部股份以400万元的价格转让给金某，并告知金某其认缴的注册资本已经全部缴清。金某向甲支付了400万元现金。甲书面通知利达公司其他股东自己已将股权全部转让给金某。利达公司其余四名股东召开股东会，作出不同意甲转让股权给金某的决议，没有办理相关股东名册变更和工商登记变更手续。金某书面通知利达公司请求办理变更股东名册和工商登记，利达公司予以拒绝。之后金某以利达公司为被告向法院提起诉讼请求变更登记。

2024年11月，甲代表利达公司和B公司签订150万元的货物买卖合同，B公司向利达公司交付货物后，利达公司拒绝付款，称甲已将股权全部转让，不能代表利达公司签订合同。

2024年11月中旬，利达公司以甲和金某为共同被告，向法院提起诉讼，要求甲和金某承担未实际缴纳的出资。金某以自己不知情为由进行抗辩。（2024年仿真题）

问题：

1. 利达公司与A公司签订的设备租赁合同效力如何？利达公司是否有权要求甲承担赔偿责任？

2. 乙、丙、丁、戊四人召开股东会作出的不同意甲转让股权给金某的决议是否有效？甲未经股东会同意对外转让股权是否有效？

3. 金某能否直接书面通知利达公司要求办理变更登记？金某是能否直接对利达公司向法院提起诉讼？

4. 甲转让全部股权后，是否立即丧失董事和法定代表人身份？

5. 甲与B公司签订的货物买卖合同效力如何？利达公司拒绝向B公司付款的理由是否合法？

6. 利达公司是否有权要求甲和金某承担缴纳出资的连带责任？金某的抗辩理由能否得到法院的支持？

答题要点整理

〖参考答案及详解〗

1.【参考答案】（1）利达公司与A公司签订的设备租赁合同合法有效。甲是利达公司的法定代表人，有权代表公司对外签订合同，甲代表利达公司与其妻子控制的A公司签订设备租赁合同构成关联交易，但该交易已报告董事会并经其同意，符合程序规定；合同内容不违反法律、行政法规的强制性规定，且形式要件完备，故该合同有效。（2）利达公司有权要求甲承担赔偿责任。虽然设备租赁合同合法有效，但因租金过高和设备故障损害了利达公司的利益。即法定代表人甲利用关联关系损害公司利益，违反忠实义务，应当对利达公司的损失承担赔偿责任。

【考点】董监高忠实义务；关联交易

【详解】《公司法》第22条规定："公司的控股股东、实际控制人、董事、监事、高级管理人员不得利用关联关系损害公司利益。违反前款规定，给公司造成损失的，应当承担赔偿责任。"

《公司法》第182条规定："董事、监事、高级管理人员，直接或者间接与本公司订立合同或者进行交易，应当就与订立合同或者进行交易有关的事项向董事会或者股东会报告，并按照公司章程的规定经董事会或者股东会决议通过。董事、监事、高级管理人员的近亲属，董事、监事、高级管理人员或者其近亲属直接或者间接控制的企业，以及与董事、监事、高级管理人员有其他关联关系的关联人，与公司订立合同或者进行交易，适用前款规定。"

2.【参考答案】（1）乙、丙、丁、戊四人召开股东会作出的不同意甲转让股权给金某的决议无效。该决议的内容为禁止甲转让股权，系对他人合法权利的限制，决议内容违反法律规定，决议无效。（2）甲未经股东会同意对外转让股权的行为有效。有限责任公司股东将股权转让给股东以外的主体，其他股东仅在同等条件下享有优先购买权，而不能阻止股权转让。甲已书面通知公司其他股东，其他股东在收到通知后召开股东会，决议不同意该转让，但在30日内未购买甲的股权，视为放弃优先购买权。因此，甲与金某之间的股权转让行为合法有效。

【考点】公司决议；股权转让

【详解】关于股权转让，2023年《公司法》删除了"过半数同意"的规则，故其他股东反对股权转让，不影响股权转让行为的效力。《公司法》第84条规定："有限责任公司的股东之间可以相互转让其全部或者部分股权。股东向股东以外的人转让股权的，应当将股权转让的数量、价格、支付方式和期限等事项书面通知其他股东，其他股东在同等条件下有优先购买权。股东自接到书面通知之日起三十日内未答复的，视为放弃优先购买权。两个以上股东行使优先购买权的，协商确定各自的购买比例；协商不成的，按照转让时各自的出资比例行使优先购买权。公司章程对股权转让另有规定的，从其规定。"

3.【参考答案】（1）金某是股权的合法受让人，有权书面要求公司变更股东名册并协助办理工商变更登记。（2）利达公司应协助金某办理变更股东名册和工商变更登记，若利达公司拒绝或者在合理期限内不予答复的，金某有权直接对利达公司向法院提起诉讼。

【考点】股东名册变更登记；股东资格的取得

【详解】《公司法》第34条规定："公司登记事项发生变更的，应当依法办理变更登记。公司登记事项未经登记或者未经变更登记，不得对抗善意相对人。"

《公司法》第86条规定："股东转让股权的，应当书面通知公司，请求变更股东名册；需要办理变更登记的，并请求公司向公司登记机关办理变更登记。公司拒绝或者在合理期限内不予答复的，转让人、受让人可以依法向人民法院提起诉讼。股权转让的，受让人自记载于股东名册时起可以向公司主张行使股东权利。"

4.【参考答案】 甲转让全部股权后，不会立即丧失董事和法定代表人身份。（1）董事由股东会选举和更换，股东会未作出罢免甲董事职务的决议，甲亦未辞任董事职务，故仍为利达公司的董事。（2）法定代表人的产生、变更应遵循公司章程的规定，且需依法办理工商变更登记。在未履行上述程序前，甲仍为利达公司的法定代表人。

【考点】 董事和法定代表人资格的获得和丧失

【详解】《公司法》第10条规定："公司的法定代表人按照公司章程的规定，由代表公司执行公司事务的董事或者经理担任。担任法定代表人的董事或者经理辞任的，视为同时辞去法定代表人。法定代表人辞任的，公司应当在法定代表人辞任之日起三十日内确定新的法定代表人。"

《公司法》第35条规定："公司申请变更登记，应当向公司登记机关提交公司法定代表人签署的变更登记申请书、依法作出的变更决议或者决定等文件。公司变更登记事项涉及修改公司章程的，应当提交修改后的公司章程。公司变更法定代表人的，变更登记申请书由变更后的法定代表人签署。"

《公司法》第59条规定："股东会行使下列职权：（一）选举和更换董事、监事，决定有关董事、监事的报酬事项……"

5.【参考答案】 甲与B公司签订的货物买卖合同有效。甲不因股权转让而丧失法定代表人身份，甲作为法定代表人，有权代表公司签订合同，B公司为善意相对人，且合同不存在无效情形，故合同合法有效，对利达公司发生法律效力，利达公司拒绝向B公司付款的理由不合法。合同依法成立后，当事人应当按照约定全面履行自己的义务。利达公司拒绝付款，构成违约。

【考点】 越权代表行为

【详解】 根据《公司法》第32条和第34条的规定，公司法定代表人属于公司登记事项，发生变更的，应当依法办理变更登记。未经变更登记，不得对抗善意相对人。

《民法典》第61条规定："依照法律或者法人章程的规定，代表法人从事民事活动的负责人，为法人的法定代表人。法定代表人以法人名义从事的民事活动，其法律后果由法人承受。法人章程或者法人权力机构对法定代表人代表权的限制，不得对抗善意相对人。"

6.【参考答案】（1）利达公司有权要求甲和金某承担缴纳出资的连带责任。根据公司章程，甲应在三年内缴清出资，但2024年9月出资期限届满时甲未足额缴纳出资，仍于2024年10月将股权转让给金某，属于转让瑕疵股权。根据规定，未按照公司章程规定的出资日期缴纳出资的，转让人与受让人在出资不足的范围内承担连带责任，故甲作为转让人与金某作为受让人应当就未缴纳的出资承担连带责任。（2）甲告诉金某其认缴的注册资本已经全部缴清，金某有理由相信其陈述。金某如能举证证明其已尽到合理的注意义务，不知道也不应当知道甲未按期足额缴纳出资，则无须承担责任。反之，金某需与甲承担连带责任。

【考点】 股东出资义务；股权转让出资连带责任

【详解】《公司法》第49条规定："股东应当按期足额缴纳公司章程规定的各自所认缴的出资额。股东以货币出资的，应当将货币出资足额存入有限责任公司在银行开设的账户；以非货币财产出资的，应当依法办理其财产权的转移手续。股东未按期足额缴纳出资的，除应当向公司足额缴纳外，还应当对给公司造成的损失承担赔偿责任。"

《公司法》第88条规定："股东转让已认缴出资但未届出资期限的股权的，由受让人承担缴纳该出资的义务；受让人未按期足额缴纳出资的，转让人对受让人未按期缴纳的出资承担补充责任。未按照公司章程规定的出资日期缴纳出资或者作为出资的非货币财产的实际价额显著低于所认缴的出资额的股东转让股权的，转让人与受让人在出资不足的范围内承担连带责任；受让人不知道且不应当知道存在上述情形的，由转让人承担责任。"

图书在版编目（CIP）数据

2025国家统一法律职业资格考试刷透十年主观题：2015—2024／飞跃考试辅导中心编. -- 北京：中国法治出版社，2025. 3. -- ISBN 978-7-5216-4776-1

Ⅰ. D920. 4

中国国家版本馆CIP数据核字第2024AD1441号

责任编辑：成知博（chengzhibo@ zgfzs. com）　　封面设计：杨鑫宇

2025国家统一法律职业资格考试刷透十年主观题：2015—2024

2025 GUOJIA TONGYI FALÜ ZHIYE ZIGE KAOSHI SHUA TOU SHI NIAN ZHUGUANTI：2015—2024

编者/飞跃考试辅导中心

经销/新华书店

印刷/三河市国英印务有限公司

开本/787毫米×1092毫米　16开　　印张/16　字数/291千

版次/2025年3月第1版　　2025年3月第1次印刷

中国法治出版社出版

书号ISBN 978-7-5216-4776-1　　定价：49.80元

北京市西城区西便门西里甲16号西便门办公区

邮政编码：100053　　传真：010-63141600

网址：http：//www. zgfzs. com　　**编辑部电话：010-63141809**

市场营销部电话：010-63141612　　**印务部电话：010-63141606**

（如有印装质量问题，请与本社印务部联系。）